प्राणों में घुले हुए रंग

फणीश्वरनाथ रेणु की अप्रकाशित-असंकलित रचनाओं का संकलन

प्राणों में घुले हुए रंग

फणीश्वरनाथ रेणु

संकलन-सम्पादन
भारत यायावर

वाणी प्रकाशन

वाणी प्रकाशन

4695, 21-ए, दरियागंज, नयी दिल्ली 110 002

शाखा

अशोक राजपथ, पटना 800 004

फ़ोन : +91 11 23273167 फ़ैक्स : +91 11 23275710

www.vaniprakashan.in
vaniprakashan@gmail.com
sales@vaniprakashan.in

PRANON MEIN GHULE HUYE RANG
by Phanishwar Nath Renu
Edited & Collected by Bharat Yayawar

ISBN : 978-81-7055-262-8
Stories

प्रथम संस्करण 1993
आवृत्ति 2018

मूल्य : ₹ 495

एम.एस प्रिंटर्स, दिल्ली-110 093 में मुद्रित

वाणी प्रकाशन का लोगो मक़बूल फ़िदा हुसेन की कूची से

भाई जयशंकर
कैलाशनाथ तिवारी
सदानन्द सुमन
हरिकिशोर चतुर्वेदी
और
रेणु-अंचल के सभी मित्रों को
रेणु की यह बहुरंगी किताब
सप्रेम
समर्पित

क्रम

संस्मरण

समाज-चर्चा

अधूरी अप्रकाशित रचनाएँ

चिट्ठी

पटकथा

विवृति

फणीश्वरनाथ रेणु की हिन्दी साहित्य में पहचान 'मैला आँचल' के प्रकाशन [अगस्त, 1954] के बाद बनी, पर वे साहित्य-रचना काफी पहले से ही कर रहे थे। 'मैला आँचल' के प्रकाशन के पूर्व की रचनाएँ हिन्दी पाठकों के लिए अब तक 'डूनर का फूल' बनी हुई थीं, पर उनके बारे में पाठकों की जिज्ञासाएँ निरन्तर बनी हुई थीं। इन रचनाओं के अनुपलब्ध रहने का कारण यह था कि वे प्रायः साप्ताहिक अखबारों-पत्रिकओं में छपी थीं जिनकी पूरी फाइल आज कहीं भी उपलब्ध नहीं हैं। लगभग दस वर्षों कीअनथक खोज के तहत जब मैं पिछले वर्ष राजस्थान की यात्रा कर रहा था, तो फतेहपुर के सरस्वती पुस्तकालय में 'साप्ताहिक विश्वमित्र' के कुछ अंक प्राप्त हुए, जिनमें रेणु की छह प्रारम्भिक कहानियाँ प्राप्त हुईं। कुछ अन्य जगहों से उनकी कुछ कहानियाँ एवं रिपोर्ताज़ मिले।...इन कहानियों एवं रिपोर्ताजों का प्रकाशन पुस्तक-रूप में पहली बार यहाँ हो रहा है। इनके प्रकाशन से रेणु के कथाकार के क्रमिक विकास का ग्राफ भी बनाया जा सकता है।

रेणु के कथा-लेखन की शुरुआत 1936 के आसपास से हो चुकी थी। कुछ कविताएँ एवं कहानियाँ उनकी "बट बाबा" के पहले भी छप चुकी थीं, पर वे अपने वयस्क लेखन की शुरुआत 'बट बाबा' कहानी से ही मानते थे। 'बट बाबा' का प्रकाशन साप्ताहिक 'विश्वमित्र' [कलकत्ता] के 27 अगस्त, 1944 के अंक में हुआ था। रेणु ने अपनीकई आत्म-संस्मरणात्मक रचनाओं में इस कहानी का प्रकाशन 1945 और कहीं-कहीं 1946 में होने का उल्लेख किया है, पर 'बट बाबा' कहानी अब तक उपलब्ध नहीं हो पायी थी, इसलिए इसके सही प्रकाशन-वर्ष के विषय में भ्रम-सा बना हुआ था।

'बट बाबा' रेणु की पहली कहानी होने के साथ ही इसलिए भी महत्वपूर्ण है कि इस कहानी में रेणु के भावी कथाकार के सभी बीज-तत्व मौजूद हैं। इस छोटी कहानी में भी गाँव का समग्र जीवन उभर कर आता है । 'बट बाबा' गाँव वालों के लिए एक पेड़ भर नहीं हैं, बल्कि वयोवृद्ध समांग की तरह हैं--दुख-विपत्ति में ढाढ़स बंधाता हुआ, जीवन की

आस्था का घनघोर अन्धेरे में भी दीप जलाता हुआ ! 'बट बाबा' रेणु के लिए 'ऋषि-तुल्य महीरुह' थे। रेणु अपने प्रसिद्ध आत्म-संस्मरण 'ईश्वर रे, मेरे बेचारे...' में लिखते हैं--" अपने सम्बन्ध में कुछ लिखने की बात मन में आते ही मन के पर्दे पर एक छवि 'फेड इन' हो जाया करती है : एक महान् महीरुह...ऋषि-तुल्य, विराट् वनस्पती ! फिर इस छवि के ऊपर 'सुपर इम्पोज' होती है दूसरी तस्वीर : जटाजूटधारी बाबाजी की गोद में किलकता एक नन्हा शिशु !! और तब अपने बारे में कुछ लिखने की बात मन से दूर हो जाती है। क्योंकि इस वृक्ष को बाद देकर अपनी कहानी लिख पाना, मेरे लिए असंभव है।" ...रेणु आगे लिखते हैं--"'बट बाबा' को हमने पेड़ नहीं समझा--'देव' ही समझा सदा। ठीक उसी तरह मैलेरिया को सिर्फ बुखार नहीं--'पिशाच' मानता रहा । जूड़ी-ताप-तिल्ली की एक मशहूर पेटेण्ट दवा के विज्ञापन में 'मैलेरिया-पिशाच' की तस्वीर छपी रहती थी--पाँच मुहँवाला, विकराल पिशाच--अट्टहास करता हुआ, चारों ओर अस्थिपंजर, मुण्ड और हड्डियों के ढेर बिखरे हुए।..." रेणु ने 'बट बाबा' कहानी के प्रकाशन के बाद जब दादी को यह कहानी सुनायी थी, तो उनकी दादी ने कहा था--"बट बाबा की महिमा लिखकर तुमने समझो कि अपने 'पुरखों' को पानी दिया है।... तुमने सारे गाँव के लोगों की ओर से 'बट बाबा' की समाधि पर पहला फूल चढ़ाया।"

रेणु की दूसरी कहानी 'पहलवान की ढोलक' दिसम्बर, 1944 में प्रकाशित हुई थी। यह सम्भवतः किसी पहलवान पर लिखी गयी हिन्दी की पहली कहानी है। इस कहानी में पहलवानों के दांव-पेंच, ढोलक की विभिन्न ध्वनियों के अर्थ का बड़ा ही सूक्ष्म और जीवंत चित्रण हुआ है। हैजा और मैलेरिया से भयाक्राँत पूरे गाँव के मृत्यु से जूझते लोगों में पहलवान की ढोलक की 'चटाक्-चट्-धा' यानी 'उठाकर पटक दे !' की ताल--साहस, उष्मा और जीवन का संचार करती रहती है--भर रात। और अंत में, 'बट बाबा' की तरह पहलवान की मृत्यु गाँववालों की आस्था-विश्वास और संघर्षों का ही मानों क्षय होना हो। ...रेणु 'बट बाबा' और 'पहलवान की ढोलक' कहानी में पुरानी परम्पराओं, मूल्यों, आस्थाओं की टूटन को उसके ऐतिहासिक परिप्रेक्ष्य में पकड़ते हैं।

'प्राणों में घुले हुए रंग' और 'इतिहास, मज़हब और आदमी' रेणु की इस अर्थ में विशिष्ठ कहानियाँ हैं कि इनमें गाँव का उदास, मटमैला, दुखी, त्रस्त, अभावग्रस्त जीवन अपनी विसंगतियों के साथ पहली बार उभर कर आता है। 'प्राणों में घुले हुए रंग' के नायक डॉक्टर के चरित्र का विकास 'मैला आँचल' के डॉक्टर प्रशांत में एवं 'इतिहास, मज़हब और आदमी' के नायक का विकास 'परती-परीकथा' के जित्तू में देखा जा सकता है। फिर भी इन कहानियों में आये दो चरित्र अपने-आप में पूर्ण हैं, उनमें कहीं से भी अधूरापन नहीं लगता है। ये दोनों कहानियाँ सामंतवाद-विरोधी चेतना लिए हैं।

'कलाकार' बनारस में रह रहे एक कलाकार-युवक की कहानी है, और 'रखवाला' नेपाल की पहाड़ी पृष्ठभूमि की। रेणु का प्रारम्भिक विद्यार्थी-जीवन नेपाल और बनारस में गुजरा था, इसीलिए वे वहाँ का अनुभव लेकर ये कहानियाँ लिख सके।

'खण्डहर' 1948 में प्रकाशित रेणु के अपने घरेलू जीवन की तस्वीर प्रस्तुत करने वाली कहानी है। 1942 के आन्दोलन में भाग लेने के कारण रेणु को लम्बे समय तक जेल में रहना पड़ा था, साथ ही घर की कुर्की-जब्ती भी हो गयी थीं। फिर उन्होनें कई सामंतविरोधी किसान-आन्दोलनों में भाग लिया था, फलस्वरुप जमींदारों के कोप का शिकार भी उनके परिवार को होना पड़ा। आजादी मिलने के बाद वे अन्य कांग्रेसी नेताओं की तरह सत्ता की राजनीति से नहीं जुड़कर, मजदूर-किसान आन्दोलनों में भाग लेने के लिए हमेशा घर से बाहर रहते। कभी-कभार जेल की सजा भी काटते । वे जब भी घर लौटते उन्हें वही कुछ सुनना और झेलना पड़ता, जो 'खण्डहर' कहानी के गोपाल कृष्ण को सुनना ओर झेलना पड़ता है।

'रेखाएँ-वृतचक्र' कहानी वाराणसी के साप्ताहिक 'समाज' के 1 जनवरी, 1948 के अंक में प्रकाशित हुई थी। इस कहानी का केन्द्रीय पात्र 'मैं', बिहार के पूर्णिया जिले का पढ़ा-लिखा, पर बेरोजगार--अपनी प्रेमिका के द्वारा ठुकरा दिया गया, फौज में भर्ती हो जाता है और आजादी मिलने के वक्त प्रतिक्रियावादी ताकतों से लड़ता हुआ, हताहत होकर अस्पताल में पड़ा है। वह अस्पताल के परिवेश से कभी-कभी सुदूर अतीत की स्मृतियों में खो जाता है, कभी-कभी अपनी मृत्यु की कल्पना करते हुए सोचता है कि क्या 'डॉ० कोटनिस की अमर कहानी' की तरह उसपर भी फिल्म बनेगी ? यदि फिल्म बनेगी तो उसकी प्रकिया क्या होगी ?

इस छोटी सी कहानी में कई रेखाएँ हैं--रोगी की अजीबो-गरीब मनःस्थितियाँ, अतीत के कटु-मधु चित्र, स्वप्न-चित्र या फंतासी का प्रयोग, देश में चल रही विघटनकारी प्रकिया का चित्रण, नेहरु-इंदिरा-जयप्रकाश-लोहिया-पटवर्धन का प्रसंग। ये सभी रेखाएँ--एक वृतचक्र का निर्माण करती हैं, जिनसे बुनी गयी है यह कहानी।

रेणु की नेहरु के प्रति अगाध आस्था का परिचय भी इस कहानी से मिलता है। उन्हें लगता है कि देश में साम्प्रदायिक ताकतें जो भीषण रक्तपात कर रही हैं, कहीं नेहरू को जान से न मार दें। हालांकि इस कहानी के प्रकाशन के बाद ही उन्हीं प्रतिक्रियावादी तत्वों के द्वारा गांधी की हत्या कर दी जाती है। रेणु की आस्था नेहरू के प्रति इसलिए है कि कांग्रेसियों के बीच वे समाजवादी विचारधारा के हैं, पहले मार्क्सवादी भारतीय इतिहासकार हैं, ब्लैक-मार्केटियर्स को चौराहों पर फांसी पर लटका देने की बात करने वाले नेहरू ही हैं। नेहरू आजाद हिन्दुस्तान को सही समाजवादी-जनवादी-प्रगतिशील दिशा में ले जाने वाले एक मात्र कांग्रेसी हैं । इस नेहरू को बचाना स्वाधीनता-संग्राम के सपने को बचाना है।...हालांकि दो ही तीन वर्ष में नेहरू के बदले हुए चरित्र को देखकर उनकी आस्था टूटती है और वे नेहरू पर एक तीखा व्यंग्य लिखते हैं--'उत्तर नेहरू चरितम्' ।

आजादी मिलने के आस-पास देश में हो रहे उत्पात, आगजनी, दंगे--ये ऐसी स्थितियाँ हैं, मानों भेड़िये ने हिरण के मासूम बच्चे को दबोच रखा है। इस कहानी का नायक एक दोहरी त्रासदी में जीता है। द्वितीय विश्वयुद्ध के बाद गाँव लौटकर जब उसने

अपनी ममेरी बहन से पंत की कविता 'भारत माता ग्रामवासिनी' गाने को कहा था, तो उसे आश्चर्य हुआ था कि "मैं भी इस तरह के गीतों में दिलचस्पी लेता हूँ।" (रेणु ने इसी गीत के शब्द लेकर अपने पहले उपन्यास का नाम 'मैला आँचल' रखा था।) उसके मित्र उसे घृणा की दृष्टि से देखते हैं। क्यों ?

'रेखाएँ-वृतचक्र' इस संग्रह की सर्वाधिक महत्वपूर्ण कहानी है। कारण, इस कहानी में हिन्दुस्तान का सबसे नाजुक और संवेदनशील समय अंकित है। रेणु ने इसी कहानी का शीर्षक लेकर 1970 में भी एक कहानी लिखी थी।

1950 में प्रकाशित कथा-रिपोर्ताज 'हड्डियों का पुल' और 'नये सवेरे की आशा' रेणु की सशक्त प्रारम्भिक रचनाएँ हैं। विस्तृत कथा-फलक के साथ विराट 'विजन' इन रचनाओं की सबसे बड़ी विशेषता है। 'हड्डियों का पुल' में भूख और गरीबी का जैसा जीवंत और मार्मिक चित्र रेणु ने खींचा है, उनकी अन्य रचनाओं में प्रायः दुर्लभ है। एक तरफ नदियों पर पुल का निर्माण और उनपर रेलवे लाइन का गुजरना औद्योगिक यानी पूंजीवादी विकास का द्योतक है, और उसमें नरबलि पड़ने की अनुश्रुति, जनता में भूखमरी-गरीबी-पस्ती का बढ़ता जाना--अत्यन्त ही संकेतात्मक तरीके से इस बात को रखा गया है। रेणु राजनीतिक-सामाजिक विसंगति का चित्रण कर समस्या की जड़ों में प्रवेश करते हैं। नेताओं का इस अकालग्रस्त, विपन्न और त्रस्त और भूख से बिलबिला कर मरती हुई जनता से मानों कोई सरोकार ही नहीं, उनके लिए 'एकमात्र गद्दी ही सत्य' है। रेणु का व्यंग्यकार-रूप इस रचना में अत्यधिक मुखर है। पर वे भविष्य के प्रति निराश नहीं हैं। वे किसानों को एक-जुट करने, उनमें 'नये सवेरे की आशा' का संचार करने में अपने को लगाते हैं। वे किसानों की परिवर्तनकारी चेतना पर अपनी आस्था और विश्वास को क़ायम करते हैं।...किसान-मार्च !...ऊपर गगन में मांदल बज रहा है और नीचे हजारों चरणों तले पृथ्वी टल-मल कर रही है। रेणु इस जुलूस का नेतृत्व करते हुए आगे बढ़ते हैं--मजदूरों और किसानों का राज्य क़ायम होने पर ही असली 'सुराज' होगा।

रेणु के ये दोनों रिपोर्ताज उनकी ज़मीन को जहाँ एक ओर रखते हैं, वहीं उनकी विचारधारा भी इसमें साफ-साफ दिखलाई पड़ती है।

'युद्ध की डायरी' 1965 के भारत-पाक युद्ध के समय की मनःस्थितियों को 'जार्नल' यानी रोजनामचा की शैली में प्रस्तुत करने वाला रिपोर्ताज है।

रेणु का पहला कथा-रिपोर्ताज़ 'बिदापत-नाच' सन् 1945 में प्रकाशित हुआ था, जिसे पढ़ते हुए लोक-कला से गहरी पहचान के साथ-साथ, दलित-वर्ग के जीवन की त्रासदी से भी परिचय होता है।

एबसर्ड नाटिका 'पाँच नम्बर प्लेटफार्म' रेणु की अप्रकाशित रचना है, जिसे इमर्जेंसी के दौरान यानी 1976 में रेणु ने पटना के प्रसिद्ध रंगकर्मी सतीश आनन्द के आग्रह पर लिखा था। मृत्यु के पूर्व रेणु अजीबो-गरीब मानसिकता से गुजर रहे थे। अत्यधिक तनाव के कारण तमाम चीजें उनके लिए 'उलटी-पुलटी' यानी 'उलजूलुल'- सी हो गयी थीं।

'पाँच नम्बर प्लेटफार्म' की पाण्डुलिपि आधी-अधूरी-सी, काफी कटी-छंटी, अस्त-व्यस्त अवस्था में मुझे मिली, जिसे प्रकाशन-योग्य बनाने के लिए काफी श्रम एवं संपादन करना पड़ा एवं कहीं-कहीं कुछ शब्दों को जोड़ना और कुछ को हटाना पड़ा। इस नाटिका के द्वारा रेणु के इस तरह के लेखन से पहली बार उनके पाठक परिचित होंगे। 'ये हैं आपकी पड़ोसिन : कवयित्री' रेडियो नाटिका है। इसका प्रसारण आकाशवाणी पटना के 'महिला-मण्डल' कार्यक्रम के तहत 1961 में हुआ था।

'अपने गाँव और पटना के बीच' रेणु का हिन्दी में अब तक अप्रकाशित और मृत्यु-पूर्व लिखा गया आत्म-संस्मरण है। रेणु का अपने गाँव से मोहभंग हो चुका था और पटना में वर्षों रहने के बाद भी वे पूरी तरह 'पटनैया' नहीं हो सके थे । ऐसे में अपने गाँव और पटना के बीच एक दुनिया थी, जहाँ अंततः रेणु को आत्मीयता और स्वीकार मिलता है, वे वहीं मानसिक शांति पाते हैं। यह रचना 26 नवम्बर, 1976 के अंग्रेजी 'सन्डे' के अंक में अंग्रेजी में प्रकाशित हुई थी। इसका अविकल अनुवाद [खोजीराम के द्वारा] यहाँ दिया जा रहा है।

'चिठिया हो तो हर कोई बाँचे' रेणु द्वारा शैलेन्द्र पर लिखा गया मार्मिक संस्मरण है। शैलेन्द्र की मृत्यु रेणु को भीतर से तोड़ गयी थी, इसलिए शैलेन्द्र पर लिखना उनके लिए मुश्किल था। फिर भी शैलेन्द्र को याद करते हुए यह छोटा संस्मरण उन्होने लिखा था, जिसका अपने-आप महत्व है। 'शरत् की श्वान-प्रीति' शरतचन्द्र के कुत्तों के प्रति अगाध प्रेम को दर्शाने वाले प्रसंगों को व्यक्त करने वाली रचना है, जिसकी रचना के पीछे स्वयं रेणु का श्वान-प्रेमी होना था। 'कार्यकर्ताओं से दो शब्द' 1945 में प्रकाशित वैयिक्तक निबंध है, जिसमें सामाजिक कार्यकर्त्ताओं को सम्बोधित कर जो बातें कही गयी हैं, वे आज भी प्रासंगिक हैं।

रेणु ने अपने जीवन-काल में कई फिल्मों की पटकथाएँ भी लिखी थीं। 'तीसरी कसम' और 'राहगीर' की पटकथा भी उन्हीं की लिखी हुई थी, पर फिल्म में पटकथा-लेखक के रूप में उन्होंने अपना नाम नहीं दिया था ।...1972 में बनी फिल्म 'एक अधूरी कहानी' की पटकथा भी रेणु ने लिखी थी । यह फिल्म अरुण कौल द्वारा बनायी गयी थी एवं इसका निर्देशन मृणाल सेन ने किया था । 'एक अधूरी कहानी' की पटकथा बंगला के कहानीकार स्व० सुबोध घोष की कहानी 'गोत्रांतर' पर आधृत है । पर रेणु ने इस पटकथा को अपने पूरे रंग में रंग कर लिखा था--यानी 'रेणुआइट शैली और शिल्प और भाषा' का उनका वही तेवर इसमें भी है, जो उनकी महत्वपूर्ण कथाकृतियों में दिखलाई पड़ता है। इस पटकथा के लेखन की प्रक्रिया, उसके रचनाकाल के दौरान की रेणु की जीवन-स्थितियाँ एवं मनःस्थितियाँ, इसके विपय में रेणु के विचार आदि को हम अरुण कौल के नाम लिखी रेणु की चिट्ठियों में पाते हैं । इसलिए 'एक अधूरी कहानी' की पटकथा के प्रथम प्रकाशन के साथ ही इन चिट्ठियों का प्रकाशन भी साथ-साथ होना जरूरी लगा। इस पटकथा का 'कॉपीराइट' अरुण कौल प्रोडक्शन का है। श्री अरुण कौल ने इसे

मेरे आग्रह पर सिर्फ भेजा ही नहीं, अपितु इसे प्रकाशित करने की भी सहर्ष अनुमति दी। रेणु के पाठकों की ओर से उनका हृदय से आभार व्यक्त करता हूँ।

इस संग्रह में रेणु की इतनी विधाओं में लिखी गयीं रचनाओं को एक साथ प्रकाशित करने का उद्देश्य यह है कि इस संग्रह के द्वारा पाठकों को रेणु की 'बहुमुखी प्रतिभा' से परिचय एवं उनकी अप्रकाशित-असंकलित यानी अप्राप्य रचनाओं से पाठकों का साक्षात्कार एक ही साथ हो। कहानी, रिपोर्ताज, नाटक, संस्मरण, निबंध, पत्र और पटकथा--ये सात विधाएँ सात रंग की तरह हैं, जो एक-दूसरे से अलग होते हुए भी अभिन्न हैं। इन सभी के द्वारा रेणु के प्राणों में घुले हुए सभी रंग एवं भाव प्रकट हुए हैं। कुछ रंग उदास, मटमैले हैं, तो कुछ चटक, कुछ पीले तो कुछ टह-टह लाल, कहीं-कहीं सफेद रंग दूर तक फैला दिखाई देता है, तो कभी अन्धेरे की तरह काला रंग मन में घर करने लगता है। ...रेणु की ये रचनाएँ जीवन के एक-एक भाव को, एक-एक रंग को...यानी कि जीवन को समग्रता के साथ देखती, परखती और प्रस्तुत करती हैं। रेणु के लिए कोई भी रंग खराब नहीं है, वे एक ऐसे बड़े चित्रकार हैं, जो हर रंग से अपने भावात्मक तादात्म्य को स्थापित करता है।

यह पुस्तक रेणु जी के आत्मीय और मेरे बन्धु श्री जयशंकर, प्रो. कैलाशनाथ तिवारी, सदानन्द सुमन, हरिकिशोर चतुर्वेदी को समर्पित है, जिनकी आत्मा में रेणु की अर्धनारीश्वर छवि मौजूद है। खोजीराम को वे बराबर सहयोग करते रहे हैं और रेणु की रचनाओं के प्रकाशन से सबसे अधिक खुश होते रहे हैं।

बोकारो स्टील सिटी

भारत यायावर

कहानियाँ

बटबाबा
पहलवान की ढोलक
कलाकार
रखवाला
प्राणों में घुले हुए रंग
इतिहास, मजहब और आदमी
खण्डहर
रेखाएँ-वृतचक्र

बट बाबा

गाँव से सटे, सड़क के किनारे का वह पुराना वट-वृक्ष।

इस बार पतझड़ में उसके पत्ते जो झड़े तो लाल-लाल कोमल पत्तियों को कौन कहे, कोंपल भी नहीं लगे। धीरे-धीरे वह सूखता गया और एकदम सूख गया-खड़ा ही खड़ा।

शाम को निरधन साहु की दुकान पर इसी पेड़ की चर्चा छिड़ी हुई थी। जब से इस गाँव के खुशहाल किसान 'मुखिया अनंत मंडर' की दुनिया बिगड़ गयी, उनका बैठक खाना उजड़ गया, तभी से निरधन साहु की दुकान पर ही गाँव के लोगों की मंडली शाम को बैठती। दिन भर के थके-मांदे किसान, खेतिहर मजदूर नोन-तेल, चावल-दाल लेने अथवा यों ही थोड़ी देर बैठकर चिलम पीने, सुख-दुख की कहानी कहने-सुनने चले आते। शाम को थोड़ी देर बैठकर बातें करने का यही एकमात्र सहारा था। हाँ तो, उस शाम को वहाँ पर इसी पेड़ की चर्चा छिड़ी हुई थी। आठ-दस व्यक्ति बैठे हुए थे। फरजन मियाँ ने कहा- "अरे ! क्या पूछते हैं, हमारे दादा कहते थे कि उनके बाप के बचपन में भी यह ऐसा ही बूढ़ा था।...ओह !"

बैठे हुए लोगों में से प्रत्येक ने इसी प्रकार की कुछ न कुछ बातें कहीं। बूढ़ा निरधन साहु का शरीर काला ज्वर से कंकाल मात्र रह गया था, तिसपर में खाँसी, कुछ बोलते ही 'खाँय-खाँय' करने लगता था। उसकी अठारह वर्ष की बेटी लछमनिया दुकान चलाती थी, बुढ़िया वसूल-तगादा करती और शहर से सिर पर 'सौदा-पत्तर' ले आती थी। बूढ़ा बैठा-बैठा दिन गिन रहा था। अभी जो उसने पेड़ के सूखने की बात सुनी, तो खाँसता और कराहता हुआ घर से बाहर निकल आया। बोला-"बड़कवा बाबा सूख गइले का ?"

बैठी हुई मंडली ने एक स्वर में कहा -"हाँ !"

"अब दुनिया ना रही"-कहकर वह जो खाँसने लगा तो बीस मिनट तक खाँसता ही रहा। खाँसी शान्त होने पर, भर्राये स्वर में, लम्बी निःश्वास लेता हुआ बोला-"अब ना

बचब हो राम !"

हिमालय और भारतवर्ष का जो सम्बन्ध है, वही सम्बन्ध उस वृद्ध पेड़ और गाँव का था। वह उन्नत-मस्तक विशाल पेड़ प्रतिदिन सवेरे मटमैले अन्धकार में, गाँव के आँगन-आँगन में दृष्टि दौड़ाकर, पूर्व क्षितिज पर न जाने क्या देखकर एक बार सिहरता... सिसकता, फिर टप-टप आँसू बहाकर शान्त हो जाता। सोता हुआ गाँव जब अंगड़ाई लेकर उठता तो उसकी जटाएँ हिलती-डुलती रहतीं । पेड़ पर पक्षियों का कलरव होता रहता।

जाड़े का दिन हो या गर्मी का मौसम, चाहे वर्षा की ही झड़ी क्यों न लगी हो, सुबह से शाम तक उसके नीचे औरत, बूढ़े, बच्चे, जवान, गाय-भैंस-बैलों की छोटी-सी टोली बैठी ही रहती थी। चैत्र-वैशाख की दोपहरी में तो सारा गाँव ही उसकी शीतल छाया का सहारा लेता। गाँव का लुहार यहीं बैठकर हल वगैरह की मरम्मत करता, घर बनाने वाले मजदूर बाँस यहीं बैठकर फाड़ते-छीलते। औरतों का ओखल-मूसल चलता रहता, बच्चों का घरौंदा खेल, जटाओं को बाँधकर झूला-झूलना, बूढ़ों की अनुभव अभिमान मिश्रित बातें तथा नौजवानों की नजर बचाकर-नववधुओं और भाभियों की छेड़-छाड़ भी चलती रहती। पेड़ की एक तरफ की जमीन में अनेक खुदे हुए काले चूल्हे, उसके पास जली-अधजली लकड़ियाँ सदा बिखरी रहतीं। रात में व्यापारी गाड़ीवानों का यही 'रैन बसेरा' था। इसके अतिरिक्त कभी बारात तो कभी डोली, कभी गाजे-बाजे, हाथी-घोड़ा थोड़ी देर तक यहीं बैठकर सुस्ताते, गाँव वालों का मनोरंजन कर चले जाते। डोलियाँ रुकतीं, किशोरी बालिकाएँ, बाल-वृद्ध 'लाल डोली, लाल डोली, लाल कन्ने है !' रटते दौडते. डोली की खिड़की खुलती, सब आश्चर्य से देखते।

किशोरी लड़कियाँ मन ही मन अरमान सजाने लगतीं, हौंसले भरे छोटे-छोटे लड़के दौड़कर माँ से कहते- 'मैं भी ऐछी ही दुलहन लूंगा।'

एक जमाना था, जब प्रत्येक शाम को उसके नीचे 'दिवाली' की बहार रहती थी। प्रत्येक घर से घी से भरा-पूरा एक-एक दीप जाता था। सारी रात जगमग-जगमग...!! किन्तु, इधर कई वर्षों से तो बस सहुआइन का दीपक ही थोड़ी दे तक टिमाटिमाकर बुझ जाता, जुगनू की चकमक सारी रात होती रहती।

एकादशी, पूर्णिमा आदि पर्व त्योंहारों पर उसकी पूजा भी होती--सिन्दूर-चन्दन, अक्षत, बेलपत्र, धूप-दीप, पान-सुपारी से। वह 'देवता' था हिन्दुओं का भी मुस्लिमों का भी। इधर कई वर्षों से मुसलमानों ने पूजा-पत्तर छोड़ दिया है। मौलवी साहब एक आये थे, उन्हीं के कहने से । पर 'बट-बाबा' छोड़कर किसी दूसरे नाम से सम्बोधित करने की हिम्मत अब भी उन लोगों की नहीं हुई। बट-बाबा कितने मानतों के आरजू-मिन्नत को सुनते आये थे। जो उससे निराश होते, सदा के लिए निराश हो जाते। जिनकी मनोकामना

पूरी होती, वे निहाल हो जाते।

कल की बच्चियाँ जवान होतीं, बट-सावित्री पूजने आतीं, कुछ दिनों के बाद उसके बेटे की भी छठी पूजी जाती, मुंडन-उत्सव होता, फिर शादी में जब वह वर का आभूषण पहन कर प्रणाम करने आती, तो उसकी जटाएँ सदा की तरह हिलती रहतीं। गुड़िया-सी दुलहिन आती, सोने-चाँदी के जेवरों से झमझमाती-गाती बजाती औरतों की टोली उसे ले आती, प्रणाम कराकर ले जाती। वह खड़ा-खड़ा न जाने कितने वर्षों से यह सब देखता आया था, वर-यात्रा, शवयात्रा, भरी लाल मांग, धुली मांग, फूल-सा कोमल बच्चे का माँ की गोद में किलकारी भरना और चिर-निद्रा में मग्न, एक ही दिन, गाँव में दस-दस नवागत शिशुओं का 'सोहर' गाती तथा एक ही साथ पन्द्रह-पन्द्रह अर्थियाँ इत्यादि देखत-देखते वह स्थितप्रज्ञ हो गया था।

इस बार वह खड़ा-खड़ा ही सूख गया। प्रतिवर्ष की भाँति वैशाख की दोपहरी आयी। कड़कड़ाती धूप से आग की वर्षा होने लगी और इस बार गाँव के पशु-पक्षियों में भी कुहराम मच गया। आने-जाने वाले राही-बटोही, गाड़ीवान एक निराशापूर्ण दृष्टि से पेड़ की ओर देखकर आपस में कुछ बोलते-चालते चले जाते।

गाँव के बाहर, सड़क के किनारे अज्ञात काल से वह खड़ा था । ऐसा मालूम होता था मानो भय से हार्ट-फेल कर के मरे हुए विकराल राक्षस के कंकाल को खड़ा कर दिया गया है। मुँह और आँखें भय से विस्फारित, दोनों हाथ उठाये हुए कंकाल की तरह !

वह सूख गया, किन्तु गाँव वालों की उस पर श्रद्धा और भक्ति की धारा और भी तीव्र हो गयी। यों तो 'आपत-विपद' में उसकी मिन्नतें और पूजा पहले भी होती थी, पर जबसे पेड़ धीरे-धीरे सूखने लगा 'पूजा और मिन्नतों' का तांता-सा लग गया। लोगों की यह धारणा थी कि बाबा जाने के समय सबों की मनोकामना पूरी करेंगे। जिस पर ढल जायें, वह मालामाल हो जाय। अभी उस दिन अनंत मंडर की पतोहू चार आने का बताशा मान आयी थी कि उसका पति जो भारत-रक्षा कानून के अन्तर्गत ढाई वर्षों से जेल में नजरबन्द है और टी. बी. का शिकार हो चुका है- छूट जाय। रोग भी छूट जाय और वह भी। जिस दिन पहली बार ससुराल आयी थी, बनारसी साड़ी, गहनों तथा शिक्षित पति के घमंड में वह बोली थी- 'मैं पेड़-पत्थर की पूजा नहीं करती।' लोग कहते हैं और वह भी मानने लगी है कि यह दुर्दिन उसी घमंड का कुफल है। उस दिन वह जो गयी तो शरीर पर सिर्फ एक फटी साड़ी थी, जिसमें पाँच-सात पैबन्द लगे थे, चार-पाँच साड़ी के टुकड़ों की पट्टियाँ लगी थीं, दो-ढाई हाथ कंट्रोल की साड़ी, सुहाग की साड़ी का एक टुकड़ा तथा अन्य साड़ियों के टुकड़ों की पट्टियों से बनी एक 'पंचरंगी' साड़ी से अपनी लाज ढँकते, आँसू पोछते वह बोली थी, "बाबा। अब इससे बढ़कर और कौन-सी सजा दोगे !" और वह फूट-फूटकर रो पड़ी थी।

निरधन साहु की बेटी 'लछमनिया' रो आयी थी- "बाबा ! गाँव - मुहल्ला, टोला-पड़ोस तथा जाति-बिरादरी के लोग हँस रहे हैं। मैं इतनी बड़ी हो गयी, कोई दूल्हे का बाप एक हजार से नीचे तिलक की बात ही नहीं करता है। बाबू और घर की दशा तुमसे छिपी नहीं है। दुनिया के लिये तुम सूख गये हो, पर तुम्हारा प्रताप तो नहीं सूखा है। बाबा ! यदि किसी दूल्हे के बाप का मन फेर दो तो मैं आठ आने की मिठाई, सवा हाथ लंगोट और प्रत्येक रविवार को नया दिया और नयी बत्ती जला दूँ।"

कलरू महतो पर जमींदार की कुर्की आने वाली थी। टहलू पासवान का बेटा फौज में था, भजू धानुक की स्त्री बीमार थी। सब अपने-अपने धन-माल-जान के लिए 'मनौती' मना रहे थे।

आज प्रातः काल ही जमींदार के अमले-सिपाही चालीस-पचास मजदूर लेकर आये, गाँव के मजदूर भी बेगार में पकड़े गये। लड़ाई का जमाना है, जलावन की भारी कमी। जमींदार साहब का हुक्म है कि पेड़ काटा जायगा। लोग आपस में कानाफूसी कर बातें करने लगे। एक ही साथ पेड़ के सूखे तने पर साठ-साठ कुल्हाड़ों का वार हुआ- 'धड़-धड़ खड़-खड़-खड़ाक...' गाय-बैल,घोड़े-बकरे चौंककर गाँव से भागे, कुत्ते भौंकने लगे, भयभीत पक्षियों ने कलरव आरम्भ कर दिया। छोटे-छोटे बच्चे डरकर माँ की छाती से चिपट गये। गाँव के अर्धनग्न नर-नारियों तथा शिशुओं के कंकालों की कतार...एक टक से देख रही थी। कोई-कोई मर्द भी फूट-फूटकर रो रहा था, मानो सबों के कलेजे पर ही कुल्हाड़े चलाये जा रहे हैं।

...धड़-धड़-धड़-धड़ाम...आर्तनाद कर पेड़ गिरा, फिर गाँव में भारी कोलाहल....!!

निरधन साहु कल से बेहोश था। बोलने और सुनने की शक्ति शायद जाती रही थी। अन्तिम घड़ियाँ गिन रहा था। पेड़ गिरने के धमाके से वह भी चिहुँका, अस्फुट स्वरों में बोला- "असमान से...का गिरल रे लछमनि...! अरे बाप !!"

लछमनिया खिड़की से देख रही थी, और खड़ी-खड़ी सिसक रही थी।

[अगस्त, 1944 में साप्ताहिक 'विश्वमित्र' में प्रकाशित]

पहलवान की ढोलक

जाड़े का दिन। अमावस्या की रात--ठण्डी और काली। मलेरिया और हैजे से पीड़ित गाँव भयार्त्त शिशु की तरह थर-थर काँप रहा था। पुरानी और उजड़ी बाँस-फूस की झोपिड़यों में अंधकार और सन्नाटे का सम्मिलित साम्राज्य ! अँधेरा और निस्तब्धता।

अँधेरी रात चुपचाप आँसू बहा रही थी ! निस्तब्धता करुण-सिसकियों और आहों को बलपूर्वक अपने हृदय में ही दबाने की चेष्टा कर रही थी। आकाश से टूट कर यदि कोई भावुक तारा पृथ्वी पर जाना भी चाहता तो उसकी ज्योति और शक्ति रास्ते में ही शेष हो जाती थी, अन्य तारे उसकी भावुकता अथवा असफलता पर खिलखिला कर हँस पड़ते थे। सियारों का क्रंदन और पेचक की डरावनी आवाज कभी-कभी निस्तब्धता को अवश्य भंग कर देती थी। गाँव की झोपड़ी से कराहने और कै करने की आवाज, 'हरे राम ! हे भगवान'! की टेर अवश्य सुनायी पड़ती थी। बच्चे भी कभी-कभी निर्बल कंठों से माँ-माँ पुकार कर रो पड़ते थे, पर इससे रात्रि की निस्तब्धता में विशेष बाधा नहीं पड़ती थी। कुत्तों में परिस्थितियों को ताड़ने की एक विशेष बुद्धि होती है। वे दिन भर राख के घूरों पर गठरी की तरह सिकुड़कर मन मारकर पड़े रहते थे संध्या या गंभीर रात्रि को सब मिलकर रोते थे। रात्रि अपनी भीषणताओं के साथ चलती रहती और उसकी सारी भीषणता को, ताल ठोककर, ललकारती रहती थी--सिर्फ पहलवान की ढोलक। संध्या से लेकर प्रातः तक एक ही गति से बजती रहती--'चट्-धा, गिड़-धा, चट्-धा, गिड़-धा'। अर्थात-'आजा भिड़जा !!' बीच-बीच में 'चटाक्-चट्-धा चटाक्-चट्-धा' यानी--उठाकर पटक दे !!...यही आवाज संजीवनी शक्ति भरती रहती थी।

`लुट्टन सिंह पहलवान !

यों तो वह कहा करता था--'लुट्टन सिंह पहलवान को 'होल-इंडिया' भर के लोग जानते हैं,' किंतु उसके 'होल-इंडिया' की सीमा शायद एक जिले की सीमा के बराबर ही

हो। जिले भर के लोग उसके नाम से अवश्य परिचित थे।

लुट्टन के माता-पिता उसे नौ वर्ष की उम्र में ही अनाथ बनाकर चल बसे थे। सौभाग्यवश शादी हो चुकी थी, वरना वह भी माँ-पिता का अनुसरण करता। विधवा सास ने पाल-पोसकर बड़ा किया। बचपन में वह गाय चराता, धारोष्ण दूध पीता और कसरत किया करता था। गाँव के लोग उसकी सास को तरह-तरह की तकलीफ दिया करते थे। लुट्टन के सिर पर कसरत की धुन लोगों से बदला लेने के लिए ही सवार हुई थी। नियमित कसरत ने किशोरावस्था में ही उसके सीने और बाँहों को सुडौल तथा मांसल बना दिया था। जवानी में कदम रखते ही वह गाँव में सबसे अच्छा पहलवान समझा जाने लगा। लोग उससे डरने लगे और वह दोनों हाथों को दोनों ओर 45 डिग्री की दूरी पर फैलाकर पहलवानों की भांति चलने लगा। वह कुश्ती भी लड़ता था।

एक बार वह 'दंगल' देखने श्याम नगर मेला गया। पहलवानों की कुश्ती और दाँव-पेंच देखकर उससे नहीं रहा गया। जवानी की मस्ती और ढोल की ललकारती हुई आवाज ने उसकी नसों में बिजली उत्पन्न कर दी। उसने बिना कुछ सोचे-समझे दंगल में 'शेर के बच्चे' को चुनौती दे दी। 'शेर के बच्चे' का असल नाम था--चाँद सिंह। वह अपने गुरू पहलवान बादल सिंह के साथ, पंजाब से पहले-पहल श्याम नगर मेले में आया था। सुंदर-जवान, अंग-प्रत्यंग से सुंदरता टपक पड़ती थी। तीन दिनों में पंजाबी और पठान पहलवानों के गिरोह की अपनी जोड़ी और उम्र के सभी पट्ठों को पछाड़कर उसने 'शेर के बच्चे' की टायटिल प्राप्त कर ली थी। इसलिए वह दंगल के मैदान में लंगोट लगाकर एक अजीब किलकारी भरकर छोटी दुलकी लगाया करता था। देशी नौजवान पहलवान, उससे लड़ने की कल्पना से भी घबड़ाते थे। अपनी टायटिल को सत्य प्रमाणित करने के लिए ही चाँद सिंह बीच-बीच में दहाड़ता फिरता था।

दंगल और शिकार प्रिय श्यामनगर के वृद्ध राजा साहब उसे दरबार में रखने की बात कर ही रहे थे कि लुट्टन ने 'शेर के बच्चे' को चुनौती दे दी। सम्मान-प्राप्त चाँद सिंह पहले तो किंचित उसकी स्पर्धा पर मुस्कुराया, फिर बाज की तरह उस पर टूट पड़ा। शांत दर्शकों की भीड़ में खलबली मच गयी--पागल है पागल है, मरा-ऐ ! मरा-मरा !! ...पर वाह रे बहादुर ! लुट्टन बड़ी सफाई से आक्रमण को सम्हाल कर, निकलकर खड़ा हुआ और पैंतरा दिखाने लगा। राजा साहब ने कुश्ती बंद करवा कर लुट्टन को अपने पास बुलवाया और समझाया। अंत में, उसकी हिम्मत की प्रशंसा करते हुए, दस रुपये का नोट देकर कहने लगे, "जाओ, मेला देखकर घर जाओ...!"

"नहीं सरकार, हम लड़ेंगे... हुकुम हो सरकार...!"

"तुम पागल हो ? जाओ..."

मैनेजर साहब से लेकर सिपाहियों तक ने धमकाया--'देह में गोश्त नहीं, लड़ने चला है शेर के बच्चे से ! सरकार इतना समझा रहे हैं...!!'

"दुहाई सरकार, पत्थर पर सिर पटककर मर जाऊँगा... मिले हुकुम..." वह हाथ

जोड़कर गिड़िगड़ा रहा था।

भीड़ अधीर हो रही थी। बाजे बंद हो गये थे। पंजाबी पहलवानों की जमात क्रोध से पागल होकर लुट्टन पर गालियों की बौछार कर रही थी। दर्शकों की मंडली उत्तेजित हो रही थी। कोई-कोई लुट्टन के पक्षमें चिल्ला उठता था--"उसे लड़ने दिया जाय !"

अकेला चाँद सिंह मैदान में खड़ा व्यर्थ मुस्कुराने की चेष्टा कर रहा था। पहली पकड़ में ही अपने प्रतिद्वंद्वी की शक्ति का अंदाजा उसे मिल गया था।

विवश होकर राजा साहब ने आज्ञा दे दी--"लड़ने दो !"

बाजे बजने लगे। दर्शकों में फिर उत्तेजना फैली। कोलाहल बढ़ गया। मेले के दुकानदार दुकान बंद करके दौड़े, "चाँद की जोड़ी ? चाँद की कुश्ती हो रही है !!"

चट्-धा, गिड़-धा, चट्-धा, गिड़-धा...

दोनों युवक पहलवान पैंतरा भरने लगे। भारी आवाज में एक ढोल, जो अब तक चुप था, बोलने लगा-ढाक्-ढिन्ना, ढाक्-ढिन्ना, ढाक्-ढिन्ना...अर्थात् वाह पट्ठे ! वाह पट्ठे !!

लुट्टन को चाँद ने कसकर दबा लिया था।

"अरे, गया-गया"--दर्शकों ने तालियाँ बजायीं--"हलुआ हो जायेगा, हलुआ--हँसी खेल नहीं, शेर का बच्चा है...बच्चू।"

'चट्-गिड़-धा, चट्-गिड़-धा, चट्-गिड़-धा'-अर्थात् मत डरना ! मत डरना !!

लुट्टन की गर्दन पर केहुनी डालकर चाँद 'चित' करने की कोशिश कर रहा था।

"वहीं दफना दे बहादुर !" बादल सिंह अपने शिष्य को उत्साहित कर रहा था।

लुट्टन की आँखें बाहर निकल रही थीं। उसकी छाती फटने-फटने को हो रही थी। राजमत, बहुमत चाँद के पक्ष में था। सभी चाँद को शाबाशी दे रहे थे। लुट्टन के पक्ष में सिर्फ ढोल की आवाज थी, जिसके ताल पर वह अपनी शक्ति और दाँव-पेंच की परीक्षा ले रहा था--अपनी हिम्मत को बढ़ा रहा था। अचानक ढोल की एक पतली आवाज सुनायी पड़ी--

'धाक-धिना, तिरकट-तिना, धाक-धिना, तिरकट-तिना...!!'

लुट्टन को स्पष्ट सुनाई पड़ा। ढोल कह रहा था--"दाँव काटो, बाहर हो जा, दाँव काटो, बाहर हो जा !"

लोगों के आश्चर्य की सीमा न रही। लुट्टन दाँव काटकर बाहर निकला और तुरंत लपक कर चाँद की गरदन पकड़ ली।

"वाह रे मिट्टी के शेर !"

"अच्छा ! बाहर निकल आया ? इसीलिए तो...।"

जनमत बदल रहा था।

मोटी और भौंड़ी आवाज वाला ढोल बज उठा--'चटाक्-चट्-धा, चटाक्-चट्-

धा...' अर्थात्-उठा पटक दे ! उठा पटक दे !!

लुट्टन ने चालाकी से दाँव और जोर लगाकर चाँद को जमीन पर दे मारा।

धिक-धिना, धिक-धिना... । अर्थात्-'चित करो-चित करो !!'

लुट्टन ने अंतिम जोर लगाया, चाँद सिंह चारों खाने चित हो रहा।

'धा-गिड़-गिड़, धा-गिड़-गिड...' अर्थात् 'वाह बहादुर ! वाह बहादुर'!!

जनता यह स्थिर नहीं कर सकी कि किसकी जय ध्वनि की जाये, फलतः अपने-अपने इच्छानुसार किसी ने 'माँ दुर्गा' की, किसी ने 'महावीरजी' की, कुछ ने 'राजा श्यामानंद की'--जयध्वनि की, अंत में सम्मिलित--'जय' से आकाश गूँज उठा।

विजयी लुट्टन कूदता-फाँदता, ताल-ठोकता सबसे पहले बाजे वाले की ओर दौड़ा, ढोलों को श्रद्धापूर्वक प्रणाम किया। फिर दौड़कर उसने राजा साहब को गोद में उठा लिया। राजा साहब के कीमती कपड़े मिट्टी में सन गये। मैनेजर साहब ने आपत्ति की, "हैं-हैं-अरे-रे !" किन्तु राजा साहब ने स्वयं उसे छाती से लगाकर गद्गद् होकर कहा--"जीते रहो बहादुर ! तुमने मिट्टी की लाज रख ली।"

पंजाबी पहलवानों की जमात चाँद सिंह की आँखें पोंछ रही थी। लुट्टन को राजा साहब ने पुरस्कृत ही नहीं किया, अपने दरबार में सदा के लिए रख लिया। तब से लुट्टन राज-पहलवान हो गया और राजा साहब उसे लुट्टन सिंह कहकर पुकारने लगे।

राज-पंडितों ने मुँह बिचकाया--"हुजूर ! जाति का दुसाध...सिंह...!"

मैनेजर साहब क्षत्रिय थे। 'क्लीन-शेव्ड' चेहरे को संकुचित करते हुए, अपनी पूरी शक्ति लगाकर नाक के बाल उखाड़ रहे थे। चुटकी से अत्याचारी बाल को रगड़ते हुए बोले, "हाँ सरकार, यह अन्याय है !"

राजा साहब ने मुस्कुराते हुए सिर्फ इतना ही कहा--"उसने क्षत्रिय का काम किया है।"

उसी दिन से लुट्टन सिंह पहलवान की कीर्ति दूर-दूर तक फैल गयी। पौष्टिक भोजन और व्यायाम तथा राजा साहब की स्नेह-दृष्टि ने उसकी प्रसिद्धि में चार चाँद लगा दिये। कुछ वर्षों में ही उसने एक-एक कर सभी नामी पहलवानों को मिट्टी सुंघाकर आसमान दिखा दिया। काला खाँ के संबंध में यह बात मशहूर थी कि वह ज्यों ही लंगोट लगाकर--'आ-ली' कहकर अपने प्रतिद्वंद्वी पर टूटता है, प्रतिद्वंद्वी पहलवान को लकवा मार जाता है। लुट्टन ने उसको भी पटक कर लोगों का भ्रम दूर कर दिया। उसके बाद वह राज दरबार का दर्शनीय 'जीव' ही रहा।

चिड़िया खाने में, पिंजड़े और जंजीरों को झकझोर कर बाघ दहाड़ता--'हां ऊं, हां-ऊं !!' सुनने वाले कहते--"राजा का बाघ बोला।"

ठाकुर बाड़े के सामने पहलवान गरजता--'महा-वीर'! लोग समझ लेते पहलवान

बोला।

मेलों में वह घुटने तक लंबा चोगा पहने, अस्त-व्यस्त, पगड़ी बांधकर मतवाले हाथी की तरह झूमता चलता। दुकानदारों को चुहल करने की सूझती। हलवाई अपनी दुकान बुलाता--"पहलवान काका ! ताजा रसगुल्ला बना है, जरा नाश्ता कर लो।"

पहलवान बच्चों की-सी स्वाभाविक हँसी हँसकर कहता--"अरे तनी-मनी काहे ! ले आवा डेढ़ सेर !"...और बैठ जाता।

दो सेर रसगुल्लों को उदरस्थ करके, मुँह में आठ-दस पान की गिलौरियों को ठूँस, ठुड्डी को पान के रस से लाल करते हुए अपनी चाल में मेला में घूमता। मेला से दरबार लौटते समय उसकी अजीब हुलिया रहती--आँखों पर रंगीन अबरख का चश्मा, हाथ में खिलौनों को नचाता और मुँह से पीतल की सीटी बजाता, हँसता हुआ वह वापस आता। बल और शरीर की वृद्धि के साथ-साथ बुद्धि घटकर बच्चों की बुद्धि के बराबर ही रह गया थी उसमें।

दंगल में ढोल की आवाज सुनते ही वह अपने भारी-भरकम शरीर का प्रदर्शन करना शुरू कर देता था। उसकी जोड़ी तो मिलती नहीं थी, यदि कोई उससे लड़ना भी चाहता तो राजा साहब लुट्टन को आज्ञा ही नहीं देते। इसलिए वह निराश होकर, लंगोट लगाकर, देह में मिट्टी मल और उछाल कर अपने को साँढ़ या भैंसा साबित करता रहता था। बूढ़े राजा साहब देख-देख कर मुस्कुराते रहते।

यों ही पंद्रह वर्ष बीत गये। पहलवान अजेय रहा। वह दंगल में अपने दोनों पुत्रों को लेकर उतरता था। पहलवान की सास पहले ही मर चुकी थी, पिता पहलवान की स्त्री भी दो-दो पहलवानों को पैदा करके स्वर्ग सिधार गयी थी। दोनों पिता की तरह गठीले और तगड़े थे। दंगल में दोनों को देखकर लोगों के मुँह से अनायास ही निकल पड़ता--"वाह ! बाप से भी बढ़कर निकलेंगे ये दोनों बेटे !"

दोनों ही लड़के राज दरबार के भावी पहलवान घोषित हो चुके थे। अतः दोनों का भरण-पोषण दरबार से ही हो रहा था।

प्रतिदिन प्रातःकाल पहलवान स्वयं ढोलक बजा-बजाकर दोनों से कसरत करवाता। दोपहर में, लेटे-लेटे दोनों को सांसारिक ज्ञान की शिक्षा भी देता--"समझे। ढोलक की आवाज पर पूरा ध्यान रखना। हाँ, मेरा गुरु कोई पहलवान नहीं, यही ढोल है, समझे !... ढोल की आवाज के प्रताप से ही मैं पहलवान हुआ। दंगल में उतर सबसे पहले ढोलों को प्रणाम करना, समझे !" ऐसी ही बहुत-सीं बातें वह कहा करता। फिर मालिक को कैसे खुश रखा जाता है, कब कैसा व्यवहार करना चाहिए आदि की शिक्षा वह नित्य दिया करता था।

किंतु उसकी शिक्षा-दीक्षा, सब किये-कराये पर एक दिन पानी फिर गया। वृद्ध राजा साहब स्वर्ग सिधार गये। नये राजकुमार ने राज्य-कार्य अपने हाथ में ले लिया। राजा साहब के समय में जो शिथिलता आ गयी थी, राजकुमार के आते ही दूर हो गयी।

बहुत से परिवर्तन हुए, उन्हीं परिवर्तनों के चपेटाघात में पड़ा पहलवान भी। दंगल का स्थान घोड़े के रेस ने ले लिया। पहलवान तथा दोनों भावी पहलवानों का दैनिक भोजन-व्यय सुनते ही राजकुमार ने कहा--'टेरिबुल !'

पहलवान को साफ जवाब मिल गया, राज-दरबार में उसकी आवश्यकता नहीं। उसको गिड़गिड़ाने का भी मौका नहीं दिया गया। उसी दिन वह ढोलक कंधे से लटका कर, अपने पुत्रों के साथ अपने गाँव में लौट आया तो वहीं रहने लगा। गाँव के एक छोर पर, गाँव वालों ने एक झोपड़ी बांध दी। वहीं रहकर वह गाँव के नौजवानों और चरवाहों को कुश्ती सिखाने लगा। खाने-पीने का खर्च गाँव वालों की ओर से बंधा हुआ था। सुबह-शाम वह स्वयं ढोलक बजाकर अपने शिष्यों और पुत्रों को दाँव-पेंच वगैरह सिखाया करता था।

गाँव के किसान और खेतिहर-मजदूर के बच्चे भला क्या खाकर कुश्ती सीखते ! धीरे-धीरे पहलवान का स्कूल खाली पड़ने लगा। अंत में, अपने दोनों पुत्रों को ही वह ढोलक बजा-बजाकर लड़ाता रहा। सिखाता रहा। दोनों लड़के दिन भर मजदूरी करके जो कुछ भी लाते उसी में गुजर होती रही। अकस्मात् गाँव पर बज्रपात हुआ। पहले अनावृष्टि, फिर अन्न की कमी, तब मलेरिया और हैजे ने मिलकर गाँव को भुनना शुरू कर दिया। गाँव प्रायः सूना हो चला था। घर के घर खाली पड़ गये थे। दिन में तो--कलरव, हाहाकर तथा हृदय-विदारक रूदन के बावजूद लोगों के चेहरे पर कुछ प्रभा दृष्टिगोचर होती थी, शायद सूर्य के प्रकाश में। सूर्योदय होते ही लोग काँखते-कूँखते-कराहते अपने-अपने घरों से बाहर निकलकर अपने पड़ोसियों को ढाढ़स देते थे।

'अरे क्या करोगी रोकर दुलहिन ! जो गया सो चला गया, वह तुम्हारा नहीं था, अब जो है उसको तो देखो।'

'भैया ! घर में मुर्दा रखकर कब तक रोओगे ?' कफन ? कफन की क्या जरूरत है, दे आओ नदी में !' इत्यादि।

किंतु सूर्यास्त होते ही जब लोग अपनी-अपनी झोपड़ियों में घुस जाते तो चूँ भी नहीं करते। उनके बोलने की शक्ति भी जाती रहती थी। पास में दम तोड़ते हुए पुत्र को अंतिम बेटा कहकर पुकारने की हिम्मत माताओं को नहीं होती थी। रात्रि की विभीषिका को सिर्फ पहलवान की ढोलक ही ललकार कर चुनौती देती रहती थी। पहलवान संध्या से सुबह तक चाहे जिस ख्याल से ढोलक बजाता हो, किंतु गाँव के अर्द्धमृत औषधि-उपचार-पथ्य-विहीन प्राणियों में वह संजीवनी शक्ति ही भरती थी। बूढ़े-बच्चे-जवानों की शक्तिहीन आँखों के आगे दंगल का दृश्य नाचने लगता था। स्पंदन-शक्ति शून्य स्नायुओं में भी बिजली दौड़ जाती थी। अवश्य ही ढोलक की आवाज में न तो बुखार हटाने का कोई गुण था और न महामारी की सर्वनाश गति को रोकने की शक्ति ही, पर इसमें संदेह नहीं कि मरते हुए प्राणियों को आँख मूंदते समय कोई तकलीफ नहीं होती थी, मृत्यु से वे डरते नहीं थे।

जिस दिन पहलवान के दोनों बेटे क्रूर काल के चपेटाघात में पड़े, असह्य वेदना से छटपटाते हुए दोनों ने कहा था--"बाबा ! 'उठा पटक दो' वाला ताल बजाओ !" ...चटाक्-चट्-धा, चटाक्-चट्-धा--सारी रात ढोलक पीटता रहा पहलवान। बीच-बीच में पहलवानों की भाषा में उत्साहित भी करता था--'मारो बहादुर !' प्रातःकाल उसने देखा उसके दोनों बेटे जमीन पर निस्पंद पड़े हैं। दोनों पेट के बल पड़े हुए थे। एक ने दाँत से मिट्टी खोद ली थी। एक लंबी साँस लेकर पहलवान ने मुस्कुराने की चेष्टा की थी--'दोनों बहादुर गिर पड़े !'

उस दिन पहलवान ने राजा श्यामानंद की दी हुई रेशमी जांघिया पहन ली, सारे शरीर में मिट्टी मलकर थोड़ी कसरत की, फिर दोनों पुत्रों को दोनों कंधों पर लादकर नदी में बहा आया। लोगों ने सुना तो दंग रह गये। कितनों की हिम्मत टूट गयी। किंतु ये रात में फिर पहलवान की ढोलक की आवाज, प्रतिदिन की भाँति ही सुनाई पड़ी। लोगों की हिम्मत दुगुनी बढ़ गयी। संतप्त पिता-माताओं ने कहा--'दोनों पहलवान बेटे मर गये पर पहलवान की हिम्मत तो देखो, क्या कलेजा है !'

चार-पाँच दिनों के बाद। एक रात को ढोलक की आवाज नहीं सुनाई पड़ी। ढोलक नहीं बोली। पहलवान के कुछ दिलेर किंतु रुठे शिष्यों ने प्रातःकाल जाकर देखा--पहलवान की लाश चित पड़ी है। रात में सियारों ने बांयी जाँघ के मांस को खा डाला है पेट पर भी...

आँसू पोंछते हुए एक ने कहा--"गुरूजी कहा करते थे कि जब मैं मर जाऊँ तो चिता पर मुझे पेट के बल सुलाना। मैं जिंदगी में कभी 'चित' नहीं हुआ। और चिता सुलगाने के समय ढोलक बजा देना..." वह आगे नहीं बोल सका।

पास में ही ढोलक लुढ़की पड़ी थी। सियारों ने ढोलक को 'भोज्य-पदार्थ' समझ कर उसके चमड़े को फाड़ डाला था।

दिसम्बर, 1944

कलाकार

काशी के बंगाली टोले की एक गन्दी गली में वह कुछ दिनों से रहने लगा था। दुबला-पतला, लम्बा-सा युवक, जिसका गोरा रंग अब उतर रहा था, आँखों के नीचे की हड्डियाँ बाहर निकल रही थीं और चप्पल के फीते टूटे जा रहे थे। गली में कदम रखते ही दुकानदारों की आँखें उस पर बरबस अटक जाती थीं और कविराज अमूल्य भूषण अपनी दुकान में बैठे दोस्तों से, 'गुप्त यौन-व्याधियों को राष्ट्रीय प्रश्न बनाने' पर बहस करने लग जाते थे।

यों तो वह किसी से बोलता बहुत कम था, पर उसकी चाल-ढाल, रहन-सहन और वेश-भूषा को देखकर, उसके पड़ोसी किरायेदारों ने अपनी-अपनी बुद्धि और इच्छानुसार उसका नामकरण कर लिया था। घर की बुढ़िया मालकिन उसे मास्टर समझती थी और 'मास्टर जी' कहकर पुकारती भी थी। बुढ़िया की दृष्टि में वह सीधा-सादा और गरीब किरायेदार था। इसीलिए 'अकेला' रहते हुए भी, उसे बुढ़िया ने एक गंदी कोठरी किराये पर दे दी थी।

दोतल्ले पर रहने वाले मद्रासी सज्जन उसे 'मिस्टर' कह कर सम्बोधित करते थे। नीचे 'पाइप' खोल कर पानी बर्बाद करने वाली औरतें जब मद्रासी सज्जन की बातें नहीं समझ सकती थीं, तब लाचार होकर उन्हें नीचे की कोठरी में रहने वाले 'मिस्टर' की सहायता लेनी पड़ती थी। मिस्टर धारा-प्रवाह अंग्रेजी समझ कर सबको दुरुस्त कर देते थे।

विधवा युवती बंगालिन की 'बंगला-मिश्रित हिन्दी' प्रश्न का उत्तर शुद्ध बंगला में देकर वह उसका 'देशेर-लोक' हो गया था। किन्तु जिस दिन उस दुखिया ने उससे, देश में रहने वाले भाई-भौजाई के पास पत्र लिख देने के लिए कहा था; पत्र का मजमून सुनकर पत्र-लेखक 'देंशेर-लोक' की आँखें डबडबा गयी थीं। उस दिन से वह बड़े प्यार से 'दादा' कहने लगी थी।

हस्त-रेखाविद् वृद्ध पण्डित पीताम्बर त्रिवेदी ने--हथेली देखने की कौन कहे--सिर्फ उसकी उम्र और सूरत देखकर जान लिया था कि वह 'फटीचर' है। प्रतिदिन, नौ बजे खा-पीकर, चित्र-विचित्र हथेलियों की छाप, मेगनीफाइंग ग्लास और पंजिका इत्यादि लेकर, दशाश्वमेध रोड के फुटपाथ पर बैठने जाने के पहले घण्टों खड़ा होकर वे अपनी षोड़सी पत्नी को उस 'फटीचर' की निगाह से बचे रहने की चेतावनी और उपदेश दे जाते थे।

इसी तरह घर भर के लोग उसके सम्बन्ध में विभिन्न राय रखते थे। बाहर के लोगों में--चाय वाला बूढ़ा पुलिन, उसे किसी भद्र परिवार का विपद्-ग्रस्त युवक, घाट होटल का मैनेजर 'निराश-प्रेमी' और अब्दुल बीड़ी वाला 'खुफिया' समझता था। यह तो थी, उससे किसी-न-किसी तरह का सम्पर्क रखने वालों की धारणाएँ।

उसी गन्दी गली की एक उपगली--कुकुर गली में--'सुषुमा-निकुंज' के झरोखे पर बैठ कर भीड़ की ओर दयनीय मुद्रा बनाकर देखने वाली बीमार, पीली युवती उसे कवि समझे बैठी थी, और स्कूल की लारी पर से उतर कर, नीची निगाह किये, छाती से पुस्तकें चिपका कर मन्थर गति से घर लौटने वाली रूप-गर्विता,--सिर्फ एक दिन धक्का खाकर 'गुण्डा नम्बर एक' की उपाधि दे चुकी थी और अपनी सहेलियों को उससे सावधान करा चुकी थी।

'वह क्या था, क्यों था, कौन था और किसलिए मशहूर था' इत्यादि यदि पूर्णरूप से जानता था तो स्वयं वही अथवा मदनपुरे की 'सिल्क-कोठी' का बुड्ढा मालिक मुहम्मद हैदर, जो उससे नित्य नयी साड़ियों के--बोर्डरों के नमूने लेकर रंगों और फूलों की आधुनिकता, उपयोगिता, दुनिया की बदलती हुई 'रुचि-अरुचि' का पूर्ण ज्ञान लाभ कर भी, महीने में उसे सिर्फ चालीस रुपये देने के समय पचास बार दाढ़ी खुजलाता था। मुहम्मद हैदर साहब की नजर में वह एक 'शरीफ गधा' था। गधे को दिन भर बाझ ढोने के बाद कुछ खाने को मिल जाता है और उसको भी महीना भर खटने के बाद कुछ खाने और रहने भर को मिल जाता था । हैदर साहब उसकी बदौलत तिजोरियाँ भर रहे हैं--यह जानते हुए भी उसने चालीस के बदले पचास की मांग नहीं की थी। मांग की कौन कहे, प्रार्थना भी नहीं की थी कभी।

एक दिन जब वह हठात् अपने डिजाइनों की खपत के आँकड़ों को जानने के लिए व्याकुल हो उठा था, तो हैदर साहब का माथा ठनका था। 'गधे को किसी ने बहकाया'--यह सोच कर वे टालमटोल करने लगे थे, किन्तु जब उसने साफ शब्दों में अपनी उत्कंठा का कारण महज यह बतलाया था कि उसका 'स्पेकुलेशन', उसकी 'स्टडी' कितनें अंशों में सफल रही; वह इसी के बल पर वर्तमान संसार का भविष्य जान सकेगा, आदि...तो उन्होंने कुछ छिपाकर भी सच कह दिया था। 'मैंने कहा था न, देखा आपने ? हाँ, देख लिया!' कहकर वह जब उछलने लगा था तो हैदर साहब बड़ी मुश्किल से अपनी

हँसी रोक सके थे।

एक बार हैदर साहब के दामाद, जो इस्लामिया-युनिवर्सिटी में इतिहास के रिसर्च स्काउलर थे, तशरीफ लाये थे। उन्होने तो लुटिया ही डुबानी चाही थी। घंटों न जाने क्या 'डिमडाम-गिटपिट-सिटपिट' भाषा में बहस करने के बाद दामाद साहब ने शुद्ध उर्दू में फरमाया था--'अमां आप तो खुदकुशी कर रहे हैं खुदकुशी। युनिवर्सिटियाँ तो आपकी कदम बोसी करके आँखों में बिठायेंगी, मगर उन्हें आप जैसों का पता भी तो हो।' उस रात को हैदर साहब ख्वाब में भी दामाद को कोसते रहे थे । लेकिन अपने गधे को रोज की तरह ग्यारह बजे हाजिर पाकर उन्होंने मन-ही-मन खुश होकर उसे 'शरीफ गधे' की टायटिल दे दी थी।

2

काम से या बिना काम वह रोज प्रायः ग्यारह बजे अपनी कोठरी से निकल कर गली की भीड़ में छिप जाता था और चार बजे शाम को लौट आता था। अपनी कोठरी में थोड़ी देर बैठकर फिर निकल पड़ता था। पुलिन के यहाँ चाय पी वह घाटों की ओर चल देता था।

दशाश्वमेध घाट पर उसने कई स्थानों को चुन लिया था, उनमें किसी एक को खाली देखकर वह बैठ जाता और उसकी आँखें, घाट पर बैठी कीर्तन सुनने वालियों में से किसी को खोजने लगतीं। पा जाने पर आँखें जरा चमक उठतीं, नहीं पाने पर किसी दूसरी सूरत की खोज होती।...'ओ ! वहाँ रही...! छीः-छीः, यह क्या गति बना डाली है उसने अपनी !...कापी...कापी...सिर्फ कापी ! इस गहरे रंग की लाल साड़ी पहनने के पहले, वह कान में 'पाशा' झुलाने के पहले उसने जरा यह भी सोचा होता कि कहाँ तक इससे शोभा बढ़ेगी !... 'हत्या...हत्या...!'--वह मन ही मन, बड़बड़ा उठता--'सचमुच हत्या है यह !...एकदम सहुआइन मौसी बनी बैठी है आज।'--वह मन ही मन ठठाकर हँस भी पड़ता, उधर कीर्तन सुनने वालियों की मण्डली भी 'राधा-कृष्ण और गोपियों की रस भरी ठिठोलियाँ' सुनकर खिलखिला पड़तीं।

कीर्तन समाप्त होने के बाद, गंगा के उस पार रामनगर किले का चिराग जल उठता, बालू की सफेदी और खेतों की हरियाली अंधकार में घुलमिलकर एक हो जातीं। राजघाट-पुल पर आने-जाने वाली गाड़ियों की रोशनी पंक्ति बांधकर भागती जाती--और वह देखता ही रहता।

इस पार मणिकर्णिका घाट में चितायें कभी जोर से धधक उठतीं, कभी धुओं का गुब्बारा निकलता। अहिल्या घाट पर शहनाई से 'श्याम-कल्याण' की करुण रागिनी फूट कर निकल पड़ती और वह चुटकियों पर ताल देते-देते सुध-बुध खो बैठता था।

गीत समाप्त होते ही--मानो किसी आवश्यक काम की बात याद हो आयी हो--वह

एकाएक उठकर चल देता और उसकी चाल विश्वनाथ गली में जाकर ही धीमी पड़ती। पाजामे के दोनों पाकेट में हाथ डाल कर, चप्पल घसीटता हुआ, बगल की दुकानों पर सरसरी निगाह फेंकता वह धीरे-धीरे चलता रहता। साड़ियों की दुकानों में शो-केसों को देखता हुआ बढ़ चलता। बच्चों के खिलौने, सिन्दूर, आलता, रेशम के डोरों की छोटी-बड़ी दुकानों के पास, अथवा किसी 'ब्लाउज-स्टोर' के पास खड़ा होकर नयी ब्लाउज की पट्टी को ध्यान से देखने लगता।...क्या चाहिये बाबू ? क्या दूँ बाबू ? आदि प्रश्नों का निराशापूर्ण उत्तर देकर वह चुपचाप चल देता। सबसे अंत में चूड़ियों की दुकानों पर एक हल्की दृष्टि डालकर, कभी-कभी ठिठक कर खड़ा भी हो जाता था।..."हुँह...ये कॉलेज की लड़कियाँ हैं ! पतली-पतली मिर्जापुरी चूड़ियों का खब्त सवार है। पहनो भाई ! कौन समझाये तुम्हें ! किसी सिनेमा अभिनेत्री ने इन चूड़ियों को पहन लिया, उनके हाथों में अच्छी लगी, बस इन लोगों के सिर पर पागलपन सवार हुआ। जरा भी सोचने-समझने की..."। सीढ़ी से टक्कर लेते-लेते वह बच जाता। फिर लायब्रेरी में घुसकर किसी मासिक पत्रिका में छपे भूत, भविष्य अथवा वर्तमान कालीन कला से सम्बन्धित किसी लेख को पढ़ता, लेखक की अनभिज्ञता पर तरस खाकर उठ जाता। फिर उसी गली में, जरा तेज चाल में निकल जाता। घाट-होटल में कच्ची-पक्की रोटियों और बासी तरकारियों से पेट भर कर अपने घोंसले में लौट जाता। बिछौने पर अपने को लुढ़का देता। बिछौने पर पड़े-पड़े दिन भर का लेखा-जोखा आरम्भ हो जाता। बीड़ियों पर बीड़ियाँ सुलगने और बुझने लगतीं...'लेकिन उस ब्लाउज की कद्र कौन करेगा ? किसी मोटी औरत को जँच गयी तो सब गुड़-गोबर !...और चूड़ियों के सेट इस बार कुछ आये हैं--नहीं, इस बार मैं जरूर खरीदूंगा। दो सेट चूड़ियों का, तीन ब्लाउज और पतली-प्लेन फीकी कोर वाली साड़ी। जरूर से जरूर !'...आखिर किसके लिये ? प्रश्न उठते ही वह तकिये के नीचे माचिस टटोलने लगता, बीड़ी का धुँआ फेंक कर वह एक बार हँस देता। नींदिया रानी चुपके से आकर न जाने कब उसकी आँखों में घुल-मिल जाती।

यही उसका दैनिक-कार्यक्रम था। आँधी, तूफान अथवा वर्षा की झड़ी ही उसके दैनिक जीवन-क्रम में बाधा डाल सकती थीं।

3

एक दिन जब वह चूड़ियों की अन्तिम दुकान पर निगाह फेंक कर सीढ़ी पर चढ़ ही रहा था की दुकान पर किसी परिचित युवक को देख कर रुक गया था। दूर से अच्छी तरह देख कर उसने पहचान लिया, पास जाकर बोला--"माधव ?"

"अरे ! शरदेन्दु ?" कह कर उसने छाती से लगा लिया। चूड़ी वाला हाथ में एक सेट लेकर कुछ कहते-कहते रुक गया।

शरद ने माधव की कमीज के एक ओर के कॉलर को कोट के अन्दर घुसाते हुए कहा--"अच्छे तो हो ?"

"सब ठीक है, खरीदो, क्या खरीद रहे थे !"

माधव ने पास में ही खड़ी स्वस्थ, सुन्दरी युवती की ओर जो अब तक थर्ड परसन की तरह खड़ी मुस्कुरा रही थी--मुड़कर कहा--"मधु ? आओ परिचय करा दूँ ! नाम तो मेरे मुँह से न जाने कितनी बार सुन चुकी हो। आज साक्षात् देवता का दर्शन कर लो ! ...यही हैं मेरे परम मित्र शरदेन्दु बनर्जी, हिन्दू विश्वविद्यालय के अमूल्य रत्न, जिनके चित्र पर चीन के कला-मर्मज्ञों ने प्रसन्न होकर पुरस्कार भेजा था और हजरत ने उस पुरस्कार की रकम को दान कर दिया था--कला-केन्द्र के लिये। देख लिया न... ।"

फिर शरद की ओर देख कर जरा मुस्कुराते हुए बोला--"और शरद! यह हैं श्रीमती मधुलिका माधव !"

'नमस्ते !' मधुलिका ने आदरपूर्वक हाथ जोड़कर कहा।

शरद ने आश्चर्य प्रकट करते हुए माधव से पूछा--"तुमने शादी कर ली ?"

"तो कौन पाप कर बैठा ?" माधव ने हँस कर कहा।

शरद मधुलिका की ओर देखकर बच्चों की तरह बोल उठा--"नहीं-नहीं, मैंने कहा कि..."

"बाबू, कौन-सा सेट...?" चूड़ी वाले ने अधीर होकर टोका।

किसी के कुछ कहने के पहले ही, शरद ने आगे बढ़ कर उन सेटों को नापसंद करते हुए कहा--"आज से करीब पन्द्रह दिन पहले जो सेट आये थे, वे सब बिक गये क्या ? वह नीली-नीली-मोटी... मोटी..."

चूड़ीवाले ने याद करते हुए कहा--"ओ ! जी हाँ, हैं तो... मगर वह क्या..."--मधुलिका की ओर इशारा कर बोला--"हुजूर पसंद करेंगी ? युनिवर्सिटी की लड़कियों ने नापसंद..."

"पसंद करेंगी या नहीं,यह तुमने पहले ही कैसे जान लिया। यदि नहीं भी पसंद करेंगी तो भी वह सेट खरीदा जायेगा!"--शरद ने जरा मुँह विकृत करते हुए कहा--"युनिवर्सिटी की लड़कियाँ..."

चूड़ीवाला जिज्ञासु दृष्टि से मधु और माधव की ओर देखने लगा। शरद ने जोर से कहा--निकालो!

मधु और माधव ने भी निकालने का इशारा किया। चूड़ीवाले ने निकालकर दिखलाते हुए कहा--"यह देखिये ! मैंने पहले ही कह दिया था कि हुजूर को...?"

"चुप रहो !"--सेट से एक चूड़ी निकाल कर शरद ने मधुलिका को समझाना शुरु किया--"देखिये! मोटी है, भोंडी है और शायद सस्ती भी। मगर है आपकी ही चीज़। एक बार पहन तो लें, चूड़ियाँ आप ही कहेंगी कि वे क्या हैं ?" उसने चूड़ीवाले से कहा--'पहनाओ !'

मधु और माधव ने एक दूसरे को देखा और मुस्कुरा दिया। चूड़ियाँ पहनायीं गयीं तो मधु आश्चर्य की पुतली हो गयी। उसके मुँह से निकल पड़ा--"सच !"

माधव मुस्कुराने लगा। चूड़ीवाले की आँखे विस्मय से बाहर निकल आयीं।

शरद की पसंद के दो-तीन सेट और निकाले गये। सबों पर शरद ने एक छोटा-मोटा भाषण दिया। वह इस तरह बक रहा था कि अन्य खरीदारों ने उसे चूड़ीवाले का दलाल ही समझ लिया।

सभी सेट खरीदे गये। एक सेट को संभालते हुए शरद ने कहा--"चलो ! और चीजें खरीदनी हैं !" वह आगे-आगे चल पड़ा।

माधव ने पूछा--"सुनो शरद ! तुम यहीं हो। मैंने सोचा था कि तुम..."

"क्या ?"--शरद रुका।

"यही कि तुम किसी युनिवर्सिटी में कला का गला घोंट रहे हो।"

शरद 'ही-ही' कर हँस पड़ा। उसकी हँसी को 'विचित्र हँसी' कही जा सकती है।

माधव ने फिर पूछा--"अच्छा ! माँ और लता दीदी और तुम्हारे छोटे भाई का नाम भूल रहा हूँ... सब कुशल तो हैं ?"

"सब शेष... सब शेष..." शरद ने चलते-चलते ही कहा--"इसी दुर्भिक्ष में..."

"अरे !" माधव ने चीख मारकर कहा--"और तुम क्या करते रहे ?"

"कलकत्ते में दुर्भिक्ष पीड़ित सहायता कमेटी के लिये कारुणिक पोस्टर रंगता रहा। पेट भरने को मिल जाता था।"--शरद ने लापरवाही से उत्तर दिया।

"यहाँ कब आये ?...क्या करते हो ?"

"बहुत अच्छा लगता है बनारस ! यहीं हूँ।"

"क्या करते हो...?"

"अजी ! वह लाल पट्टीवाला ब्लाउज निकालना तो !"--दुकानवाले से शरद कह रहा था।

वह अपनी पसंद की चीजें खरीदता जा रहा था, माधव दाम चुकाता जाता था। उसके इच्छानुसार सभी चीजें खरीदीं गयी। शरद के पाँव-खुशी के मारे--धरती पर नहीं पड़ रहे थे। माधव ने उसमें ऐसी स्फूर्ति पहले कभी नहीं देखी थी।

गली से बाहर होकर तीनों शरबत की दुकान पर बैठे। माधव ने फिर पूछा--"यहाँ क्या करते हो ?"

"मेरे शरबत में बूटी डालना महाराज ! बूटी !"--शरद ने प्रश्न को फिर टाल दिया। माधव ने समझ लिया, उसे इस प्रसंग में कष्ट हो रहा है। वह चुप ही रहा। शरद ने भंग समाप्त करते हुए कहा--"अच्छा ठहरे हो कहाँ ?"

"ब्रह्माघाट पर, मौसी के यहाँ।"

"तब तो नांव से जाओगे ! चलो, मैं भी घाट तक चलूँ।"

तीनों जने घाट की ओर चल पड़े। घाट पर माधव ने साहस करके फिर

पूछा--"शरद ! बताओ भाई ! यहाँ क्यों हो ? कहने की हिम्मत तो नहीं हो रही है, फिर भी कहता हूँ, तुम चलो मेरे यहाँ...कश्मीर ! वहाँ रहकर तुम..."

शरद ने लम्बी साँस ली। मधुलिका ने भी आँखों से माधव की बातों का समर्थन किया। शरद ने मधुलिका के प्यारे मुखड़े की ओर देखा, फिर उसकी चूड़ियों पर आँख गड़ाकर चुप रहा।

"बोलो शरद !" माधव का गला भर आया था और मधुलिका की आँखों में आँसू।

"तुम यह सब क्या कह रहे हो ? जाओ, नाव पर बैठो !"--शरद ने उसे एक प्रकार से धकेलते हुए नाव में बैठा दिया।

मधुलिका भी बैठी।

"शरद ! सुनो..."

'ब्रह्माघाट बाबू ?'--पूछता हुआ मल्लाह ने डांड़ चला दी---कर्र-र्र-र्र-छपा-छप्, कर्र-र्र-र्र-छपा-छप् !

"पत्र लिखना शरद !"

नाव घाट छोड़ चुकी थी।

पूरब आकाश में पूर्णिमा का चाँद निकल कर हँस रहा था। नाव चली जा रही थी। उस पार बालू और खेत की हरियाली पर चाँदनी नाच रही थी। किले का चिराग जल रहा था। राजघाट-पुल पर गाड़ी की रोशनी पंक्ति बाँध कर भागी जाती थी। मणिकर्णिका में चिताएँ धधक रही थीं। अहिल्या घाट पर शहनाई से कोई करुण रागिनी फूट कर निकल रही थी। गंगा की बहती हुई धारा पर चाँद की किरणें, जाती हुई नाव, और नाव पर मन-मारे आमने-सामने चुपचाप बैठी दो मूर्तियाँ... ।

गंदी कोठरी में बिछौने पर पड़ा-पड़ा वह दिन भर का लेखा-जोखा कर रहा था। बीड़ियाँ चुक गयी थीं। फैंकी हुई बीड़ियों के टुकड़ों को पुनः बटोरकर काम में लाया जा रहा था।

'अब घाट पर कोई आकर्षण नहीं, विश्वनाथ गली तो श्रीहीन हो गयी, सब मैंने खरीद लिया। अब किधर !--ओ हो! विक्टोरिया पार्क में छोटे-छोटे बच्चे बहुत सुन्दर खेल खेलते हैं। कल से वहीं...।'

उस दिन मकान के किरायेदारों ने पहले-पहल आश्चर्यित होकर सुना--वह आधी रात को आनन्द विभोर होकर विहाग अलाप रहा था।

रखवाला

रक्त की प्यासी सभ्य दुनिया से दूर--बहुत दूर--हिमालय के एक पहाड़ी गाँव का अंचल। छोटा-सा झोंपड़ा। पहाड़ी की ओट से छन कर आती हुई सूर्य की किरणों में छोटा-सा सरकंडे का झोंपड़ा सोने के झोंपड़े की तरह चमक रहा था। झोंपड़े के इर्द-गिर्द केले, नारंगी, नासपाती के दरख्त, फल-फूल और हरे-पीले पत्तों से लदे हुए। झोंपड़े के सामने एक अमरूद का पेड़, खूंटे से बंधा एक बछड़ा था। पेड़ के नीचे बैठी वह, जंगली बेंतों और बांस की पतली-पतली तीलियों से डोको बना रही थी। प्यारा-सा सुकुमार बच्चा गोद में मीठी नींद ले रहा था। किसी गीत की 'कड़ी' को गुनगुनाती हुई वह काम कर रही थी। उसके हाथ मशीन की भाँति चल रहे थे। बेंतों और तीलियों को काटते-संभालते गुनगुनाहट का क्रम तो रुक भी जाता, पर उसकी स्मृतियों के तार न टूटते थे। हाँ, कभी-कभी सामने की मटमैली... धुंधली पहाड़ी की ओर नजर उठाकर देख लेती, देख लेती अपनी गोद में सोये प्यारे बच्चे को और पेड़ में पके अमरूदों को। तब उसके मानस-पट पर चलने वाले स्मृतियों के सवाक् चित्रपट के एकाध अस्फुट शब्द बाहर निकल पड़ते।

'...और यह अमरूद का पेड़ तो एकदम बच्चा था उस समय, अब तो फलने लगा है !' मन-ही-मन हिसाब लगाकर जोड़ती-- 'ग्यारह !' और फिर अतीत की स्मृतियाँ, चल-चित्र के समान क्रमबद्ध चलने लगतीं-- 'ग्यारह वर्ष बीत गये ! अमरूद का यह पेड़ और महज़ अट्ठारह वर्ष की थी वह ! फागुन का महीना,... ऐसी ही धीरे-धीरे बहती हुई वासन्ती हवा, इसी पेड़ के पास खड़ी होकर, सजल नेत्रों से 'उनको विदाई देती हुई वह ! पीठ पर 'डोको' लादे, सतरंगे ऊनी कमरबंध से 'खुखरी' को कमर में बांधते हुए उन्होंने कहा था-- 'रुन्छ्स ? दुत बावली ! म च्यांडे यो डोको फुरी रुपयां लियेर फरकयूंला; धीरज बहादुर को दुलहिन लाय हेरन ! तेस्को कान को झूमका, नाक को नथिया--जम्मे कलकत्ता को नै कमाई हो; कलकत्ता मा रुपयां तैयार हेछ,...! (रोती हो? दुत् पगली !

मैं जल्दी ही 'डोको' भर रुपया लेकर लौटूंगा। धीरज बहादुर की स्त्री को देखो न ! उसके कान के झुमके, नाक की नथिया--सब कलकत्ता की कमाई ही तो है। कलकत्ते में रुपये बनते हैं ... ।)

ग्यारह वर्ष पहले के --विदा वेला के--आलिंगन-चुम्बन को याद कर उसका हृदय धड़कने लगता, ओंठ फड़कने लगते और नसों में बिजली दौड़ जाती।

'...गाँव का आवारा, लफंगा बल बहादुर भी उनके साथ जा रहा था। वह इसी पेड़ के पास खड़ी देख रही थी और वे दोनों सामने की उसी मटमैली, धुंधली पहाड़ी की छाया में छिप गये थे।' पेड़ पर तोता अमरूद कुतरता, वह हाथ उठाकर 'हिस्' कर उड़ाती और स्मृतियों का क्रम टूटते-टूटते फिर चलने लगता...'आठ वर्षों तक वह प्रतिदिन यहीं कुछ देर खड़ी होकर देखती रही थी, किंतु उस धुंधली पहाड़ी की छाया से निकलकर कोई नहीं आया था --कोई भी नहीं।'...खूंटे से बंधा बछड़ा बां-बां करने लगता, गम्भीर निद्रा में सोये हुए बच्चे को बायें हाथ से कंधे या छाती पर चिपकाकर वह उठ खड़ी होती, बछड़े को पुचकारती-दुलारती और कोमल घास खिलाती--"अरे, तुम्हें इतनी जल्दी भूख लग गयी ?" कहकर प्यार से एक मीठी चपत लगाकर आसमान में सूर्य की ओर देखकर बड़बड़ा उठती--'बेला ढकने को है। सुबह ही बिना खाये गया है सो अभी तक वह नहीं लौटा। उसकी रोज की यही आदत बुरी... ।' कुनकुनाती हुई वह वहीं जाकर बैठ जाती और फिर स्मृतियों के देश में विचरण करने लगती।

आठ वर्षों तक कोई न आया !...तीसरे साल...अगहन महीने में शाम को जब वह आग सुलगा कर बाछा को सेंक रही थी कि 'चन्दू' की माँ ने आकर कहा था--अरी पूनो ! बल बहादुर कलकत्ते से आया है, मांझला के आँगन में हैं।--सुनते ही वह नवजात बाछा को ठिठुरते छोड़कर दौड़ी थी मांझला के यहाँ। मांझला के यहाँ बूढ़े, बच्चे, लड़के, लड़कियाँ और गाँव भर की स्त्रियाँ बलबहादुर को घेरे खड़ी थीं। बीच में बैठा बल बहादुर कलकत्ते की हैरत भरी कहानियाँ सुना रहा था।

...टरेम गाडी, मटर गाडी...हवैया जहाज...वगैरह की अजीब-अजीब बोलियाँ वह हँस-हँसकर सगर्व सब को सुना रहा था। सब आश्चर्य के पुतले बने सुन रहे थे । अचरज भरी हँसी हँस रहे थे ।...वह उसके पास न जा सकी थी । पिछवाड़े में ही खड़ी सब सुनती रही... ... ... बल बहादुर ने कहा था...हिरण्य दाजू (हिरण्य भैया) पलटन मा भरती भये...! --सुनते ही वह काँप उठी थी, उसके सिर में चक्कर आने लगा था । वह भाग आयी थी । अपनी झोंपड़ी में पड़ी-पड़ी वह लगातार कई दिनों तक आँसू बहाती रही थी... ।

उसकी आँखें डबडबा आयीं। वह उठ खड़ी हुई। जंगल की ओर देखकर पुकारती--'ब...हा-दू...र !!' प्रत्युत्तर में खूंटे से बंधा बछड़ा 'बां-बां' करता और गोदी का बच्चा रो पड़ता। बच्चे को थपकियों से सुलाती वह फिर बैठ जाती और ताना-बाना बुनने लग जाती-- 'हाँ, वह हफ्तों पड़ी रही थी। और यह बल बहादुर ! उसे कभी भी भला नहीं

लगा था यह बल बहादुर ! बचपन से ही वह उसे जानती थी, उसे सैकड़ों बार गालियाँ दे चुकी थी। गाँव की सभी लड़कियाँ उससे घृणा करती थीं । वह जंगल में लड़कियों को छेड़ता था।...लेकिन, उस दिन अपने को समझा-बुझा कर वह उठ बैठी थी। बैठी-बैठी गीत की एक कड़ी गुनगुना रही थी--तिमीत आयो लखन, दाज्यु लाय कहाँ छोड़े ? (तुम तो आये लक्ष्मण, पर भाई को कहाँ छोड़ आये ?) कि उसने पिछवाड़े से गाकर उत्तर दिया था-- 'दाज्यु त गये मृगा पछि, म आये तिन्नो रखवारे !' (भाई तो हिरण के पीछे गये, मैं तुम्हारी रखवाली करने आया हूँ।)

उस समय बल बहादुर उसे बड़ा अच्छा लगा था। वह उसको पकड़ लायी थी आँगन में। घंटों बैठकर कलकत्ते की कहानियाँ सुनती रहती थी। उसी दिन से वह रोज शाम को आकर कलकत्ते की कहानी सुना जाता। उनकी (पूनो के पति की) बुद्धिमानी और अपनी बेवकूफी की दर्जनों ऐसी कहानियाँ कहता कि हँसते-हँसते पेट में बल पड़ जाते।...किस तरह वह एक कम्पनी में दरबान था, उसी कम्पनी का एक कूली भद्दे इशारे से 'हुन्छ-हुन्छ दाजू' कह कर चिढ़ाया करता था। वह खून का घूंट पीकर रह जाता था। किस तरह उसने जाकर 'हिरण्य दाज्यू' से जाकर शिकायत कर दी और वे जाकर उस कुली को किस तरह 'खुखरी' निकालकर मारने दौड़े और वह कुली किस तरह दुम दबा कर भागा--आदि बातें वह सविस्तार सुनाता। उसे बड़ी अच्छी लगती थी कलकत्ते की कहानियाँ। कैसा देश है जहाँ बिना तेल की बत्ती अपने-आप शाम होने पर जल जाती है और सुबह को बुझ जाती है !!

बल बहादुर भी उसे अच्छा लगने लगा था। एक दिन वह बल बहादुर को पकड़ कर समझाने लगी थी-- "बहादुर ! तुम आवारागर्दी छोड़ो। घर बनाकर घरनी लाओ।"

"ऊंह !...हो-हो-हो--" वह ठठाकर हँस पड़ा था--"भौजी ! तुम भी कैसी हो ! आवारागर्दी छोड़कर घर तो बना सकता हूँ, पर मेरे साथ रहना कौन लड़की पसन्द करेगी ?"

"करेगी ! तू आवारागर्दी तो छोड़।"

कुछ क्षण गम्भीर रह कर, वह मुस्कराते हुए बोला था-- "अच्छा भाभी एक बात पूछूं ?"

"पूछो !"

"यदि आवारागर्दी छोड़ दूँ तो तुम भी मेरे साथ... ।"

"ऊंह ! फटहा"--कहकर उसके मुँह पर एक हल्की चपत लगाकर, मुस्कराती हुई गाय खोलने चली गयी थी। बल बहादुर ने उसके हाथ से जबर्दस्ती पगहिया ले ली थी-- "दो भौजी ! मैं चरा लाता हूँ।"

उसी दिन से वह साथ रहने लगा। काम करने में तो वह भूत है भूत। जब तक जाकर हाथ न पकड़ो,काम नहीं छोड़ने का।... 'आज तीन साल से किसके खेत में ऐसे फसल लगते हैं !' वह अपने खेतों की ओर देखती। लहलहाते पौधे, मनमोहक

हरियाली...कितना सुन्दर !

"पू... नो ! पू...नो !'..पास के जंगल से कोई पुकारता। आवाज पहचान कर वह उत्तर देती-- "आ...यी !' और गोदी में बच्चे को संभालती हुए वह जंगल की ओर दौड़ती।

झाड़ी के पास जाकर फिर पुकारती... "किधर !"

"इधर-इधर !" झाड़ी के उस पार से आवाज आती।

बल बहादुर नवजात बछड़े को पोंछ रहा था। पास ही गाय खड़ी थी। पूनो को देखते ही वह खिल पड़ा-- "आओ, आओ !" पूनो की गोदी में बच्चा जग पड़ा था, बच्चे को बल बहादुर की गोदी में देते हुए उसने बछड़े को बड़े प्यार से चुमकारा, फिर बोली-- "अब फरक न घर, खाये की पनि छै न। (अब लौटो घर, खाये भी नहीं हो।)

"ऊहूँ..अलि पख न, अलि सुन न ! (जरा ठहरो न, जरा सुनो न !)--उसने गिड़गिड़ाते हुए कहा था ! पूनो की आँखों में एक शरारत भरी लाली दौड़ गयी थी और ओंठों पर मुस्कान। वह बछड़े को गोद में उठाते हुए बोली थी-- "उंहूँ, चलो !"

"अलि सुन न..." बहादुर रोकता ही रहा, वह चल पड़ी।

दूध से सफेद बछडे को गोद में लेकर पूनो आगे-आगे भागी जाती थी, पीछे-पीछे सद्यः प्रसूता उजरी 'हुंक हुंक हिबं हिबं' करती दौड़ी जाती थी । पास ही झरना कल-कल कर रहा था और डालियों पर पक्षियों का 'कोरस' गान शुरु हो गया था।...पूनो रुक-रुक कर पीछे ही देखती थी। ...सबसे पीछे बल बहादुर...गोद में बच्चे को लिये, कंधे पर लट्ठ रखे, धीरे-धीरे विजयी वीर की तरह झूमता आ रहा था । उसकी गोदी में बच्चा रो रहा था और वह उसको अजीब लय में गीत गाकर चुप कराने की चेष्टा कर रहा था-- "ओ बाबू ! ...गोरी को बधैंचा मा, छैन रखवारा, चोरी भयो फल-फूल...ओ बाबू !"

1945

प्राणों में घुले हुए रंग

शैशव की सुनहली स्मृति, नील-गगन में उड़ते हुए रंग-बिरंगे पतंगों और मनमोहक रंगीन खिलौनों के आकर्षण को मैं जान-बूझकर छोड़ देता। उन दिनों मैं स्वयं किन्हीं की रंगीन आशाओं और कल्पनाओं का केन्द्र था !

मेडिकल कालेज में दाखिल होकर जिस-दिन शरीर-विज्ञान का पहला 'लेक्चर' सुन कर लौटा था, मेरी आँखों के आगे सातों रंग नाचने लगे थे ! और जिस दिन एम0बी0बी0एस0 की डिग्री मिल गयी थी, 'सर्जिकल वार्ड' का हाउस-सर्जन बनकर अपने ड्यूटी-रूम में चार्ज लेने जा रहा था, फुदकती हुई मेरी परिचिता अनिंद्य सुन्दरी नर्स मिस चटर्जी ने आकर पहली बार सम्बोधित किया था--'हलो ! डाक्टर...!!' तो मैं अभ्यास और स्वभाववश उसकी एक मीठी चुटकी ले, ठठाकर हँसने की चेष्टा में भी गम्भीर हो गया था। तब मैं एक लापरवाह स्टुडेंट नहीं रह गया था, डाक्टर का उत्तरदायित्वपूर्ण स्थान जो मिल गया था ! मेरे ओठों पर गम्भीर मुस्कुराहट देखकर वह मेरे दिल की गहरायी तक पहुँच गयी थी और उसके बाद मैं उसके सदा प्रसन्न् मुखमण्डल पर कभी भी वह ताजगी, वह रंग नहीं देख पाया । धीरे-धीरे वह सूखती और काली पड़ती गयी । मैं सब कुछ याद कर, सब कुछ समझ कर भी अपने को भुलाता रहा । हृदय-रोग से पीड़ित होकर वीमेन हास्पिटल के बेड नम्बर 12 पर पड़ी-पड़ी, नर्सों द्वारा 'बस एक बार' देख जाने का संवाद भेजती रही; किन्तु मैंने जाने की उत्सुकता भी कभी प्रकट नहीं की। मैं नहीं गया, किन्तु निराश होकर दम तोड़ने के समय उसके ओठों पर जो घृणा की रेखा खिन्न आयी होगी, उस घृणा-पूर्ण मुस्कुराहट की कल्पना मैं अवश्य कर लेता हूँ। जब-जब उसकी कल्पना करता हूँ, मेरे चेहरे पर आत्म-ग्लानि की काली तूलिका फिर जाती है।

'हाउस-सर्जन' की अवधि समाप्त करके घर पहुँचते-पहुँचते मेरी पूज्य माता अपनी जीवन-यात्रा शेष कर चुकी थीं। उनके मुँह में दवा को कौन कहे, एक चुल्लू पानी भी नहीं टपका पाया था। पिताजी तो मुझे डेढ़ साल की उम्र में माँ की गोद में छोड़कर चल बसे थे।

अगम, अगोचर भगवान को जिस श्रद्धा और भक्ति से पूजते हैं, उसी श्रद्धा और भक्ति से मैं उनकी पूजा किया करता था। किन्तु उनके लिये कभी गला फाड़कर रोया नहीं था। मातृहीन होने के बाद मुझे मालूम हुआ कि माँ के स्नेहाँचल की ओर से सारी दुनिया रंगीन जान पड़ती थी और अब दुनिया का सारा रंग मरुभूमि की सफेदी में परिवर्तित हो गया है !

अपने गाँव को, अपने घर को छोड़ने की कल्पना करते ही मेरा हृदय फटने लगता था। गाँव में ही ज़िन्दगी कट रही थी और मेरा 'मातृ-औषधालय' भी चल रहा था। मलेरिया और हैजे के समय में मरते हुए प्राणियों में से थोड़े व्यक्तियों को भी मौत के मुँह से बचाकर मैं अपनी शिक्षा को सफल समझता था। गाँव के प्रतिष्ठित ज़मींदार श्री केदारनाथ ठाकुर मुझसे बहुत प्रसन्न रहते, उनकी गृहिणी मुझे अपने पुत्र घनश्याम से भी बढ़कर प्यार करने लगी थी। औषधालय का आकर्षण, ज़मींदार दम्पत्ति का स्नेह और गाँव वालों का प्रेम पाकर मेरे हृदय के घाव भर रहे थे। एक दिन, ज़मींदार दम्पत्ति ने मुझे बड़े लाड़-प्यार से खिला-पिलाकर, एकान्त कोठरी में अपने दिल की ख्वाहिश ज़ाहिर की, तो मेरा सिर चक्कर खाकर रह गया। ज़मींदार साहब कह रहे थे कि मैं उनकी विधवा भाभी के एकमात्र प्यारे पुत्र भोलानाथ को ज़हर देकर मार डालूँ। उसे मामूली ज्वर हुआ है, यही मौक़ा है। ज़मींदार साहब के छोटे भाई बद्रीनाथ ठाकुर थे, जिनकी मृत्यु का रहस्य भी उन्होंने कहा। 'माफ कीजिये, छीः छीः' मैं पागलों की तरह चीख कर उनकी कोठरी से भाग आया था। उस दिन से लगातार कई रातों को--रात-रात भर जागकर--मैं ज़मींदार साहब के दुमंज़िले मकान की खिड़की के रंगीन कांचों को देखता रहा। उस कोठरी में रोशनी जलती रहती और मुझे लगता--'असहाय भोला की ज़िन्दगी का चिराग़ जल रहा है।' जिस दिन विधवा अपने प्यारे बीमार पुत्र को लेकर मायके चली गयी, उस रात को मैं आनन्द-विभोर होकर सोया, किन्तु स्वप्न में भी उन रंगीन काँचों से छन कर आते हुए प्रकाश को देखता रहा।

ज़मींदार साहब मुझे और मेरे मातृ-औषधालय को मिटाने के लिये कमर कस चुके थे। ग़रीब रोगी भला कैसे औषधालय में आने की हिम्मत करते । रोगियों का आवागमन एकदम बन्द हो गया था। लेकिन रधिया की माँ ज़मींदार साहब की परवाह न करके, रधिया को सुई दिलवाने के लिये अवश्य पहुँच जाती थी। रधिया की माँ को मैं होश सम्हालने के बाद से ही जानता था। इस रंगीन दुनिया में आकर, माँ की गोद के पहले उसी की गोद में मुझे आश्रय मिला था--वह सैकड़ों बार सुना चुकी थी। रधिया की माँ मेरे परिवार की महरी थी, पर मैं उसे चाची कहता था। कालेज में मुझे जब-जब घर की याद आती थी, आँखों के आगे दो मूर्तियाँ नाच जाती थीं, एक माँ की और दूसरी चाची (रधिया की माँ) की। वह दुखिया विधवा हो गयी थी, उसकी एकमात्र पुत्री रधिया भी जवान

होते-होते विधवा हो गयी थी, लेकिन मेरे लिये तो वह वही चाची थी। रधिया को 'पिल्हा' हो गया था। चिकित्सा से जब पूर्ण-रुपेण स्वस्थ हो गयी, तो एक दिन उसकी माँ छाती पीटती हुई दौड़ी आयी थी--'देखो लल्ला ! ये सब पानी में आग लगा रहे हैं । बिरादरी और गाँव वालों की पंचायत बैठी थी, पंचायत ने रधिया पर दोषारोपण किया था कि तुम्हारे और रधिया के अनुचित सम्बन्ध के फलस्वरुप रधिया को गर्भ रह गया था और तुम सुई देकर गर्भपात... ।' सुनकर मैं अवाक् हो गया। रधिया मेरा भोजन बनाती थी, बर्तन-भाँडे माँजती थी, घर की चाबी भी उसी के पास रहती थी। मेरे खाने-पीने, सोने-बैठने की फिक्र मुझसे ज्यादा उसको रहती थी। मैं उसका भैया जो था। लेकिन...!... मैंने रधिया की माँ से गिड़-गिड़ाकर कहा था--'चाची, तुम भी क्या इस बात को सच समझती हो ?' वह रोती हुई बोली थी--'तुम क्या कह रहे हो लल्ला ! ऐसा भी भला हो सकता है ? मैं सब जानती हूँ। बड़ी बहू (ज़मींदार साहब की भाभी) को मैंने मायके जाने के लिये कहा था, ज़मींदार साहब को यह बात मालूम हो गयी। इसी से यह सब हुआ है।' वह रोती हुई चली गयी थी।

दूसरे दिन प्रातःकाल बिछौने पर पड़े-पड़े ही मैंने सुना था--रधिया की माँ रधिया को लेकर न जाने कहाँ भाग गयी । पूर्व आकाश में ऊषा की लाली फैल रही थी और मुझे सारी दुनिया पीली दिखाई दे रही थी !

"मगहिया-डोम, एक खानाबदोश क़ौम। यह जाति औरत-मर्द-बच्चों के साथ जमात बाँधकर एक गाँव से दूसरे गाँव में डेरा डालती फिरती है। यह बड़ी निडर जाति होती है। मर्द दिन में जंगलों में जाकर गीदड़ों की बोली बोलकर उनका शिकार करते हैं और रात में चोरी; कभी-कभी दल बांधकर डाका भी डालते हैं। औरतें और बच्चे गाँव में भीख माँगते हैं। ज्वान औरतें बुरा पेशा भी करती हैं ! बूढ़े और बुढ़ियाँ पड़ाव पर बैठकर गधों की रखवाली करती हैं।"

उपर्युक्त रिपोर्ट मैंने एक मित्र--पुलिस इन्सपेक्टर की डायरी में पढ़ी थी।

फागुन का महीना। मगहिया डोमों की एक टुकड़ी ने गाँव से बाहर एक मैदान में डेरा डाला। दूसरे दिन गाँव में गन्दी घांघरीवाली औरतें भीख माँगती हुई दिखाई पड़ीं। 'भीख माँगती हुई' कहना उपयुक्त नहीं होगा, क्योंकि वे जिस तरह भीख माँगती थीं, उसे 'भीख

माँगना' नहीं खुराकी वसूल करना कह सकते हैं। लोग चुपचाप भीख देते थे, उनसे बोलने में या तो लोग डरते थे अथवा अपनी हेठी समझते थे।

"ओय...य्...य्...य मोटकी मलकिनियाँ...याँ...याँ ! बुढ़ारि में तोहे सिंगार से छुट्टी नाहि मिलत...अ्...! हम्में भीख दय दो, चलि जायिं... ।"

दूसरी उधर चिल्ला रही थी--"भीख देबा कि यहीं दरबज्जे पर पेशाब कय दीं ?"

तीसरी किसी के घृणापूर्ण प्रश्न अथवा व्यंग्यपूर्ण कटाक्ष का उत्तर दे रही थी--"अरी हाँ, हाँ ! गीदड़ खाती हैं हम सब । तें...हूं खाले नन्हकी बहुरनियाँ...तो दिन भर में...!"

मैं अपनी कोठरी में लेटे-लेटे शोलोखोव की **'क्वायट फ्लोज़ दी डान'** पढ़ रहा था कि दरवाजे के पास आकर किसी ने हाँक लगायी--"अरी ओं...य्...य्...य मलकिनियाँ...याँ... ।"

"अरे यहाँ कोई मालकिन-वालकिन नहीं है !" मैंने अन्दर से ही डाँट कर कहा। वह मेरे बारामदे पर--खुली किवाड़ी के सामने--आकर कुछ कहते-कहते रुक गयी। मैंने देखा--बड़ी-बड़ी प्यारी आँखों वाली, कानों में झूमके, गले में पीतल और कांसे के गहने पहने एक स्वस्थ किन्तु गन्दी, सुन्दर युवती, बगल में भीख की झोली लटकाये खड़ी है। मुझे गौर से देखकर नीची निगाह किये वह बोली--"मालकिन नहिं है त तैंहि दे दा !"

"क्या दे दूँ ?"

"अरे मालिक के दरबार है, सोना-रूपा पहने लाग, रेशम मलमल ओढ़े लाग, खाये लाग जूठा-कूठा... ।" कहते वह मुस्कुरायी।

मै भी अपनी हँसी नहीं रोक सका । मैंने कहा--"यहाँ तो बोतलों में सिर्फ दवाइयाँ हैं। कहो तो दे दूँ !"

उसने एक बार मुझे गौर से देखा। मेरी आँखों में आँखें गड़ाती हुई वह बोली--"तूं बैद हुआ ?"

"हाँ।"

वह बैठते-बैठते स्वर को जरा कर्कश बना कर बोली--"बज्जर गिरे तोरे दवायन पर, हम्में दवाय नाहिं चाहिय, एक मुट्ठी कुछ दे दा, चलि जायिं !"

मैं एकटक उसकी ओर देख रहा था। उसकी सूरत, उसकी आँखें और उसकी बोली कह रही थी कि वह सभ्य समाज की देन है। वह अपनी मीठी बोली को जबर्दस्ती कर्कश बनाने की चेष्टा करती, किन्तु असफल रहती थी। मुझे अपनी आँखें गड़ाकर देखते हुए देखकर बोली--"आंखि फारिके देखत का हुआ हम्में, बड़े-बड़े हाकिम-दरोगन के आंखि के लाली झारि देलि-हां !"

मैंने मनीबेग से एक अठन्नी निकाल कर फेंक दी। अठन्नी को जमीन पर से उठा कर हँसती हुई बोली--"अरे रम्मां ! यह अठनियाँ बचे ना पायि, देखहि से मारिके जवनवा हमार काढ़ि लेयि, दारु पिये लाग। कुछो एक मुट्ठी खाये लाग दे दा राजा !"

उसने अंतिम शब्दों में जो दर्द डाला, मुझे बड़ा स्वाभाविक-सा लगा । मैंने उठकर थोड़ा चावल ला दिया । जाते-जाते उसने मेरी ओर देखकर, किंचित मुस्कुरा कर कहा--"अब त हम्म रोजो आब।"

वह चली तो मैं घंटों बैठकर उस असभ्य और बर्बर जाति की युवती के सम्बन्ध में सोचता रहा।

वह दूसरे दिन भी आयी, तीसरे दिन भी आयी और रोज आने लगी । एक दिन मैंने हँसकर कहा--"तुम लोग इस तरह लोगों को डराकर, गालियाँ देकर क्यों भीख माँगती हो ?"

"तू काहे दवा में पानी मिला के लोगन के ठगत हुआ ?"

"दवा में पानी मिलाना ही पड़ता है, बिना पानी के दवा नहीं बनती।"

"त बेगर डांटे-डपटे-गाली दिये कुछ नाहिं मिले--जान रखा ।" वह हँस पड़ी थी । मैं स्वीकार करता हूँ, उसकी हँसी ने मुझे मोह लिया था। उसकी मुस्कुराहट में जादू था। एक दिन मैंने पूछ ही लिया--"तुम लोग जादू भी जानती हो ?"

वह खिलखिलाकर हँस पड़ी थी--"अरे राजा ! तोंहके कैसे मालूम ?"

"यों ही पूछता हूँ।"

वह हँसी रोकते हुए बोली थी--"हम्म नाहिं जानि जादू-वादू ! वैसे बुढ़ियन सबके पांछा देखत नांहि, गाँव के सगरो जवनवा लागल रहत--ऐ बुढ़िया बताय दे, ऐ बुढ़िया बताय दे !' चावल-दाल-आटा-तरकारी ढेर के ढेर पहुंचायि आवत।"

"सो क्यों ?"

"मन उचाटने वाला जादू सीखे लाग।" वह हँस रही थी।

मैंने आश्चर्य प्रकट करते हुए पूछा था--"क्या बुढ़िया सचमुच में वशीकरण मंत्र जानती है ?"

मुझे आश्चर्यित होते देखकर वह ठठाकर हँस पड़ी थी--"तेंहू सीख आवा बैद राजा !"

होली के दिन। गाँव भर में हुरदंग मचा हुआ था। बूढ़े और बच्चों में भी जवानी की लहर आयी हुई थी। अश्लील और श्लील गीतों के तराने मस्ती भरी हवा के झकोरों पर हिलकोरे खाकर मेरी कोठरी में पहुँच जाते थे। मैं भी रह-रह कर होली के बहाने मर्सिया गुनगुना लेता था--'का के संग खेलूं फाग !'

"अरे तूं काहे ना खेलत होरी बैद राजा ?" वह हठात् आकर खड़ी हो गयी थी। एक अलमुनियम की बड़ी कटोरी में मालपुए मांग लायी थी। एक मालपुए को वह दाँतों से

काट कर खा रही थी।

मुझे आश्चर्य हुआ। होली के दिन, भले घर की औरतें बाहर पाँव रखने की हिम्मत नहीं करती हैं, और यह निडर होकर गाँव में फिर रही है !

उसने फिर पूछा-- "तूं काहे ना खेलत होरी ?" मेरे मुँह से मर्सिया की 'भाषा-टीका' निकल पड़ी थी-- "किसके साथ खेलूं ?"

मालपुए को दाँतों से काटते-काटते वह गम्भीर हो गयी थी। मैंने फिर पूछा था-- "तुम आज कैसे आयीं ?"

"पुआ मांगे लाग !"

"लोगों ने कुछ कहा नहीं ?" अपने नथुने को गर्व से फुलाते हुए वह बोली थी-- "केकर मजाल हुए कुछ कहे के। हुँ !"--वह बैठ गयी थी।

"किसी ने रंग नहीं डाला ?"

उसने खाते-खाते लापरवाही से कहा था-- "तूं डाल दा। डाल के देखा।"

"यदि डाल दूं तो ?"

"डाल दा !"

मैं 'रेड-इंक' दावात लेकर उठा, वह मुस्कुरा कर घुटनों में ठुड्डी मिलाकर बोली थी-- "पीठ पे डाल !"

मैंने उसकी पीठ पर दावात उडेल दी थी। उसकी गंदी चोली पर लाल रोशनाई चमक उठी थी, उसकी मुस्कुराहट और भी रंगीन हो गयी थी। वह मुस्कुराते हुए चली गयी थी। मुझे याद है--मेरी आँखों में भी गुलाबी लाली दौड़ गयी थी।

उसी दिन, पिछले पहर, वह दौड़ी आयी थी। भर्राये स्वर में बोली थी-- "बैद राजा ! जरा चलके देख। हम्मर जवनवा के का हो गया ! उलटी आर पेट चलत हुए ! जड़ी-बूटी देत-देत हारि--कुछ काट नहीं मानत। चल बैद राजा !"

"क्या हुआ ?" मैंने अचकचा कर पूछा था।

"हम्मर जवनवां के--उलटी आर पेट चलत हुए।" वह हाँफ रही थी।

'इमर्जेन्सी-बैग' लेकर मैं उसके साथ चल पड़ा। वह आगे-आगे भागी जा रही थी और देवी-देवताओं को रो-रोकर मनौतियाँ मना रही थी।

गाँव से बाहर मैदान में उन लोगों का पड़ाव था। जाकर देखा, एक बलिष्ठ नौजवान धरती पर पड़ा छटपटा रहा है। मैंने परीक्षा की--'प्योर कालरा !'

वह मेरे पास खड़ी थर-थर काँप रही थी। मैंने कहा-- "इसे मेरे यहाँ ले चलो। वहीं सुई दूंगा।" सेलाइन देते ही ठीक हो जायेगा--मैंने मन ही मन कहा।

"सब त जात हैं !" वह करुण स्वर में बोली थी।

मैंने देखा--पड़ाव में खलबली मची हुई है। सब अपना डेरा तोड़ रहे हैं। गधों पर

सामान बोझ रहे हैं ।

"तो वे लोग तुम्हें छोड़कर चले जायेंगे ?"

"हूं !"--वह रो पड़ी थी।

"तुम इसे ले चलो, अभी तुरंत आराम आ जायेगा।"

पास में ही गधा चर रहा था, वह हाँक लायी। एक नौजवान ने आकर दूर-से ही कुछ कहा। नौजवान ने एक बार मेरी ओर देखा और चला गया। गधे पर सामान लादकर उसने जोर लगाकर बीमार को उठाया और गधे पर बोझ दिया। एक दुबले-पतले-काले बुड्ढे ने भी आकर कुछ कहा, पर वह मौन रही। रास्ते में मैंने पूछा-- "वह छोकड़ा क्या कह रहा था ?"

"का कहि अरु ! चल हम्मरे साथ, वहि के कौन भरोसा।"

"और वह बुड्ढा...?"

"बुढ़वा एति के (बीमार नौजवान का) बाप रहल। कहत रहल चल हमरे साथ रानी बनाय के राखब।"

मैं उसे अपने बरामदे पर लिटा कर 'सेलाइन' देने जा रहा था कि जमींदार साहब, गाँव के कुछ प्रतिष्ठित व्यक्तियों के साथ आ धमके। उन्होंने घृणा से मुँह विकृत कर के दूर से ही कहा--"तुमने तो हद कर दिया। छीः छीः जरा शर्म भी तो हो ! एक भद्र परिवार की सन्तान होकर इस नीच छोकड़ी पर मर रहे हो। तुम्हें अपनी इज्जत की परवाह न हो, लेकिन गाँव वालों की इज्जत की भी तो फिक्र की होती ! छीः छीः ।"

"छीः छीः क्यों ?... इसे हैजा हो गया है, मैं डाक्टर हूँ, दवा.. "मेरी बात पूरी भी न होने पायी थी कि सबों ने एक साथ चिल्लाकर कहा--"क्या ! हैजा ?"

"हे भगवान ! वह तो अपने साथ गाँव भर को ले डूबेगा। देख रहे हो न !" जमींदार साहब ने गाँव वालों की ओर मुड़कर कहा। फिर क्या था, मुझ पर गालियों की बौछारें होने लगीं। मैं हतबुद्धि सा हाथ में सीरींज लेकर खड़ा रहा। उस दिन युवती ने परिस्थिति ताड़ ली। उसने मेरी ओर एक बार देखा, फिर जोर लगाकर उस अर्द्धमृत युवक को उठाकर गधे पर बोझ दिया। उठाने के समय युवक ने मुँह बाकर पानी माँगा। असहाय युवती की आँखें बरस पड़ीं। उसने मेरी ओर जाते-जाते एक बार देखा और गधे को हाँकने लगी।

"छीः छीः, बेहया ! निर्लज्ज !! गाँव भर का सत्यानाश करेगा ।" कह कर गाँव के प्रतिष्ठित व्यक्तियों ने भी प्रस्थान किया। मैं हाथ में सीरींज लेकर चुपचाप देखता रहा--गोधूलि की बेला, दूर--बहुत दूर--उसकी जमात रंगीन धूल उड़ाती जा रही थी। गधे पर अपने प्रियतम को लादे, घांघरी के छोर से आँसू पोंछते हुए वह भी उधर ही जा रही थी। ज्यों-ज्यों वह आगे बढ़ रही थी, उसकी पीठ पर लाल रोशनाई का रंग और भी गहरा दिखलायी पड़ रहा था। धीरे-धीरे वह लाली आग की लपट-सी मेरी धमनियों में समा गयी और उसी दिन से मैं आग से खेलने लगा।

कठोर कारावास से मुक्त होकर--सौभाग्यवश--सेनेटोरियम में जगह मिल गयी है। दीवार पर 'टेम्परेचर चार्ट' लटक रहा है। चार्ट पर एक लम्बी लाल रेखा खिंची हुई है, उसके ऊपर-नीचे चढ़ने और उतरने वाली बुखार की गति रोशनाई से अंकित की गयी है। मैं चार्ट को देखता रहता हूँ, उसे देख कर तरह-तरह की कल्पनायें किया करता हूँ--काशी की गंगा के किनारे-किनारे छोटे-बड़े मंदिरों के गुम्बज...और नीचे...गंगा के निर्मल जल में उनकी प्रतिछाया...!!

दूसरे चार्ट पर मेरी हिस्ट्री लिखी हुई है। डेट ऑफ डेथ (मृत्यु की तिथि) के सामने अभी जगह खाली है। उस स्थान को भरते हुए मैं नहीं देख सकूँगा !

बुखार ! खाँसी !! रक्त-वमन !! उफ् ?

मुँह पर सफेद नकाब डाल कर डाक्टर आते हैं, नर्सें आती हैं। मेरी हालत देखकर उन लोगों के चेहरों पर जो रंग चढ़ता-उतरता है,--उसको भी लक्ष्य करता हूँ।

कोयल की कूक, मस्ती भरी फागुन की हवा और वार्ड कुली के 'रंग दे चुनरी हमारी...!' गीत को सुनकर अन्दाज़ लगाता हूँ--'होली आ रही है !'

आँखों के आगे, प्राणों में घुले हुए सभी रंग एक-एक कर के दौड़ जाते हैं--काला...नीला...पीला...हरा...लाल...सफेद...!!

1945

इतिहास, मज़हब और आदमी

उस दिन दीवाली थी--लक्ष्मी के शुभागमन का एकमात्र दिन। सुबह उठते ही मनमोहन, माँ से लड़ कर 'कैम्प' में चला गया था। आस पास के गाँवों में जोरों से हैजा और मलेरिया फैला हुआ था। भूख ओर रोग का संयुक्त मोर्चा। प्रत्येक गाँव से रोज आठ-दस लाशें उठ जाती थीं। बहुत 'लिखा-पढ़ी' खुशामद और लड़-झगड़ कर, मनमोहन एक 'मेडिकल कैम्प' ला सका था। वह स्वयं डाक्टरों के साथ, सुबह से शाम तक गाँवों में घूम-घूम कर दवा और पथ्य बाँटता फिरता था।

दोपहर को वह घर लौटा।

नौकर-नौकरानियों के साथ, माँ सफाई के काम में लगी हुई थीं। केले के पौधे गाड़े जा रहे थे, कंदीलें बनाई जा रही थीं, रंगीन कागजों की झड़ियाँ सजाई जा रही थीं। और इन सजावटों को खड़ी देख रही थी, गाँव के दर्जनों नग्न-रुग्ण भूखे लड़के-लड़कियों की भीड़। वृद्ध नौकर रामटहल बार-बार उन लोगों को अकारण ही डाँट बता देता था और प्रत्येक डाँट पर यह एक कदम पीछे हट जाती थी।

मनमोहन बरामदे में पड़ी हुई एक कुर्सी पर धम्म से जा बैठा।

हवा में चूने और वार्निश की गंध घुल-मिल गयी थी। बगल के एक कमरे में माँ नौकरों से डटकर काम ले रही थी और साथ-साथ बड़बड़ा रही थी।

"...तुम क्रिस्तान हो जाओ, घर में मुर्गे-मुर्गियाँ पकवाओ, मुसलमानों के साथ खाओ, मैं कुछ नहीं बोलती । तुम देवी-देवताओं की खिल्ली उड़ाते हो, मैं नहीं रोकती । लेकिन जब तुम मेरे धरम-करम में अड़ंगा डालोगे, माँ लक्ष्मी की पूजा नहीं करने दोगे--तो इसे मैं कैसे बर्दाश्त करूँ ! बाप का धरम था, तुम्हें पढ़ाया-लिखाया, तुम्हारे लिये जमीन-जायदाद छोड़कर बेचारे सिधार गये। पढ़-लिख कर पंडित हुए, नहीं कमाते हो तो हर्ज नहीं, लेकिन बाप की इज्जत, घर की मर्यादा को तो कम से कम निभाओ। सो नहीं, बैठे-बिठाये आवारों के साथ हल्ला, धरम छोड़कर अधरम की बातें और किसान-मजदूर राज्य... ।

हो चुका किसान-मजदूर राज्य !"

मनमोहन बरामदे से सब कुछ सुन रहा था। उसने देखा कि माँ का क्रोध अब तक भी शांत नहीं हुआ है। वह उठा और अपने कमरे में दाखिल हुआ। वह थोड़ा लेटना चाहता था किन्तु कमरे में आकर उसने देखा कि पलंग पर एक अपरिचित वृद्ध आधिपत्य जमाये बैठा है। वह उसकी ओर गौर से देख कर एक कुर्सी पर बैठ गया।

वृद्ध ने तपाक से फर्श पर खैनी थूकते हुए, सड़ी हुई दन्त-पंक्तियाँ निकाल कर कहा-- 'अहा हा ! बबुआ जी, माँ लक्ष्मी कल्याण करें। प्रातः काल से कहाँ रहे बबुआ जी !'

मनमोहन ने अन्यमनस्क होकर मिनमिना दिया-- 'जरा गाँवों में घूम रहा था।'

'अहा हा !' वृद्ध पुनः थूकता हुआ बोला--'ठीक है, ठीक है, परोपकार तो महा धर्म है बबुआ जी ! किन्तु देवी-देवताओं का अनादर माँ लक्ष्मी का अपमान आदि तो सर्वथा धर्म विरुद्ध आचरण है। अंग्रेजी पठन-पाठन का.......'

'आप ?.....आप कौन हैं ?'--मनमोहन ने टोका।

'अहा, हा ! अपने कुल पुरोहित पंडित दिनमनि पाठक को नहीं पहचानते बबुआ जी ?'

'आप ही पुरोहित दिनमनि पाठक हैं ?' मनमोहन ने भौं सिकोड़ते हुए पूछा। पंडित जी पुनः एक बार थूक कर, जोर-जोर से हँसने लगे। मनमोहन को सिर्फ दो घण्टे पहले की बात याद आ गयी। महा कंगाल चेथरु मंडल रो-रोकर कह रहा था कि पंडित दिनमनि ने उसे लूट लिया। उसके एकलौते जवान बेटे के श्राद्ध में 5) रु0 दक्षिणा तो लिया ही जबर्दस्ती एक गाय भी खोलकर ले गया। स्त्री के श्राद्ध में अंगूठे का निशान लेकर जी नहीं भरा तो छप्पर पर से कोहड़े, शाक-भाजी भी नोपाकर ले गया...।

मनमोहन को गम्भीर देखकर पंडित जी ने सोचा कि वह अपनी अनभिज्ञता पर लज्जित हो रहा है। उन्होने उत्साहित होकर कहा- 'कोई चिन्ता नहीं बबुआ जी।...'

मनमोहन ने सहसा पूछ लिया-- 'पंडित जी क्या आप कह सकते हैं, माँ ने जो यह नई जमीन ली है उसके खरीदने में आपका कितना हाथ है ?"

'बबुआ जी ! मैंने ही तो सब कुछ किया'--वृद्ध मनमोहन के भावों को नहीं समझ सका । वह प्रसन्न होकर कहता गया-- 'विधवा तो जमीन बेचने के लिये राजी ही नहीं हो रही थी। बस मैंने धरम की वह लकड़ी फेरी कि सारी अकड़ जाती रही।......'

'और कैलाशपति के विरुद्ध झूठी गवाही भी आपने ही दी थी ?'

'अरे क्या पूछते हो बबुआ जी ! तुम्हें तो सब मालूम है। नहीं रहे मालिक मेरे, वरना सारी लक्ष्मीपुर की जमींदारी अपनी ही होकर रहती। मैं तो सेवक हूँ, बहू जी की आज्ञा पर...'

'और आप ग्राम हिंदू-सभा के सभापति भी हैं ?'

'अहा हा ! तुम तो सब जानते हो बबुआ जी। मालिक ने मुझे जो कुछ भी बनाया

वह हूँ। अब तुम जमींदारी का भार तो संभालो।...'

'अहा हा ! माँ दुर्गे !'

'अब आप जा सकते हैं।'--मनमोहन की त्योरियाँ बदल गईं। वृद्ध कुछ बोलना ही चाहता था कि मनमोहन ने कहा--'अब फिर दर्शन देने का कष्ट नहीं कीजियेगा।'

वृद्ध ने अपनी गंदी झोली उठाई और राह पकड़ी।

फर्श पर मक्खियां भिनभिना रही थीं। उसकी सफाई के लिये मनमोहन ने नौकर को आवाज दी। अचानक माँ ने कमरे में प्रवेश किया। क्रोध से वह जल-सी रही थी। उसके नथूने फूले हुए थे और वह जोर-जोर से साँस ले रही थी। बोली-- 'अब मुझे क्या कहते हो, कहो ? माँ लक्ष्मी का अपमान करके जी नहीं भरा तो बेचारे ब्राह्मण को गालियाँ देकर निकाल बाहर किया। अब मुझे गला घोंट कर मार डालो तो स्वर्ग में तुम्हारे पिता को शांति मिले। हे भगवान मेरे ही कोख से ऐसे अधरमी को जन्म लेना था...!'

वह रो पड़ी। मनमोहन पत्थर की तरह बैठा रहा।

माँ आँचल से आँख पोंछती हुई चली गई। मनमोहन जरा लेटना चाहता था, लेकिन पलंग की ओर निगाह उठाकर, वह बैठा रहा। कुछ देर के बाद वह उठा और टेबिल पर कोई किताब ढूँढ़ने लगा।

उस दिन भंडार घर की सफाई के सिलसिले में धन्नू की माँ ने एक अलभ्य पुस्तक का जीर्णोद्धार किया था और बड़े उत्साह से मनमोहन के टेबिल पर रख गई थी। टेबिल पर तीन-चार मोटी-मोटी किताबें, जिनके नाम सुनहले अक्षरों में लिखे हुए, चार-पाँच छोटी और पतली, जिनके 'गेट-अप' इतने अच्छे थे कि बरबस पढ़ने को जी मचल पड़े। अंग्रेजी और हिन्दी की कुछ मासिक पत्रिकायें और रंगीन पत्थरों के नीचे दबी हुई रंग-बिरंगी चिट्ठियों के बीच वह गंदी और पुरानी किताब आँखों में खटकी। मनमोहन ने उसे उठाकर देखा-- 'भारत वर्ष का इतिहास।' वह किंचित मुस्कुराया और उसे एक ओर फेंक दिया, फिर कुछ सोचकर उसे उठा लाया और आरामकुर्सी पर लेट गया।

भारत वर्ष का इतिहास

यह किताब मनमोहन की ही है, इसके सबूत में उसके कई पृष्ठों पर लिखा हुआ था--This book belongs to Manmohan Verma, Class VII, H.E. School वगैरह, वगैरह।

शुरू के कुछ पन्ने फट चुके थे, कुछ में कीड़े लग गये थे, लेकिन सबसे अन्त में--सम्राट पंचम जार्ज की तस्वीर और उसके नीचे लिखी हुई पंक्ति--'God save the king' अब तक चमक रही थी।

मनमोहन को याद आई कि 'पुरस्कार वितरणोत्सव' के अवसर पर उसने बड़े सुरीले स्वर में--God save the king गाकर एक अच्छा-सा पुरस्कार प्राप्त किया था।

आज मनमोहन एम. ए. है। विश्व-विद्यालय ने, जिस वर्ष उसे इतिहास में प्रथम श्रेणी का एम. ए. घोषित किया, उसी वर्ष भारत सरकार ने उसे शांति का शत्रु कहकर नजरबन्द भी बना लिया था।

वह मुस्कुराता हुआ पन्ना उलटता रहा। स्थान-स्थान पर पंक्तियाँ 'अंडर-लाइन' की हुई थीं, परीक्षा में पूछे जाने की संभावना प्रकट की गयी थी।...पानीपत की लड़ाई...ताजमहल की तस्वीर...औरंगजेब, छत्रपति शिवाजी...बहादुरशाह...अंग्रेजी शासनकाल...

वह रुक गया, राबर्ट क्लाइव की बगल में लिखा हुआ था Most important...क्लाइव बड़ा बदमाश था। वह स्कूल की खिड़कियों और बेंचों को तोड़-फोड़ डालता था। मनमोहन को याद आया कि सूरज प्रसाद को भी मास्टर साहब राबर्ट क्लाइव कहते थे। बड़ा शैतान था सूरज भी, स्कूल भर में सबसे बदमाश !....यह सब दिन वैसा ही रहा। 1942 के आंदोलन में उसे फाँसी हो गई। आह ! सूरज नहीं रहा। कितना बड़ा संगठनकर्ता था वह, कितना निडर ! आंधी और तूफानों में भी हँसने वाला ! सुना कि फांसी के दिन वह रोया था। क्या वह रोया होगा ?....वह जरूर अपनी छोटी बहन शारदा को एक बार देखने के लिए रोया होगा !...शारदा बिना माँ-बाप की बच्ची, भूखों मर गई।...देश के कितने सूरज अस्त हो गये, कितनी शारदा भूख से बिलख-बिलख कर मर गई होंगी।.....

पन्ना उलटा--सिराजुद्दौला। सिराजुद्दौला सिर्फ 20 वर्ष की उम्र में नवाब हुए। ...मनमोहन ने अपनी उम्र को जोड़ा--25 वर्ष। एक बार मनमोहन ने सिराजुद्दौला पर कविता लिखी थी-- 'प्यारे सिराज ! प्यारे सिराज !' ज्योत्सना को वह कविता बड़ी अच्छी लगती थी। वह बार-बार यही कविता सुनना चाहती थी। ज्योत्सना कम्यूनिस्ट पार्टी में काम करती है, अब सुना है, 1942 आंदोलन के समय वह रेडियो पर 'जन संगीत' गाया करती--ट्रामों में आग लगाने वाले गुंडे हैं, बदमाश हैं, और 'क्राँति नहीं है, यह क्राँति नहीं है ...दुश्मन है द्वार पर...'

मनमोहन ने किताब पर दृष्टि गड़ाई...इस अमानुषिक बध को ब्लेकहोल की घटना कहते हैं।

वह मुस्कुराया। बहुत देर तक मुस्कुराता रहा। अचानक रामटहल आकर खड़ा हो गया।

'क्या है ?'

'पूजा शुरू हो गई।'

'तब ?'

'आप नहीं चलियेगा ?'

'नहीं।'

रामटहल चला गया। मनमोहन पुनः किताब के पन्नों में वापस हो गया।...लार्ड कार्नवालिस...जमींदारी प्रथा का जन्म....जमींदारी प्रथा आज मिट रही है। इस सत्यानाशी प्रथा को कायम रखने के लिए जमींदारों ने क्या-क्या नहीं किया ! आज भी वे सचेष्ट हैं। उन्होंने राष्ट्र सेवक दल नामक एक संस्था भी कायम की है। मुस्लिम नेशनल गार्ड और यह 'राष्ट्र सेवक दल' मुस्लिम और हिन्दू पूंजीपतियों की डूबती हुई नैया को बचा सकेगा ?....इस गाँव में भी तो काली टोपी लगाये शाम को कुछ लड़के लाठी घुमाया करते थे। आज गाँव में महामारी फैली हुई है । कहाँ हैं वे ?...कहाँ हैं थापट जी ?....

उसने पन्ने पर निगाह गड़ा कर पूछा 'भूखे, बीमार मुल्क में धर्म के नाम पर लड़ाइयाँ होती हैं अथवा रोटी के लिए ? रोटी के लिए नोवाखाली और बिहार के गाँवों ने कितनी बार सम्मिलित कोशिश की ?.....क्या 'कालीवर्दी का' राज होकर ही रहेगा ?'

दीवाली की संध्या न जाने कब उतर आई। कमरे के अन्धकार में बैठा मनमोहन अपने-आपसे पूछ रहा था-- "है हिम्मत ? इन बिगड़ते हुए इतिहास के पन्नों को फाड़कर जलाना होगा।"

असंख्य दीपों की टोली झिलमिला उठी, केले के पौधों में पिरोई हुईं मोमबत्तियाँ जलने लगीं--गलने लगीं। पटाखे, फुलझड़ी, आतिशबाजी !! आँगन में एक साथ, घड़ियाल शंख और घंटी घनघना उठी। आरती हो रही है। बड़े घर की दीवाली देखने के लिए, प्रसाद लेने के लिए गाँव भर की जनता टूट पड़ी। भूखी, बीमार-नग्न जनता। क्या प्रसाद से भूख मिट सकती है ?

श्री लक्ष्मी मैया की जय...! जयध्वनि के साथ पूजा शेष हुई। प्रसाद वितरण कोलाहल !!

मनमोहन के कानों के पास गूँज रहा था--'श्री लक्ष्मी मैया की जय !' उसने शब्दों को तोड़ना शुरु किया--

'श्री लक्ष्मी मैया की जय।'

'व्यक्तिगत सम्पत्ति की जय !'

'लूट, बेइमानी, शोषण की जय।'

'पाकिस्तान की जय।'

'लड़ाई की जय !'

'फासिज्म की जय।'

और यह God save the king ? इस प्रार्थना के बावजूद भी सम्राट मर जाता है तो 'गॉड सेव दि किंग' का मतलब हुआ...ईश्वर, गुलामी, गरीबी, भूख, मौत, जुल्म, दंगे, लूट, कत्लेआम--सभी को कायम रखें।...

वह बरामदे पर आकर खड़ा हो गया। गाँव के कुछ रोगमुक्त नौजवान, सामने के मैदान में 'मशाल' लीला मना रहे थे। हाथ में बड़े-बड़े जलते हुए मशाल लेकर वे दौड़ पड़े थे। शोरगुल मचा रहे थे। दिवाली की यह शेष विधि उसे बड़ी अच्छी लगी। घोर अन्धकार में लपलपाते हुए मशाल--लाल लाल !!

धीरे-धीरे मशालों की संख्या बढ़ती गई, शोरगुल में तेजी आती गई। मनमोहन मुस्कुरा पड़ा। उसके पाँव आप ही आगे बढ़ने लगे। उसने उलट कर एक बार दीपों की ओर देखा--कतार में सजे-सजाये हजारों दीप जगमग-जगमग कर रहे थे। जगमग जगमग--श्रृंगार रस की कविता सी, रुनझुन--जैसे खुमारी से ऊँघती हुई महफिल में वेश्या नाच रही हो।

उसने मशालों की ओर देखा--एक ताण्डव-नृत्य-सा, मुक्त घर-सा। उसने अपने नसों में गर्म खून का अनुभव किया।

मनमोहन चल पड़ा रोगग्रस्त गाँवों की ओर। और उसके घर से एक मील दूर थे वे गाँव--जहाँ गिध, गीदड़-कुत्ते महीनों से त्योहार मना रहे थे। उन गाँवों के बीच सघन आम के बाग में मेडिकल कैम्प था। दूर से ही रोशनी दिखाई पड़ती है। उसने गाँव में प्रवेश किया।

गाँव का यह प्रवेश भाग शांत था, शांत यानी--इस अंचल की आबादी, एकदम खत्म हो चुकी थी।

गाँव के मध्य भाग में कुछ कुत्ते आपस में मिलकर डरावनी आवाज में रो रहे थे। वह सिहर पड़ा, किन्तु चलता गया। एक अंधेरी और गंदी गली में वह ठिठक पड़ा--सफेद छाया भाग कर अन्धेरे में जल्दी-जल्दी छिप गई। पहले तो वह डरा, लेकिन तुरन्त ही

सम्हल गया। उसने पहचान लिया। डा. सिन्हा और मिस चटर्जी--मेडिकल स्टुडेंट। उसने चलते-चलते सोचा--दोनों एक ही बात है, अस्थिपंजरों के गाँव में फुलझड़ियाँ जलाकर दीवाली मनाना और लाशों पर खड़ा होकर प्रेमालिंगन करना, दोनों एक ही बात है।

वह गाँव के मध्य भाग में आ गया। शुरू में ही हमीद मियां का घर था। गाँव भर का चचा हमीद। हमीद के आँगन में जाकर उसने पुकारा--'रुकिया ! रुकिया !'

'हाय रे ! अरे बाप ! आओ भैया !'--एक झोपड़ी से काँपती आवाज आई।

'अरे ! तू भी पड़ गयी क्या ? हमीद चाचा कैसे हैं और चाची !' सिर झुकाकर अन्दर चला गया। रुकिया जमीन पर चीथड़ों में लिपटी हुई काँप रही थी। मनमोहन ने जलती हुई कुप्पी उठाई और दूसरी झोपड़ी में जाकर देखा--हमीद की लाश ऐंठ गयी थी और पास ही बुढ़िया भी मुँह फाड़े पड़ी थी। वह एक लम्बी साँस छोड़कर लौट आया। जमीन पर कुप्पी रखकर वह बोला--'घबराओ मत रुकिया। मैं यहीं हूँ। डॉक्टर आये थे !'

'भाई जी ! बहुत जोरों की सर्दी...जाड़ा !'

मनमोहन जमीन पर बैठ गया और सोचने लगा कि वह क्या करे ! उसने झोपड़ी में एक बार निगाह दौड़ाई--चारों ओर गंदगी फैली हुई थी । कपड़ों के नाम पर दो चार चीथड़े इधर-उधर फेंके हुए थे। तीन-चार मिट्टी के पुराने बर्तन.... सर्दी, सिल, नमी और बदबू !

'भैया ! मुझे दबा रक्खो, मेरी हड्डियाँ अलग हो रही हैं।'

मनमोहन ने उसकी पीठ पर अपने को डाल दिया। गंदे कपड़ों की गंध से उसका सिर चक्कर खाने लगा।...आह...! कितनी स्वस्थ ओर तगड़ी लड़की थी यह ! मेहनत से कभी भागती नहीं थी। गाँव भर की सेवा की है इसने। कैम्प में आई हुई कालेज की लड़कियों को इसने निस्वार्थ सेवा का सबक सिखा दिया है।...इसकी माँसल बाहें, गठा हुआ शरीर और...

उसने अपने शरीर को जरा खींचा कि रुकिया कराह उठी--'भाई जी ! मैं मर जाऊँगी' 'मत जाओ। भाई जी ! वह फूट-फूट कर रो पड़ी। मनमोहन ने पुनः उसे दबाया--'डरो मत, मैं कहीं नहीं जाता। मलेरिया है, सुई पड़ते ही अच्छी हो जायेगी।'

वह बैठा रहा। रुकिया कराहती थी, पानी माँगती थी। पानी पीकर कै करती थी। फिर रोने लगती थी। मनमोहन उसकी तीमारदारी कर रहा था।...आँगन में जमीन सूंघते हुए एक सियार ने प्रवेश किया। रुकिया की कराह पर उसने डरकर झोपड़ी की ओर देखा। उसकी आंखें अंधेरे मे चमक उठीं। वह बहुत देर तक देखता रहा। मनमोहन को लगा जैसे सियार आश्चर्यित होकर देख रहा हो, क्योंकि रुकिया ने उसे दोनों हाथों से जकड़ रखा था।

1947

खण्डहर

लड़ाई, झगड़ा, घटना, दुर्घटना, हादसा--इस तरह की कोई भी बात नहीं हुई।

तीन महीने पर गोपालकृष्ण गाँव लौटा था। शाम को बाबूजी ने, लम्बी-चौड़ी भूमिका बाँध कर, दीन-दुनिया के नीच-ऊँच दिखाकर, बड़े प्यार से कहा--"गोपाल बबुआ ! परसों शिवचलित्तर बाबू से कचहरी में भेंट हुई थी । कुशल-समाचार पूछने के बाद तुम्हारे बारे में भी बातें हुईं। बोले कि--गोपाल तो आजकल हम लोगों से भेंट भी नहीं करता है। जिला पबलिसिटी ऑफिसर की जगह खाली है। लेकिन सवाल है कि आवारागर्दी छोड़े तब तो ! ढाई सौ रुपये माहवार, भत्ता, फिर एक लाउड-स्पीकर और एक जीप-गाड़ी... ..."

बीच में ही गोपाल हँस कर उठ खड़ा हुआ था। बाबू जी की आँखें लाल हो गयी थीं--दुख से, दर्द से, गुस्से से। एक धक्का-सा लगा था; पुराने मकान की दीवार में अचानक दरारें पड़ गयी थीं।

"...हुँ ; श्रीयुत्त गोपाल कृष्ण जी ! लीडर साहब ! लेखक जी !... राजकुमार की तरह से पाला । शहर में, तारा बाबू वकील के बच्चों को जो कुछ भी खाते-पहनते देखा, इसे खिलाया, पहनाया। सीधे शहर में पढ़ने भेजा। पढ़ाई का खर्च ! जब कभी भोला-भाला-सा मुँह बनाकर सामने आ खड़ा होता, पैसों की माँग करता; बस जमा-खरच लेना भूल जाता। ज्यों-ज्यों वकालत पास [करने] की मंजिल करीब आती गयी, मुट्ठी खोलकर रुपये देता गया। मगर कानून पढ़ने के पहले ही सरकार बहादुर का कानून तोड़ बैठा, जेल गया। पैरवी करने गया तो वकीलों ने हँस कर कहा--अरे क्या कीजियेगा पैरवी करके, आपका बेटा तो लीडर हो गया। अब क्या चाहिए !... जिस दिन जेल से रिहा

हुआ, शहर के धूमधाम, उसके गले में फूलमाला और 'गोपाल बाबू की जय' सुनकर मेरा भी मन बदल गया। सोचा, चलो नहीं पास किया तो नहीं। '42 के आन्दोलन में, घर छोड़कर, बाल-बच्चों के साथ रिश्तेदारों के यहाँ जब भटकना और अपमानित होना पड़ता था, सह लेता था। घर की चीजें कुर्क हुईं, खलिहान लुटवा दिया गया। सब हुआ, मगर इसकी याद आते ही सब भूल जाता था। ताना देकर जब कोई कहता कि अच्छा सपूत निकला गोपाल, तो गाँधी जी और जवाहरलाल की बात सुनाकर उसका मुँह बन्द कर देता था। खैर, वह ज़माना भी बीता। अच्छे दिन आये, कांग्रेस का राज हुआ। एम. एल. ए. नहीं हुआ तो कोई बात नहीं, नौकरी नहीं की तो कोई हर्ज नहीं। मगर एम.एल.ए. और सरकारी अफसरों से हेल-मेल रखने में इसकी कौन-सी इज्जत खराब हो जाती। मुरली प्रसाद सब दिन से कांग्रेस के खिलाफ रहा, कांग्रेसियों को गाली देता रहा। '42 में पुलिस वालों के साथ घरों में आग लगवाता फिरा। लेकिन उसका बेटा आज कांग्रेस का प्रेसिडेन्ट है, अफसरों के साथ मोटर में घूमता है, मिल के मालिक, करोड़पति सब उसके आगे हाथ बाँधे खड़े रहते हैं। और एक यह हैं ! सुराज-सुराज हल्ला करते थे, सुराज भी मिला। अब क्या लोगे ? आसमान का चाँद ? ... बाबू गोपाल कृष्ण, सोशलिस्ट लीडर, लेखक ! इसके पीछे घर बर्बाद हो गया। इसके कारण जमींदार से बैठे-बिठाये दुश्मनी हो गयी, जमीन नीलाम हो गयी, इज्जत मिट्टी में मिल गयी।... और जिंदगी में पहली बार जो जी खोलकर मन का अरमान सुनाया तो हँस पड़ा। माँ की उँगलियों के छल्ले सेठ जी के यहाँ बंधक पड़ गये और 'पूंजीवाद नाश हो' का नारा लगाते हैं। घर के लोगों को तो एक शाम खिला नहीं सकते, दुनिया के मजदूरों की चिंता से दुबले हो रहे हैं। लेखक बने हैं, कहानियाँ लिखते हैं और अपने घर की कहानी पढ़ नहीं सकते। कमाना नहीं, सिर्फ खाना जानते हैं। पहले 'क' तब 'ख'। पहले 'कमाओ' तब 'खाओ'। सो नहीं... ..."

गोपाल की माँ ने आकर खाने की बात पूछी तो मुँह नोचने को तैयार हो गये। बूढ़ी की समझ में बात नहीं आयी। छोटे बेटे भूपाल ने सारी बातें सुनाईं । सुनकर बूढ़ी का गला भी भर आया। चुपचाप आँगन में लौट आयी। मन-ही-मन कुढ़ गयी--भगवान जाने लड़के को क्या हो गया है। मुझसे तो कभी बोलता भी नहीं है। महीनों के बाद घर आता है तो टिकने का नाम नहीं लेता। अरे; माँ-बाप अब कितने दिन हैं। अपना जो धरम था सो निभाया। भले की बात नहीं कहेंगे ? इसमें हँसने की कौन-सी बात थी ! जिसने पैदा किया उसी पर हँसते हो ! हँसो, पढ़-लिखकर पंडित बने हो, तुम्हारे सामने माँ-बाप क्या हैं ? कुछ नहीं। और बाप ने गोपाल बबुआ छोड़कर 'रे गोपाल' भी कभी नहीं कहा। भूपाल को तो कभी फूटी आँख से भी नहीं देखा, बाप ने। भूपाल को सब लंठ कहते हैं, पढ़ा-लिखा नहीं है, दिनभर अकेला खेती में लगा रहता है, फिर भी झिड़की सुनता है। पर कभी तो बाप के मुँह पर जवाब नहीं दिया। वैसी ही हैं रानी जी ! बाप के घर में तो महीने में पन्द्रह दिन एकादशी होती है और यहाँ रानी बनी बैठी रहती हैं। एक-न-एक

बीमारी लगी रहती है। दोनों प्राणी में एक भी तो हाथ-पैर हिलावे। भूपाल की बहू कुछ बोली कि महाभारत मचा देती है। मैं कुछ नहीं बोलती, लेकिन भूपाल की बहू दिन भर रसोई घर में खटती है, उसे तो बोलने का हक है। बात बर्दाश्त नहीं करती तो लाट साहब के साथ ही क्यों नहीं रहती है ? साथ रखे तो उन्हें भी आँटे-दाल का भाव मालूम हो।"

"बाबू जी नहीं खायेंगे क्या ?"--भूपाल की बहू ने आकर पूछा।

"नहीं। बंसी की माँ से कहो न, गोपाल को परोस दे।"--माँ भारी गले से बोली।

बंसी की माँ ने सुना तो फट पड़ी--"हाँ, वे क्यों नहीं खायेंगे । पेट पोसने के लिये ही तो घर आते हैं। कुत्तों को भी अक्ल होती है, वे खाना देने वालों की भौं से उनके मन की बात समझ लेते हैं, मगर ये उससे भी ... ..."--बात अधूरी छोड़ कर, गुस्से में पाँव पटकती हुई वह पड़ोस की मौसी के आँगन की ओर चली । वह अंदर ही अंदर रो रही थी।

--'इनके कारण अब इस घर में रहना मुश्किल है । ये तो कुछ समझते नहीं, झिडकियाँ और ताने मुझे सहने पड़ते हैं । और मुझे ही कौन कलेजे से लगाये रहते हैं जो इनके लिये बातें सुनूं । मन का कोई भी शौक पूरा नहीं कर सकी । कभी अपने हाथ से एक फटी हुई चादर भी जो लाकर देते ! रमिया का पति भी तो कांग्रेस में है, घर में गाँठ के गाँठ कपड़े भरे पड़े हैं। आजकल रोज सोनार की दूकान लगी रहती है उसके यहाँ । और एक यह हैं मिट्टी के माधो ! आग लगे जेवर और कपड़े में ! घर में रहें तो समझूँ कि सब कुछ है। एक दिन के लिए कभी आये भी तो मुँह से गिनकर बात निकालेंगे। मुझसे ऐसी बात करेंगे, मानो धोबिन को गंदे कपड़ों का हिसाब बता रहे हों। कलेजे पर पत्थर धरकर इतने दिनों तक सही, अब नहीं। कहाँ से मरने के लिए एक अभागिन जो गोद में आयी है सो इनके हाथ में हमेशा आग लगी रहती है। एक पैसे का बिस्कुट भी बेचारी को कभी नहीं लाकर देते। दूध-दही आँखों के आगे ही बिला जाता है। बिचारी को एक चम्मच भी कभी मयस्सर नहीं होता । जिसको बाप ही नहीं देगा उसे दूसरे क्यों देंगे ?... चंदू की माँ की बातें याद आती हैं तो कलेजा फटने लगता है। कहती थी, अरे तू तो राजरानी बनेगी, राजरानी ! सुराज हो गया है, अब सुराजी का राज है । अब काहे की फिक्र ! सो पास-पड़ोसन साड़ी की चिथियाँ देखकर ताना देती हैं । घर से निकलना भी मुश्किल है। मेरी मौत भी नहीं आती... ।'

रसोई घर में भूपाल ने थाली पर बैठते हुए बहू से पूछा--"नेताजी का भोग लग गया ?" अपने व्यंग्य पर आप ही वह मुस्कुराया । बहू ने परोसते हुए कहा--"अभी रानी जी फूल

लाने गयी हैं !"

एक घर के ओसारे पर भूपाल का बेटा केदार, पड़ोस के दो-तीन बच्चे और बाँसुरी आपस में बत-कटौअल कर रहे थे। चार साल की बाँसुरी ने फटे हुए फ्राक पर बाप की ढीली-ढाली बंडी पहन ली थी। केदार उसकी बेढब पोशाक पर हँसता। बाँसुरी मुँह बना कर कहती--"मेरे बाबू जी आये हैं।" पड़ोस का एक बदमाश लड़का बोल उठता--"तुम्हारे बाबू जी का नाम गोपाल। गोपाल बजावे गाल।" बाँसुरी कहती--"मैं बाबू जी के साथ मेला जाऊंगी।" केदार कहता--"मैं मामूजी के यहाँ जाऊंगा। मेरे मामूजी को मोतर गारी है। तुम्हारे मामू को है ?" बाँसुरी कुछ क्षण चुप रहकर जवाब देती--"मुझे बाबूजी मोटर ला देंगे।" सब बच्चे हँस पड़ते--"लुपया कहाँ है जो लावेंगे मोतर गारी।" बाँसुरी हार कर चिल्लाती--"बाबूजी !"

गोपाल दरवाजा बन्दकर अपने कमरे में लिख रहा था--'पूंजीवादी समाज ने मध्यवर्ग, विशेषतया निम्नमध्यवर्ग और सर्वहारा वर्ग के दैनिक जीवन में जैसी विकृतियाँ पैदा की हैं, उनका चित्रण तीव्र अनुभूति के माध्यम से हो। ये विकृतियाँ जीवन के हरेक पहलू में वर्तमान हैं--पारिवारिक, सामाजिक, सांस्कृतिक, मनोवैज्ञानिक । सम्पूर्ण भावसत्ता विकृत हो गयी है। क्या वह स्त्री-पुरुष का प्रेम हो, संतान-प्रेम हो आदि-आदि । सारा जीवन विशृंखल है--व्यक्ति का हर भाग विघटित है । व्यक्ति का विश्लेषण कीजिये, पता चलेगा कि वे कितने 'डिसटॉर्टेड', 'एबनॉर्मल', 'न्यूराटिक' हो गये हैं । लेकिन इन सबके बावजूद समाज में विद्रोहात्मकता जीवित है, वही आशा का केन्द्र है... ... ।'

"बाबूजी !" बाँसुरी रो पड़ी।

गोपाल बाहर आया। बच्चे भाग चुके थे। बाँसुरी ने ठुमकते हुए कहा--"बाबू जी तुम मुझे मोटर नहीं ला दोगे ? मन्नू कहता था तुम्हारे बाबूजी झूठे हैं। केदार भैया कहते थे तुम्हारे बाबूजी के पास रुपैया कहाँ ?"

गोपाल ने प्यार से उसे गोद में लेते हुए कहा--"मेरे पास बहुत पैसे हैं । मैं तुम्हें मोटर ला दूंगा।"--फिर कुछ याद करके हँसा और हँसते हुए बाँसुरी के कान में धीरे से कहा--"मैं तुम्हें जीप गाड़ी ला दूँगा, चलो अभी खा लें।" वह एक बार फिर ठठाकर हँसा।

आँगन में अंधेरा था। सब कमरे बंद थे। उसने पुकारा--"माँ, बाबूजी ने भोजन कर लिया। बंसी की माँ कहाँ गयी। मुझे भूख लगी है।"

किसी ओर से जवाब नहीं मिला। आँगन में एक गुमसुम उदासी छायी हुई थी--एक खौफनाक खामोशी।

बाँसुरी को बहुत दिनों के बाद बाप की गोदी मिली थी । खुशी से वह फूली नहीं समाती थी। वह आप ही हँसती थी।

अंधकार और मौन। खण्डहर की याद आयी गोपाल को। वह मुस्कुराया। खिलखिलाकर हँस पड़ी उसकी गोद में बाँसुरी--भविष्य की सुन्दर बाँसुरी।

1948

रेखाएँ वृतचक्र

उँहूँ ! नहीं, यह सब कुछ भी नहीं सोचूंगा। मुझे ऐसा कुछ भी नहीं सोचना चाहिए, जिससे कि मेरा दिल कमजोर पड़ जाय। मेरा घाव जल्दी ही भर जायेगा, मैं चंगा हो जाऊंगा। मैं भी कैसा हूँ ! मरने से डरता हूँ ! मरने की बात सोचते ही जी कैसा-कैसा करने लगता है। बहुत कमजोर हो गया हूँ न, इसलिए। फौजी होने का मतलब यह नहीं है कि वह मरने की बात सोचकर नाच उठे। उस दिन डॉक्टर ने खूब कहा, "कैप्टेन, कुछ फिकर मत करो। फर्ज करो कि तुम एक भेड़िये के मुँह में पड़े हुए हिरण के बच्चे को बचाने के सिलसिले में जरा घायल हो गये हो। बस...भेड़िये के मुँह से हिरण के बच्चे को छुड़ाने के सिलसिले में !..."

...हिरण के बच्चे की कल्पना करते ही मेरी आँखों के आगे 'शकुंतला' फिल्म दौड़ जाती है। शकुंतला-जयश्री, हिरण का बच्चा। जयश्री, शांताराम ! डॉ. कोटनीस की अमर कहानी बड़ी अच्छी तस्वीर है...अच्छा, यदि मैं इस अस्पताल में मर गया तो...तो क्या मेरी कहानी भी हर लब पर होगी ! फिल्म बनेगी ? फिल्म का नाम होगा-- 'कैप्टेन सिन्हा।' न, यह तो कॉपी हो जायेगी। अच्छा होगा-- 'कश्मीर की घाटी में' सुनने में जरा रोमांटिक भी मालूम होगा । बड़े-बड़े पोस्टरों पर लिखा जायेगा--'कश्मीर की घाटी में'--एक ऐसे कैप्टेन की कहानी जिसने राष्ट्रीय सरकार की इज्ज़त बचाने के लिए अपनी जान दे दी ...कहानी शुद्ध करने में जरा दिक्कत होगी डायरेक्टरों को। दिखावेगा मेरी जिंदगी का प्रथम अध्याय--मेरा गाँव। एक गाँव, जो वास्तव में होगा बंबई के आसपास के किसी गाँव का हिस्सा अथवा स्टूडियो का कोई कोना। दूर-बिहार के पूर्वी अंचल, पूर्णिया जिले में क्यों जायेंगे... इसके बाद आवारागर्दी, पढ़ा-लिखा बेकार और, एक जानकार गरीब। गरीबों की दुनिया में मुहब्बत। ज्योत्स्ना के प्रति मेरी तुकबंदियों को कलापूर्ण कविताओं की संज्ञा दी जायेगी--शायद। मेरी कोई कविता तो मिल नहीं सकेगी उन्हें। बना लेंगे लोग....ठंडी साँसे, बुलबुल, मीठी नींद, सपने और चाँदनी रातें आदि शब्दों से भरे

हुए कुछ गीत। तर्ज तो होगा--यही....आजकल का पंजाबी...नायक कौन होगा ? पी0 जयराम ठीक है। नहीं, वह मोटा है। तो फिर ?.....एक बार आईने में अपना चेहरा देखने को जी करता है.....कोई भी हो नायक। दृश्य होगा--बेकारी से ऊबकर, बाल बिखराये हुए, अजीब सूरत में रिक्रूटिंग आफिस में ! फिर, लड़ाई के मोर्चे, तमगे, तरक्की, --कैप्टेन ! नायिका-ज्योत्स्ना कौन बनेगी ? कहीं बेगम पारा हुई तो सब गुड़गोबर। ज्योत्स्ना ही शायद उतरे। नहीं, वह नहीं उतरेगी। शायद, अपने 'नाम' की आज्ञा भी न देगी। मनगढ़ंत प्रेम कहानी को, मेरे दिल के किस्से कहकर लोग मुझे एक महान् प्रेमी बना देंगे...लेकिन यह 10 गुर्खा रेजिमेंट का सूबेदार दिलबहादुर गुरुंग, जो अभी अस्पताल में घायल होकर पड़ा है, इसके काबिल है वी0 एच0 देसाई ही। बेड पर पड़े-पड़े हर डॉक्टर और नर्स को वह 'जयहिंद' कहेगा, बुखार में जब--'कांछा ले कांछी लाय लग्यो बन को बांटो लालटनी बालेर' गायेगा और हर तेजो से गुजरते हुए डॉक्टर को--नानसेंस के लहजे में--'मोरो' तथा नर्स को 'मोरी' कहेगा तो ठहाकों से गूंज उठेगा सारा हॉल। नानसेंस का स्त्रीलिंग नहीं होता, लेकिन 'मोरो' का होता है 'मोरी'। नर्स 'मोरी' का मतलब नहीं समझती।

...वह दृश्य कितना मार्मिक होगा जब ज्योत्स्ना अपने पति मिस्टर वर्मा के साथ चाय पर बैठकर अखबार पढ़ती रहेगी। मिस्टर वर्मा, अपने मालिक हिंदू-प्राण सर रामपत ठनठनियाँ की उदारता का जिक्र करते हुए उनका 'हिंदुओं का कर्तव्य' शीर्षक स्टेटमेंट पढ़ने को कहेंगे। पढ़ने के सिलसिले में, अखबार के एक कोने में ज्योत्स्ना पढ़ेगी--'कश्मीर अस्पताल में कैप्टेन सिन्हा की मृत्यु...हाथ से चाय की प्याली गिरकर 'झन्न'...वह आँखें फाड़े शून्य में ताकती रहेगी, बाल बिखर जायेंगे, आँखों में आँसू छलछला पड़ेंगे, मिस्टर वर्मा घबराकर चिल्ला उठेंगे--'जोना ! जोना ! तुम्हें क्या हो गया ?...बैक ग्राउंड म्युजिक चल पड़ेगा--'शहीदों के मजारों पर, लगेंगे हर बरस मेले...'

मेरी आँखों में भी आँसू आ गये। दिल की धड़कन बढ़ रही है, हिस्स्, मैं भी कैसा हूँ ! कैसी-कैसी बेकार की बातें सोचता हूँ। जयोत्स्ना को तो मेरी मौत की बात भी मालूम नहीं हो पायेगी। अखबारों में हर इन्सान की मौत के बारे में छपने लगा, तो हुआ।...लेकिन, 'शहीदों के मजारों पर' गीत मुझे प्रिय है। शायद मन में शहीद कहलाने की बहुत बड़ी लालसा छिपी हुई है...मणिपुर की बमबारी के दिनों--अच्छी तरह याद है--मुझे बार-बार यही तकलीफ सताती रही कि मेरी मौत कुत्ते-बिल्लियों की मौत से भी गयी गुजरी होगी। अपने मुल्क की मिट्टी भी मुझे अपना कहकर कबूल नहीं कर सकेगी..कितना दुख हुआ था मुझे ! 46 की छुट्टी में गाँव लौटा था । ममेरी बहन से 'भारतमाता ग्रामवासिनी' गाने

को कहा था तो वह ठठाकर हँस पड़ी थी। उसे आश्चर्य हुआ था कि मैं भी इस तरह के गीतों में दिलचस्पी लेता हूँ। मैंने अनुभव किया था कि मेरे अधिकांश दोस्त मुझे घृणा की दृष्टि से देखते हैं। मनमोहन मुझसे इसलिए बात नहीं करता था कि मैं उसकी पार्टी के विरुद्ध लड़कर आया था। सुधीर, मेरे बचपन का साथी सुधीर ! मेरी कविताओं पर झूमने वाला सुधीर !--मेरे साथ साहित्यिक बातें करना फिजूल समझता था क्योंकि उसकी निगाह में मैं कुछ और हो चुका था। और ज्योत्स्ना ? ...वह तो मेरी छाया से भी घबरा जाती थी। उसने मिस्टर वर्मा, एडवोकेट साहब से शादी कर ली। जमींदार का वकील है वर्मा। सुना है, बिहार के दंगे के समय उसने कमाल कर दिखाया है। जमींदार साहब की जीप गाड़ी पर दिन भर में पचासों गाँवों में जाकर पर्चेबाजी और उत्तेजना फैलाता फिरा। कहा जाता है कि जिस गाँव से उसकी गाड़ी विदा होती, उसके बाद ही वहाँ लंकाकांड और दानवी-लीला शुरू हो जाती है...गर्भ चीरकर बच्चे को निकालकर भाले की नोक पर...!!...राशन के लिए 'क्यू' में खड़ी-खड़ी उस औरत को जो बच्चा हो गया था, कलकत्ते के फुटपाथ पर अमेरिकन सैनिकों ने कितने उत्साह से उसकी तस्वीर ली थी ! हमारे भाई लोग भीड़ हटा रहे थे--हट जाओ, साहब फोटो लेते हैं... मनमोहन ने एक बार मेरी तस्वीर उतारी थी। बहुत साफ आयी थी मेरी तस्वीर !

मैं यह सब क्यों सोच रहा हूँ। 'इनफीरियारिटी कॉम्पलेक्स' के इशारे पर तो नहीं चल रहा हूँ।...करवट नहीं ले सकता हूँ। पेट और जाँघ पर पट्टियाँ बंधी हुई हैं। बहुत दर्द है। कमजोरी और प्यास आज बेहद बढ़ गयी है। पेट में सुई गड़ाने की तरह दर्द...! आह ! शायद आज मैं...अब मैं जी नहीं सकूँगा...हाँ, डॉक्टर से कहना भूल गया, कहीं अंत तक भूल ही न जाऊँ, अपने रुपये 'शरणार्थी फंड' में दे जाना चाहता हूँ...

'कैसा है कैप्टेन ?'--नर्स एलिस आकर पूछती है। एंग्लो इंडियन एलिस ! गुडमार्निंग के बदले आजकल 'ज्योहिन' कहती है। मेरे सिर पर हाथ रखा उसने। 'रेक्टम वसेलाइन' लाने गयी। ...नर्सों की तलहथी और उँगलियाँ इतनी ठंडी क्यों होती हैं ? मेरा तो अब तक का यही अनुभव है। शायद, बराबर हाथ धोती रहती हैं। कश्मीर में भी एंग्लो नर्सें ? यहाँ की खूबसूरत औरतें क्यों नहीं 'नर्सिंग ज्वाइन' करती हैं ? सिर्फ दो-तीन सिस्टर हैं कश्मीरी, बाकी सब एंग्लो। सिस्टर उपाध्याय ही आयी थी उस दिन.... पंडित नेहरू के विजिट के दिन। इन्दिरा गाँधी और सिस्टर उपाध्याय में कितना अंतर ?.... कितने महान् हैं पंडित जी ! मुझे यकीन है कि यदि मेरे पेट और जाँघों पर पट्टियाँ न बंधी होतीं, तो वे मुझे गोद में उठाकर चूम लेते। बातें ही उनकी क्या कम थीं ? --'आजाद हिंदुस्तान की इज्जत तुमने बचायी है, जवाहर ने नहीं। तुम्हारे जैसा 'भाई' पाकर मुझे आज पहली बार

अपने प्रधान-मंत्रीत्व पर गुमान हो रहा है ।...और तुम्हारी जांनिसारी के किस्से सुनकर तो मैं जवान हुआ जा रहा हूँ...मैं दामन पसारकर तुम्हारी बड़ी उम्र के लिए दुआ माँग रहा हूँ...'

...मेरी आँखों में आँसू आ गये थे। उनकी भर्रायी हुई आवाज..दूसरे थे पटवर्धन साहब। नाम सुना था, देखा नहीं था...कोहिमा कैंप में चर्चा होती थी बराबर...चुपचाप...जयप्रकाश जी की, अरुणा जी की, पटवर्धन और लोहिया जी की...बहुत सुंदर मुस्कुराते हैं पटवर्धन जी...पण्डित जी को जब कहा गया कि मैं बिहार का हूँ तो दोनों ही उछल पड़े थे। पंडित जी भी और पटवर्धन जी भी। 'बिहार' सुनते ही पटवर्धन जी के मन में तुरंत जयप्रकाश जी की तस्वीर आयी होगी। और पंडित जी की आंखों के सामने 1934 के भूकंप पीड़ित इलाके...हाल के दंगे के नजारे नाच गये होंगे, शायद...

...उफ, नेहरू सरकार को फेल करने के लिए कितनी नापाक कोशिशें हो रही हैं । क्या उन्हें रात में नींद आती होगी ? यदि इस बार बच गया मैं...तो...नहीं, मंसूबे नहीं बाँधना चाहिए। लेकिन मैं कहता हूँ कि सारी प्रतिक्रियावादी ताकतों को कुचल डालने से ही सोने का हिन्दुस्तान बनकर तैयार हो सकेगा। मुट्ठी भर कुचक्रियों को प्रश्रय देना, 'फासिज्म' के लिए रास्ता सहल कर देना है। कुछ नहीं...कोर्ट मार्शल...फायर ...फायर...फायर...

...मैं जोर से तो नहीं बोल उठा ? नहीं, ठीक है, जोरों की प्यास लगी है । बड़ी बेचैनी ! दिलबहादुर मुँह से, मार्चिंग सौंग के तर्ज पर, सीटी बजा रहा है...यह क्या, ज्यादा देर तक किसी चीज़ को देख नहीं सकता हूँ। आँखें झिलमिलाने लगी हैं। सामने काले, नीले...तरह-तरह के धब्बे मालूम पड़ते हैं। कमजोरी है। डॉक्टर कह रहा था कि मुझे ताज़ा खून, नया लहू दिया जायेगा । मेरी जान बचाने के लिए जो लहू देगा, उसे न तो मैंने देखा है और न उसने मुझे। लहू मेरे लिए तो नहीं, एक ऐसे सैनिक के लिए जो राष्ट्रीय सरकार की इज्ज़त के लिए लड़कर घायल है।...ऐसा लग रहा है कि...मानो स्पष्ट देख रहा हूँ...कुछ कॉलेज के लड़के आये हुए हैं, 'ब्लड बैंक' में अपना खून देने। स्वस्थ तगड़े नौजवान। दिल से भी स्वस्थ। लड़कियाँ भी हैं। लड़कों के चेहरे अपरिचित नहीं मालूम होते और लड़कियाँ भी सब जानी-पहचानी-सी लगती हैं। ज्योत्स्ना भी। हाँ, वह बैठी। डॉक्टर ने स्पिरिट लगाकर, चमड़े को 'स्टरलाइज' किया। स्पिरिट में भिगोई हुई रुई से सिरिंज की सुई साफ करता है। मुस्कुराकर ज्योत्स्ना से कुछ पूछता है। सुई गड़ा रहा है। अपने को निडर दिखलाने के लिए वह मुस्कुराती हुई सीधे सुई की ओर देखती रहती है।...अरे ! ज्योत्स्ना का चेहरा बदल गया । कोई दूसरी लड़की है। सूई चुभोई गयी। चेहरे पर ज़रा-सी सिकन...फिर मुस्कुराहट...सिरिंज में खून आ रहा है, धीरे-धीरे... । लाल-लाल...ताज़ा खून...लाली क्रमशः काली हो रही है।...मेरे नसों में खून दौड़ रहा है। लाल लहू...लाल रक्तकणिका और श्वेतरक्तकणिका में लडाई हो रही

है...लाल ज़िंदगी...सुफेद मौत...कफन-सी सुफेद...सुफेद कणिकाओं पर लाल की विजय...बायोलोजी लैबोरेटरी में काँच के नलों में लड़ाई...अरे ! वह लड़की बेहोश होकर गिर पड़ी ! बेहोश होकर...

याद आती है उस नागा लड़की की। सारे डिगबोई में श्मशान की-सी शाँति। आसमान में टोह लगाने वाले जहाजों की धीमी भनभनाहट। शहर के आम 'रोड' से हमारी टोली गुजर रही । बूटों की छंदमय आवाज...लेफ्ट-राइट-लेफ्ट ! एक मोड़ पर कुछ नागा लड़कियाँ सैनिकों पर फूल बरसाने के लिए मुस्कुराती हुई खड़ीं । अपनी भाषा में न जाने क्या चिल्लाकर सब फूल फेंके।...मेरा जी किया था कि एक फूल उठा लूँ । 'ल्यप...ठाँ।'...बाईं ओर मुड़ते हुए मैंने देखा कि वह लड़की जो सबसे बड़ी थी और निडर होकर मुस्कुरा रही थी...गिर पड़ी। बेहोश होकर।

'कैप्टेन, कैसा है ?'--एलिस आयी । यह क्या ? बोल नहीं सकता हूँ। आवाज़ नहीं निकल रही है। होश में हूँ तो ?...हाँ तो। लेकिन बोल नहीं सकता हूँ क्यों ? इशारे से अपनी लाचारी दिखलाता हूँ। खुट खुट खुट... । एलिस चली गयी। चलती जा रही है। वह रहती है तो अच्छा लगता है। मुझे डर मालूम हो रहा है क्या ? नहीं, डर काहे का ? मरने का ? हमारा भाई प्रधानमंत्री, जिसे न दिन में चैन है न रात में नींद !...उनका गंभीर चेहरा।...नाक के बगल से निकलकर जो रेखा ठुड्ढी तक चली गयी है, वह क्रमशः गहरी होती जा रही है। मेरे लिए दुआ माँग रहा है। दुआ ? भीख ? ...नहीं, उन्हें भीख नहीं माँगने दूँगा। उस दिन उनसे बात करने के समय मैं मुस्कुराया नहीं, इसीलिए वे आज दुआ मांग रहे हैं। दामन पसारकर भीख माँगते हुए नेहरू की कल्पना...कितनी बुरी ?...बिगुल फूँकते हुए नेहरू...धू...तू...धूतू...तैयार ! हजारों- हजार जवानों की टोलियाँ कूच को तैयार ! मार्च... । नेहरू मुस्कुराता... । किसी ने छिपकर उनकी पीठ में छुरा भोंक दिया। वे गिरे...वे गिरे...खून से लथपथ, छटपटा रहे हैं...छिः क्या सब सोच रहा हूँ। कुवत लाऊँ अपने अंदर...लेकिन नेहरू की लाश तड़प रही है...हजारों जवानों की लाशें तड़प रही हैं...गाँव जल रहे हैं, औरतें चीख रही हैं, बच्चे जलाये जा रहे हैं...गर्भ चीरकर निकाले हुए बच्चे...कोटि-कोटि गरीबों की दुनिया जल रही है...काली फौज बढ़ रही है... । हम सब घाटियों में छिप रहे हैं... । वह रहा रामपत ठनठनियाँ...मिस्टर वर्मा... । ठनठनियाँ नहीं...मुसोलिनी... । मिस्टर वर्मा...उसकी सूरत हिटलर जैसी हो रही है...काली वर्दी... । सब साथ हैं...निशाना साधता हूँ...हिटलर गायब हो जाता है...शराफत हुस्सैन पठान...निशाना साधता हूँ...पठान गायब... हिंदूप्राण...पठान...छोटे-से हिरण के बच्चे को भेड़िये ने पकड़ा...छौना छटपटा रहा

है...निशाना साधता हूँ, भेड़िया मुझे अपने जबड़ों से दबोच लेता है...तेज़ दाँत...दर्द...दर्द...

डॉक्टर है। बड़े डॉक्टर, छोटे डॉक्टर, भीड़। मैं शायद बेहोश हो गया था। खून दे रहे हैं। दिलबहादुर अपने बेड पर बैठा मुझे आश्चर्य से घूर रहा है। मुझे क्या हो गया ? ...खून दे रहे हैं डॉक्टर...डॉक्टर के गले में स्टेथस्कोप की नली धीरे-धीरे मोटी होती जाती है...अजगर...भागो एलिस...एलिस की आँखें पीली पुतलियाँ...मेरी पलकें भारी हो रही हैं...मोहे नींदा सतावे...। 'विक्टरी डे' के दिन लल्लन बाई नाच रही थी...मोहे नींदा सतावे...कोहिमा कैम्प में चर्चिल का भाषण सुनते समय मैं ऊँघ रहा था...जवाब-तलब...प्रधानमंत्री की आवाज़ की बेइज़्ज़ती...जुर्म...देह में आग लग गयी...गर्मी...गर्मी...डॉक्टर...डॉक्टर...झुर्रीदार चेहरा...माँ की तरह...माँ जब हँसती थी, चेहरे पर झुर्रियों की जाली खिल पड़ती थी...माँ, माँ...

...ठीक हो जायेगा, कमजोरी है--डॉक्टर कह रहा है शायद। मेरी नसों में गर्म-गर्म खून दौड़ रहा है। मैं जी पड़ूँगा। ठीक हो जाऊंगा। ज्योत्स्ना...? नहीं, एलिस ! एलिस की आँखें...पीली पुतली, गोल...पलकें भारी हो रही हैं...लल्लन बाई...हरी...साड़ी...मुस्कुराती है...लाल होंठ...एलिस...सुफेद एप्रेन...सुफेद...लाल ...हरा...तिरंगा...गोल पुतलीं...तिरंगा...15 अगस्त...दिल्ली...बैंड...परेड...झंडा... सलामी...पंडितजी...चेहरे पर रेखा गंभीर...गहरी...।

1948

कथा-रिपोर्ताज

बिदापत नाच
हड्डियों का पुल
नये सवेरे की आशा
युद्ध की डायरी

फणीश्वरनाथ रेणु का पहला रिपोर्ताज

बिदापत-नाच

नृत्य-कला के आचार्य श्री उदय शकंर जी से प्रार्थना करूँगा कि वे इसे मेरी अनाधिकार चेष्टा कदापि नहीं समझें। मेरा तो अनुमान है कि उन्होंने इस 'नाच' का नाम भी नहीं सुना होगा।

ओरियण्टल और क्लासिकल नृत्य में दिलचस्पी रखनेवाले पाठक-पाठिकाओं का समय व्यर्थ ही बर्बाद न हो, इसलिए मैं पहले ही अर्ज कर देता हूँ -- यह महज 'बिदापत नाच' है।

इस नाच की उत्पत्ति दरभंगा जिले में हुई, ऐसा अनुमान किया जाता है। पता नहीं, अपनी जन्मभूमि में इसकी क्या अवस्था है, किन्तु उत्तरी बिहार के कुछ जिलों तथा भागलपुर, पूर्णिया आदि के गाँवों में आज भी इसकी 'कद्र' है। यह निम्न स्तर के लोगों की ही चीज रह गयी है। तथाकथित भद्र समाज के लोग इस नाच को देखने में अपनी हेठी समझते हैं, लेकिन मुसहर, धाँगड़, दुसाध के यहाँ -- विवाह, मूंडन तथा अन्य अवसरों पर इसकी धूम मची रहती है।

जब से मैं अपने को भद्र और शिक्षित समझने लगा, तब से इस नाच से दूर रहने की चेष्टा करने लगा, किन्तु थोड़े दिनों के बाद ही मुझे अपनी गलती मालूम हुई और मैं इसके पीछे 'फिदा' रहने लगा। दुख है कि मुझे असफलता ही हाथ लगी। नाच के समय ज्यों ही मैं पहुँच जाता, नाचने वाले के पाँव शिथिल पड़ जाते, मृदंग की आवाज धीमी पड़ जाती और नाच बन्द होने-होने को हो जाता। दर्शकों में कानाफूसी होने लगती, मैं अपना-सा मुँह लेकर वापस हो आता। मेलों में प्रायः अपने दिल की साध पूरी कर लेता हूँ, पर थोड़ी देर के लिए ही । ज्यों ही दर्शकों की निगाहें मुझ पर केंद्रित हुईं कि सब 'गुड़ गोबर' !

हाँ, तो- 'बिदापत नाच' में साधारणतः सात-आठ कलाकार रहते हैं। दो ही वाद्य-यंत्र -- मृदंग और मजीरा। एक या दो नाचने वाले, एक बिकटा (विदुषक) और दो तीन सहायक गवैये। लाल सालू की घाँघरी और पीतल-कांसे के गहनों को साज के

लिये पर्याप्त समझा जाता है। घुँघरू अथवा पैजनी की कोई आवश्यकता नहीं। चेहरे पर कालिख पोत कर, घुटने तक तंग पतलून और हाथ में एक 'थुथनीदार' छड़ी लेकर कोई भी 'बिकटा' बन जा सकता है। काने, कुब्जे अथवा अंग-भंग व्यक्तियों को तो सफल बिकटे की सर्टिफिकेट मिली ही रहती है। इस नाच की सफलता एक सफल 'बिकटे' पर ही निर्भर करती है। नर्तकों में, वयस्क नर्तक को ही पार्टी वाले तरजीह देते हैं।

आइये, आज आप भी मेरे साथ थोड़ी देर के लिये भद्रता का चोगा उतार फेंकिये। वहाँ मुसहर टोली में जो भीड़ जमा है, वहीं आज 'बिदापत नाच' होने जा रहा है। कोल, मुसहर और धाँगड़ की सारी बस्ती उमड़ आयी है। युवक-युवतियाँ, बूढ़े, बच्चे -सभी नाच शुरू होने की प्रतीक्षा कर रहे हैं।

'धृंग-धा, धृगं-धा तिन्ना'-मृदंग बजकर चुप हो गया।

'कुन कुन कुन कुन...' मंजीर ने एक स्वर में साथ दिया।

'गननायकं फलदायकं पंडितम् पतितम्...'

आप हँस पड़े। यदि नाच देखना हो तो चुपचाप देखते-सुनते जाइये। हँसिये-बोलिये मत।...जी हाँ, यह मंगलाचरण था। शुद्ध संस्कृत ?

'धृंगा धृंगा धृंगा धृंगा' मृदंग बोलने लगा।

'किनकां किनकां किनकां किनकां'--मंजीर ने साथ दिया। नर्तक ने समाजिये के चारों ओर भाँवरी (चक्कर) देना शुरू किया। 'बिकटा' भी उसके पीछे-पीछे चक्कर लगा रहा है और मृदंग के प्रत्येक 'धृंगा' पर मुँह विकृत कर जोर-जोर से **'ओय्-ओय्-ओय्'** करता है।

'धिरिनांगि-धिरिनांगि-धिरिनांगि'-- मृदंग ने ताल बदला।

'किनकां-किनकां...'

अब नर्तक एक ही स्थान पर जम कर झूमने लगा। गन्दी घावरी फूल की तरह खिल गयी और उससे गुमी हुई दुर्गन्ध निकल कर चारों ओर फैलने लगी। 'बिकटा' भी नर्तक का अनुकरण कर रहा है, पर बेचारे का तंग पतलून खिले तो कैसे। इसलिए वह अपने दोनों हाथों को दोनों ओर फैलाकर नाच रहा है।

'धिरिनांगि तनता, तिटक-तिटक धा, तिटकल गदगिन धा'।

ताल समाप्त। ताल के साथ ही नाचना शेष हुआ और नर्तक घूँघट काढ़ कर दर्शकों की मण्डली में छिप कर बैठ रहा। इधर बिकटा उसे खोज रहा है, यहाँ तक कि समाजियों की आँखो की तलाशी भी करने लगता है।

'धृंगा-धृंगा' -

'धिन-तिनक तिनक, धिन-तिनक-तिनक'-- मृदंग बोला।

'हे...' समाजियों ने सुर में सुर मिलाया—

'हे लेल परबेश परम सुकुमारि
हंस गमन वृषभान दुलारि...'

दर्शकों के बीच से 'नर्तक' उठकर घूँघट काढ़कर धीरे-धीरे हंस की चाल में नाचते हुए प्रकट हो रहा है। 'बिकटा' हर्ष से ताल पर 'ओय् ओय् ओय्, करने लग जाता है।

'धिन तिनक् तिनक् धिन तिनक् तिनक्'

'हे ! तन मन बदन पपन सहजोर हे

दामिनी ऊपर उगलन्हि चाना...'

नर्तक घूंघट हटा लेता है, चन्द्रमुख (घुटी हुई दाढ़ी-मूँछ वाली बेडौल सूरत) देखकर 'बिकटा' के साथ ही साथ दर्शक भी निहाल हो जाते हैं।

'हे अबसर ललिता नयन नहीं हेरे...'

नर्तक की निगाह एकदम नीची है, लज्जावती लता-सी वह सिकुड़ी हुई नाच रही है अथवा नाच रहा है। 'बिकटा' उसे अपनी ओर आकृष्ट करने के लिये पूरी कोशिश कर रहा है।

'हे बिहँसि उठलि पिऊ देखि सुहागिनि

लाज बदन लेल फेरि...'

नर्तक विहँस कर मुँह फेर लेता है। विहँसने के समय दन्त पंक्ति (सुर्ती-सेवन से जो काली पड़ गयी है) चमक उठती है।...कृपया आप शान्त हो जाइये। जी, जी हाँ, विद्यापति की पदावली हो सकती है, पर यह है'बिदापत नाच' । ...न्यू थियेटर्स, विद्यापति, कानन बाला, पहाड़ी सान्याल की बकवास बन्द कीजिए। आखिर अलापने ही लगे 'मोरे अंगना में आये आली, मैं चाल चलूँ मतवाली'- आपको कितना समझाऊँ कि यह बिदापत-नाच है और वह नर्तक है टहलू पासवान, उसका बाप पक्का डकैत था। बाप को काले पानी की सजा हो गयी, माँ किसी और के साथ चली गयी और यह बचपन से ही नाचने लगा। अपने जवानी के दिनों में इसने धूम मचा दी थी-धूम। हावभाव पर रीझकर तो 'परबतिया' अपनी बसी-बसायी गृहस्थी छोड़कर इसके साथ रातों रात भाग आयी थी । हाँ तो टहलू पासवान यह गा सकता है कि

'अँगना आएत जब रसिया

पलटि चलब हम इषत् हँसिया

कान्ह जतन बहु करयिन्ह'

लेकिन-'मोरे अंगना में आये आली' यह बेचारा क्या जाने ?

धृन्ना धृंगा, तिन्ना -तिन्ना'-- मृदंग ने अब दूसरी ताल पकड़ी।

'किन्ना-किन्ना...'मंजीर ने भी बोल बदला।

'सखि हे...

सखि हे, कि पूछसि अनुभव मोहे

अवधि हम रूप निहारलौं,

तबहु न तिरपित भेल।'

'अरे ? चुप ! चुप !!'-विकटा गुस्से में आकर समाजियों को 'चुप' करा रहा है। एक समाजी उधर जल्दी-जल्दी अंगौछे का कोड़ा बना रहा है।

'तड़ाक्-तड़ाक्'--बिकटा महोदय की पीठ पर होने लगी। दर्शकों की मण्डली मचल पड़ी। अपभ्रंश मैथिली में 'बिकटा' कह रहा है कि मुझे पीट कर बेकार समय बर्बाद किया जा रहा है। जमींदार के जूते खाते-खाते मेरी पीठ की चमड़ी मोटी हो गयी है। उसने महज इसलिए लोगों को चुप किया था कि 'वह जन्म भर किसका रूप निहारती रही ?'

उसे जब यह समझा दिया गया कि उसी का, तो वह खुश होकर अपने पाकेट से एक छोटा आईना निकाल कर सगर्व अपनी सूरत को देखने लगता है।

गीत समाप्त हुआ, अब बिकटा महोदय की बारी है।

'हे नैक जी (नायक जी)।'

'हूँ।'

'आब हमरो सूनूं।' (अब मेरी भी सुनिए)

'बाप रे !...
बाप रे कोन दुर्गति नहिं भेल !
सात साल हम सूद चुकाओल,
तबहूं उरिन नहिं भेलौं।
कोल्हुक बरद सन खटलौं रात-दिन,
करज बाढ़त हि गेल।
थारी बेंच पटवारी के देलियेंन्ह,
लटा बेच चौकीदारी।
बकरी बेंच सिपाही के देलियेन्ह,
'फटक नाथ गिरधारी।'

[बाप रे, मेरी कौन दुर्गति नहीं हुई। सात वर्षों तक मैं सूद चुकाता रहा, तब भी ऋण से मुक्त नहीं हुआ। कोल्हू के बैल की तरह रात-दिन मेहनत की, पर कर्ज बढ़ता ही गया। थाली बेचकर पटवारी को दिया और लोटा बेचकर चौकीदारी में दे दिया। एक बकरी थी, जिसे बेचकर रूपये सिपाही को दे दिया और अब 'फटकनाथ गिरिधारी' यानी पूरी तरह कंगाल हुआ फिर रहा हूँ।
--संपादक]

कुछ समझा आपने ? नहीं ? रह गये आप भी पूरे 'फटकनाथ गिरिधारी'। जरा इधर देखिए, उन दर्शकों को। उन लोगों ने क्या समझा जो हँसते-हँसतें लोट-पोट हो रहे हैं !

'धृंगा, धृंगा, धिधिन्ना तिन्ना...'

'सखि हे !
इ माह भादर, भरल बादर,
शून्य मन्दिर मोर।...'

'सुन्दर ! सुन्दर !! वास्तव में विद्यापति मैथिल कोकिल...'

आप फिर बहकने लगे, देखता हूँ आप 'बिकटा' से कुछ कम नहीं हैं।

बिकटा भी प्रत्येक गीत पर अपनी कुछ न कुछ सुनाता ही है, चाहे उसे लाख मना किया जाये, और आप भी ! यह लीजिए 'बिकटा' महोदय टपक ही पड़े-

'इ माह भादर, बरिसे बादर,
चुअत छप्पर मोर।'

'हहा-हहा...!!' दर्शकों की मण्डली हँसते-हँसते लोट-पोट हो गयी। हाँ, एक बात तो कहना ही भूल गया कि 'बिकटा' अपने को कृष्ण भी समझता है, परदेशी साजन भी समझता है, लेकिन इसके साथ ही वह यह नहीं भूल जाता कि वह कलरू मुसहर है, हलहलिया का रहने वाला है और मनुष्य रहते हुए भी है सिर्फ कोल्हू का बैल।

इसलिए जब नर्तक उसके गले में बहियाँ डालकर घूँघट काढ़कर मान-अभिमान का भाव जताकर कहता है कि - 'माधव तजि के चललों विदेश !' तो वह भूल जाता है कि वह 'कृष्ण' है और वह गोकुल से मथुरा जा रहा है। उसके समक्ष जीवन की विषमता मूर्त होकर नाच उठती है और वह समझाता है-'नहीं बरसल अदरा (आर्द्रा नक्षत्र) नहीं अशरेस, चारों दिस देखैछि बुढ़िया के केश (यानी चारों ओर कास ही कास दिखाई पड़ते हैं) माछ काछू सब गेल पताल, अब कि पड़त सखि महा अकाल, दिन भर खटि के एक सेर धान, एकरा से कैसे बचत परान, छोड़-छोड़ सजनि जाइछि विदेश...आदि।' फिर दूसरे ही क्षण जब नर्तक गाने लगता है कि-

'गोद लय बलमा के चललि बजार
हटिया के लोग पूछे, के लागे तोहार।
सासू जी के लड़िका, ननद के जेठ भाय,
पूर्व के लिखल स्वामी छिकू हे हमार।'

और तब 'बिकटा' एक भोले-भाले शिशु की तरह तेल की जलेबी, बताशा अथवा खिलौना के लिए मचलने लगता है।

अभी-अभी नर्तक ने गाया है-

'राति जखन भिनसरवा रे,
पहूँ (स्वामी) आयल हमार।
कर कौशल कर कंपइत रे हरवा उर डार
कर पंकज उर थपयित रे मुखचन्द्र निहार।'

'बिकटा' ने बीच में ही रोककर एक समाजी से इसकी भाषा-टीका करने को कहा है। समाजी भी खुलकर टीका कर रहा है। वह कैसे सोई थी (नायिका पुआल पर सोयी हुई थी, अपनी झोपड़ी में, अकेली !) कैसे वह (बिकटा) आया था... ।

अब जरा इन दर्शकों के बीच में चलिये। काली-काली, गठीली- तगड़ी युवतियाँ मुस्कुरा-मुस्कुरा कर हँसी को जब्त करना चाहती हैं। एक दूसरे को केहुनी से

खोंच-खोंचकर जाने क्या कानाफूसी करती हैं। अधेड़ औरतें 'लाज-सरम' की दुहाई दे कर, कृत्रिम क्रोध प्रकट कर उनकी हरकतों को रोकना चाहती हैं, किन्तु दबी हुई हँसी, गुदगुदाया हुआ दिल भला कब मानता है। इधर नर्तक अलाप उठता है --

'चलू मन, चलू मन...ससुरालि
जइबै हो रामा,
कि आहो रामा, नैहरा में
अगिया लगाइब रे कि...'

युवतियाँ चंचल हो उठती हैं, नौजवानों के नसों में बिजली दौड़ जाती है और अधेड़ों की आँखों में 'गयी हुई जवानी' लौट आती है। एक अजीब वातावरण की सृष्टि हो जाती है। नाच भी अब शेष होने को है।

'चलू मन, चलू मन...
धिन धिनक धिनक, धिनँ धिनक धिनक...
कि आहो रामा, नैहरा में अगिया लगायब रे कि...!
डिम डिमिक डिमिक, डिम डिमिक डिमिक...'

अरे ! यह क्या ? ओहो...चेथरू गुसांई जी हैं। गुसांई जी कबीर जी के भक्त हैं। इसी गाँव के रहने वाले हैं। दस-पन्द्रह वर्ष पहले की बात है- जमींदार साहब ने एक झूठी गवाही देने के लिए कहा, उन्होंने अस्वीकार कर दिया और जमींदार साहब ने क्रोधित होकर इनको 'गृहहीन' कर दिया। तभी से आप 'स -स्त्रीक बैरागी' हो गये हैं। खँजड़ी, झोली और चिमटा, जटा और लम्बी दाढ़ी...

लीजिए, गुसांई जी तो खँजड़ी बजा-बजाकर इन्हीं लोगों के साथ नाचने लगे-

'डिम डिमिक डिमिक, डिम डिमिक डिमिक
आहो रामा, नैहरा में अगिया...'

बात यह है कि चेथरू गुसांई जी इस गीत को सम्पूर्ण 'निरगुन' मानते है। अहा ! उनकी धँसी हुई आँखों में सचमुच आँसू की बूंदें चमक रही हैं।

नाच समाप्त। अब चलिये...कला-वला का बात रखिये।

दुखी-दीन, अभावग्रस्तों ने घड़ी भर हँस-गाकर जी बहला लिया, अपनी जिन्दगी पर भी दो चार व्यंग्य बाण चला दिया, जी हल्का हो गया । अर्धमृत वासनायें थोड़ी देर के लिये जगीं, अतृप्त जिन्दगी के कुछ क्षण सुख से बीते। मिहनत की कमाई मुट्ठी भर अन्न के साथ -साथ आज उन्हें थोड़ा सा 'मोहक प्यार' भी मिलेगा, इसमें संदेह नहीं।...आप खोज रहे हैं। आर्ट, टेकनीक और न जाने क्या-क्या, और मैं आपसे चलते-चलाते फिर भी अर्ज करता हूँ कि यह महज बिदापत-नाच था।

1945

हड्डियों का पुल

...पुल ! हवड़ा का पुल !

सूखे कास की झाड़ियों, नरकट, झौआ-झलासों के जंगलों और झरबेर के वनों में रहने वाले जंगली प्राणियों ने भी 'हवड़ा के पुल' का नाम सुना है।...पुल ! अरे बाप ! हवड़ा का पुल बिना खंभा का है। हजार आदमी का 'बलदान' देने पर भी गंगा मैया राजी नहीं हुई ? गंगा मैया अपनी छाती पर भला 'कील' पड़ने दे ?...तब सरकार बहादुर गंगा मैया के ऊपर बिना खंभा का पुल बनाया... रेल ले गया। हवड़ा का पुल !...

...पुल, आदमी का बलिदान, लकड़सूंघे निकलते हैं; झोली में मिठाई रखते हैं; बच्चों को फुसलाते हैं और झोली में बन्द कर भाग जाते हैं।...

टहलू मुसहर की पुतोहू कुरसाहा से आयी है। नयी दुलहन ! कहती है कि कुरसाहा के पुल में आदमी का 'बलदान' देते हुए खुद उसके बाप ने देखा था। उसके अपने फुफेरे भाई को भी लकड़सूंघे ने पकड़ा था। 'भाग' अच्छा था, देह में घाव था, इसलिए 'बलदान' नहीं पड़ा।..

टहलू मुसहर की पुतोहू 'शहरू' है; चमकीले पीतल का कनफूल पहनती है; कनफूल हमेशा थर-थर काँपता रहता है। हँसती है तो हिलता, बोलती है तो डुलता है। कितना अच्छा...ठीक 'डागदरनी माई' की तरह...! कुरसाहा 'टीशन' के एकदम नजदीक, कुरसाहा बाजार के पास ही उसके बाप का घर है। वह भला झूठ बोलेगी ?

गाँव में 'गुलाबछड़ी' मिठाईवाला घंटी बजा-बजा कर गाता--

"गुलाबछड़ी कड़-कड़ बोले,
लड़िकन सबके मनवाँ डोले
माय-कबाप से पैसा लावे...
...कलकत्ते की काली मैया
हबड़ा जी का पुल..."

"क्या कहता है ? पुल ?... मिठाई... काली मैया... लकड़सुंघा... कलड़सुंघा है रे ! भाग रे !" -- छोटे-छोटे, मिट्टी में सने हुए, नंगे और काले मुसहर के बच्चे भाग कर अपनी-अपनी खोपड़ी (झोपड़ी से भी छोटी) में छिप जाते। हावड़ा जी का पुल ! ... कुरसाहा का पुल !!

टहलू मुसहर की पुतोहू 'भगिया'! पन्द्रह साल की लड़की कुछ ही महीने में गाँव में सबसे समझदार 'झोटा' (औरत) समझी जाने लगी है। ऐसा कि बिकन ओझा (झाड़-फूंक करने वाला) भी उसके सामने कुछ नहीं। फुलिया के बच्चे को नजर लग गयी थी, पेट फूल कर भाथी ! रात भर बिकन ओझा 'चक्कर' (चक्र) पूज कर झाड़ते रहे, कुछ फायदा नहीं। सुबह को भगिया ने जाकर कहा--'बोतल में गरम पानी करके पेट पर दो। ठीक हो जायेगा।'... बस तुरत ठीक। बच्चा हँसने लगा। वह कहती है--'छत्तीस बाबू डागडर के यहाँ बचपन से ही उनके 'आँगन' का काम (चौका बरतन) किया है।'...

'सचमुच ! भगिया ने जैसा कहा था वैसा ही... ।'

पुल से दो मील उत्तर एक 'चौर' में 'करमी' और 'सारुख' खोजने वाले भूखों की जमात ने आँखों पर उँगलियों का 'शेड' डालकर देखा--

'ठीक वैसा ही ! विशाल ! लाल ! काली माई की जीभ की तरह लाल !'...

सामने कोशी के गंदले पानी की सुफेदी... पृष्ठभूमि में सुफेदी... सुफेद चादर पर पुल स्पष्ट और भयंकर मालूम होता है।

'गड़... गड़... गड़म... गड़... गड़... गड़म...'

'पुल पर गाड़ी... मालगाड़ी !!'

सामने कोशी के गंदले पानी की सुफेदी। सुफेद चादर पर पुल स्पष्ट मालूम होता है।... मालगाड़ी अजगर की तरह सरकती हुई पुल पार कर जाती है।

"रेलगाड़ी ! साला रेल नहीं होता तो अपने मुलुक का चावल, धान, मकई दूसरा मुलुक जाता !" कच्चा 'सारुख' चबाते हुए नौजवान गोरखू मुसहर चेहरे पर कसैलेपन का भाव लाते हुए कहता है--'साला'... !"

बाकी लोग इसका विरोध करते हैं।

"गाड़ी को गाली देता है ? काली माई है। सरकार बहादुर के 'आगपानी' का खेल है। गाली देता है?"--बूढ़ा तेतर इस तरह डर कर कहता है, मानों अब गाड़ी पुल पर से नीचे उतरकर, गुस्से से धुआँ उगलती हुई इधर ही आ रही है। वह दोनों हाथों को जोड़कर पुल की ओर 'बंदगी' करता है--"जै गाड़ी जी !... जै पुल जी ! जै सरकार बहादुर !!"

रात को गाँव में कोलाहल मचा हुआ है। लोगों को काफी 'करमी' और 'सारुख' मिला है, इसलिए नहीं। बल्कि गाँव के लोगों ने कुरसाहा का पुल देखा है। वे एक ही साथ पुल के बारे में चिल्ला-चिल्लाकर बड़े उत्साह से बयान करते हैं कि किस तरह पुल पर गाड़ी को जाते देखा, बेवकूफ गोरखू की बात पर गाड़ी को गुस्साते देखा और... । सचमुच भगिया कम उम्र की होकर भी गाँव भर में सबसे ज्यादे 'देखी-सुनी' और समझदार औरत है।

दूसरे ही दिन शाम को भगिया की झोपड़ी के सामने गाँव भर के लोग बैठते हैं। औरत, बूढ़े, बच्चे, जवान...और कुत्ते भी।

गाँव का नायक चमरू दुसाध गले में फटा गमछा डाल कर दीन भाव से खड़ा होकर कहता है, भाषण के लहजे में, प्रार्थना के शब्दों में--"बेटी ! तुम सिर्फ टहलू की पुतोहू नहीं, गाँव भर की पुतोहू हो, बेटी हो। बात यह है कि इलाके में अब न अन्न है और न काम।...गाय, बाछा, बैल, बकरी सब बिक गये। जिनके पास अनाज है, वे मजदूरी देकर काम नहीं कराना चाहते।...दो-दो फसलों का नुकसान, छोटे हल-बैल वालों और जमीन वालों की हालत खुद खराब है।...लक्ष्मीपुर बाबू के यहाँ उस टोले के कुछ लोग 'पेट-भात' पर भी काम करने को राजी हुए तो सुना कि पाव भर सड़े हुए चावल पर भी बज्जर ! ...दूसरे-दूसरे टोले के लोग काम की तलाश में, अन्न की खोज में निकल रहे हैं, गाँव खाली कर रहे हैं। हम लोग तीन पुश्त से इस इलाके में बसे हैं, कुछ 'भगैया-परैया' नहीं। गाँव के कुछ लोगों के पास एकाध बीघा 'बटैया' जमीन भी है।...हम क्या करें ?... गाँव छोड़ दें ?...'डीह' छोड़ दें ?

गाँव की औरतें भगिया को घेरे बैठी हैं। भगिया चुप है, क्या जवाब दे ?

टहलू कुछ देर के लिए भूख की पीड़ा भूल जाता है--उसकी पुतोहू !...इतनी 'सगियान'? ...गाँव के नायक हाथ बाँधे खड़े हैं...!!...जरूर बहू में 'भगवती' का अंश है !...

"बोल भगवती, बोल भगवती !"--टहलू पागलों की तरह नाच-नाच कर भगिया से प्रार्थना करता है। टहलू पर अक्सर 'दीना भदरी'...(मुसहरों के देवता) सवार होते हैं। टहलू की बोली में 'दीना भदरी महराज' कहते है "हेय ! हेय ! उयेक ! ...कू...कू...दीना हुकुम दै छौ, बोल भगवती ! रास्ता बता, गाँव वाला के ऊबार... ।"

दो-तीन भक्त उठकर 'धूप-धूप...पानी.!..सिन्दूर'...वगैरह चिल्लाते हैं। 'दीना भदरी'...टहलू की देह से प्रस्थान करते हैं। टहलू की देह थर-थर काँप ही रही है।

...भगिया खखास कर गला साफ करती है। भूखी-प्यासी श्रोता-मण्डली में सन्नाटा छा जाता है--चुप !...कानाफूसी नहीं !...भगिया कहती है-"ब्रिपत पड़ने पर आदमी सब कुछ करता है। 'डीह' धर कर रहने से यदि खाना मिले तो फिर 'डीह' छोड़ने की क्या जरूरत ? जहाँ खाना मिले, मजदूरी मिले, जान बचे..."

सर्व-सम्मति से तय होता है -- कल पौ फटते ही गाँव के मर्द जाति के (बारह वर्ष

तक के लड़के भी) लोग पूरब की ओर काम की तलाश में निकलेंगे। औरतें घर में रहेंगी। सात दिनों के लिए घर में 'करमी' और 'सारुख' है। घटेगा तो एकाध दिन 'पटुआ' साग से भी काम चल जायेगा। दस दिन में अन्न लेकर गाँव लौटना है।...

सामने जहाँ तक निगाहें पहुँचती हैं-पानी... पानी... शून्य... । मटमैली धरती... मटमैला आसमान।...झरबेर... बबूल और दूसरे किस्म के छोटी जाति के दरख्तों के ठूंठ... कहीं-कहीं नजर आते हैं। आसमान के मटमैले रंग में थोड़ी-सी लाली घोल कर सूरज उग आता है। हवा के झोंके में कीचड़ों, जंगलों, फसलों और घों-घों की सड़ांध मिली हुई है। ...अन्न की खोज में--कोखजली धरती के लाल बढ़े जा रहे हैं।...

...बिरौली बाजार ! सेठ कुन्दन मल का भारी गोला। गोदाम है...अन्न नहीं... काम नहीं ?...अन्न है, तुम्हारे पास कोई जेवर है ? ...नहीं। तुम्हारे पास जमीन है ?... नहीं। ...तुम्हारे पास क्या है ?... कुछ नहीं।... सिर्फ देह में... रोज क्रमशः घटती हुई... ताकत ! ...ताकत ? ...हिस्स ! ताकत...!

...भूखों की भीड़ बढ़ रही है। धरती की छाती चीरकर, पाताल से 'अन्न' निकालने वालों को आज अन्न नहीं मिल रहा है। ...ये सहरसा से आ रहें हैं... पुरैनियाँ त ऽ धानक बखार छिकै।...हमरा सब भेलाही से अबै छी... उम्हर कहत पैड़ गेलैक... हमरा सब 'झिटकिया' रहै छी... अरे ! पूर्णियाँ जिला में भी धान नहीं, चावल नहीं ?... हमरा सनिरऽ घर रहे जिला में छहौं... एहै रुपौली थानार ऽ जरलाही मौजा में रहैछी।... हँ,... जरलाही र ऽ 'जालिम सिंह' नाच नामी छै... उहै जरलाही ! ...कोढा... भगवान... गंगदुआर...!!

"आ रही है..." सेठ कुन्दन मल की थुलथुल देह का रोम-रोम पुलकित हो रहा है-"आ रही है, लक्ष्मी आ रही है।... चाँदी के सिक्के सोने के हो जायेंगे... कागज के नोट... सोने की चदरें... सोने की सिल्ली... सोना... एक बोरो चावल नहीं, मोती के दानों है दानो।"

भीड़ रास्ता पकड़ती है। निराशा की सर्द आहों और उम्मीद की गर्म साँसों पर झूलता हुआ इन्सान आगे बढ़ता है। भूख इनका नेतृत्व कर रही... भूख, मौत का नेतृत्व ?...

किसुनपुर कोठी !... पूर्णियाँ के सबसे बड़ें काश्तकार... बिहार के सबसे बड़े काश्तकार... किसुनपुर के गम्भीरबाबू की हवेली यही है।... सुफेद मकान... राजदरबार... अनाज के बखारों की कतार... लक्ष्मी यहीं बिराजती है... अन्न मिलेगा... क्या ?...?... अन्न नहीं... काम नहीं... जिनके पास पचास से भी ज्यादे कामत हों और हरेक कामत पर औसतन बीस हजार मन से भी ज्यादे धान होता हो... वहाँ अन्न नहीं ?... जिले के विशाल भू-भाग पर जिनके पुराने 'हल' से लेकर 'ट्रैक्टर' तक चलते हों... वहाँ अन्न नहीं ?... तो

आगे बढ़ना बेकार है।...

'चलो वापस !'

कुछ लोग वापस होते हैं। कुछ लोग सोच में पड़े हैं, मन को तौल रहे हैं। कुछ तय कर लेते हैं--वापस लौट कर क्या करना है ?... यहाँ भी मौत... वहाँ भी।

मरना भलो विदेश में
जहाँ न अपना कोय
काया खाये कूकरा...

वे और आगे बढ़ते हैं।

घर वापस लौटने वालों में ज्यादातर पूर्णियाँ जिला के ही लोग हैं। रहिकपुर, दियारी, बभनगामा, गंगदुआर... । घर नजदीक है... मोह ताजा है। मिट्‌टी का मोह... बीवी की मुस्कुराहट और बच्चों की तोतली बोलियाँ उन्हें वापस लौटने को मजबूर करती हैं। ...कौन गाँव है ? गद्‌दीपुर ? ...गद्‌दीपुर का कोशीमेला...गद्‌दीपुर के शोभितबाबू।...कांगरेसी...नहीं...आजकल...'सुशलिट' में हैं...गरीब का पाटी में... । याद है ? लाल रंग के घोड़े पर सवार होकर गाँव-गाँव में घूमकर जब शोभित बाबू फौज जमा कर रहे थे ?...चलो थाना पर चढ़ाई है, 'सुराज' जीतना है।...धायँ-धायँ गोली चली थी... मगर शोभित बाबू का पलटन जरा भी पीछे हटा?...हटेगा कैसे...शोभित बाबू ललकार जो रहे थे...'बढ़ो बहादुर डर काहे का, चाहे जान रहे कि जाय'...आल्हा-उदल का जोश...बस...साफ...राख...दरोगा और दो सिपाही को जिन्दा ही जला दिया...उसके बाद मिलेटरी ने अपने गाँव में ही क्या कम उत्पात किया था...रघुनी की जवान बेटी को दिन दहाड़े सड़क पर...लोघन की पुतोहू के पेट में 'किरिच' भोंक दिया था...अकलू हजरा जेल में ही मर गया।...

...मगर शोभित बाबू सुराज जीत कर ही लौटे... ।

"चलो-शोभित बाबू के यहाँ।"

"सुराज जीतने वाला अन्न का भी उपाय जरूर करेगा।"

'चलो'

काला-कलूटा, अधेड़ आदमी-जिसकी आँखें अन्दर में घुसी हुई धुड़कीली मालूम होती हैं-दूध की तरह सुफेद खादी की धोती घुटने तक पहले खड़ा है।...शोभित बाबू !...ध्यान से सुनते हैं। भीड़ को देखते हैं और गंभीर होकर पूछते हैं-"तो आप लोगों ने क्या तय किया है ?"

"कुछ नहीं ! हमे अन्न चाहिए, काम चाहिए... ।"

"हम चाहते हैं"--मधुवन का एक नौजवान महुआ आगे बढ़कर कहता है--"गाड़ी से हम लोगों के मुलुक का अन्न बाहर गया है। यह गाड़ी ही सारे फसाद की जड़ है,

इसलिए..."

"इसलिए क्या ? रुक क्यों गये ? मेघ की तरह गम्भीर आवाज में शोभित बाबू पूछते हैं। आँखें और भी घुड़कीली हो जाती हैं, काले मुखमण्डल पर भी लाली दिखाई पड़ती है--"बोलो ! इसलिए क्या करोगे ? क्या करना चाहते हो ?"

"हम चाहते हैं"--नौजवान हकला कर जवाब देता है --"हुक्म हो तो हम कुरसाहा के पुल को तोड़ दें..."

'गड़ गड़ गड़... गड़म... गड़म !!'

'बज्रपात !'

"यह तुमसे किसने कहा ? बोलो । यह किसने बताया ?"

"नखा... नखा मालाकार ने।"

"मालाकार ने ?"

'जी'

"नखा कौन है, जानते हो ?"

"कांगरेस... नहीं... सुशलिट... नहीं... किरान्ती पार्टी का सिपाही... वह कहता है...।"

शोभित बाबू मुस्कुरा पड़ते हैं। धीरे-धीरे बुदबुदाते हैं--"इसी से तो कहता हूँ, यह तुम्हारा अपना ख्याल कैसे हो सकता है ? यह तो वे ही सोच सकते हैं। '42 में सी.आई.डी. का काम करने में '46 में देशभक्ति बघारने और '50 में रेलवे लाइन तोड़ने में, एसिड बल्ब फेंकने में देश का कल्याण और जनता के राज का सपना देखने वाले... क्रांतिकारी पार्टी...!"

"सुनो !..." शोभित बाबू भीड़ को सम्बोधित करते हैं -- "अन्न नहीं है, बाहर चला गया। रेल के जरिये, पुल पार होकर बाहर चला गया। ठीक है... मगर उसके वापस लाने का रास्ता क्या यही है... पुल तोड़ दो ?..."

भीड़ में पहले फुसफुसाहट, फिर भुनभुनाहट और फिर शोरगुल... कौन है यह आदमी ? बोलने का अक्ल नहीं,... हिस्स... पुल उड़ा दो... बदमाश आदमी है... मगर कांगरेसी बाबू भी तो कुछ नहीं कहते। हम लोग वहाँ भी गये थे... रामलनैन बाबू बोले कि जाओ अन्न पैदा करो, पेड़ लगाओ, झंडा फहराओ, दिवाली मनाओ, सुराज की 'चौबरखी' होगी... कंगाल भोजन होगा...।

अच्छी नस्ल की खूबसूरत, देशी घोड़ी लगाम मानती नहीं, नाचती है। शोभित बाबू लगाम को थाम कर कहते हैं- "यदि तुम्हें अन्न लेना है तो मेरे साथ चलो। मैं तुम्हारे लिए अन्न और काम का प्रबन्ध करने में कुछ उठा नहीं रखूँगा। दूसरों की बात मैं नहीं जानता। झंडापूजन और पुल उड़ाने से जिन्हें अन्न मिलता हो, वे वापस जा सकते हैं। वह गलत रास्ता है, वह मेरा रास्ता नहीं।"

गठिया और पुरानी डिसेन्ट्री से पीड़ित शोभित बाबू के काबू में घोड़ी नहीं आ

रही।...दस वर्ष की उम्र से घोड़े की सवारी करने वाला आदमी...घोड़ी लगाम नहीं मानती ? ...लगाम झकझोरते हैं...जानवर रास्ता पकड़ता है...ठुमुक-ठुमुक कर नाचती हुई घोड़ी आगे बढ़ती है और पीछे भूखों का दल। मुर्झाये चेहरों पर हल्की-सी रोशनी ! उम्मीद की रोशनी ! ...

"दो सौ रुपये का चावल !" --सेठ कुंदनमल सामने पड़े हुए दोनों नोटों को घृणा की निगाह से देखते हैं और सामने बैठे हुए इस भूत की तरह काले आदमी को देखकर दिल के गुस्से को दबा लेते हैं--"शोभित बाबू आप पागल तो नहीं हो गये। चावल कहाँ है ? गोदाम आपका है, देख लीजिए...एक चुटकी भी मिले तो...गौ माता की कसम..."

"सुनिये सेठ जी ! आप मुझे दो सौ रुपये का चावल दीजिए। भूख से इन लोगों का बुरा हाल है। आज इन्हें भोजन मिल जाय तो कल तक मैं गाँव में घूमकर इनके काम का प्रबन्ध कर लूंगा। इतने गाँव हैं, सभी तो अपने हैं, दस-दस हरेक गाँव में रख लिये जायँ तो ये मौत के मुँह से बच जायेंगे।...आप बहाना मत बनाइये...लोग भूख से तबाह हैं। मैं वाजिब कीमत से कुछ ज्यादा भी देने को तैयार हूँ..."

न जाने क्यों, सेठ जी अचानक गंभीर हो जाते हैं, शांत मुद्रा बनाकर कहते हैं--"शोभित बाबू। यों तो आप लोग लीडर आदमी ठहरे, सब कुछ जानते हैं, समझते हैं। लेकिन मैं पूछता हूँ कि इस तरह आप कितने लोगों को घर से खिलाइयेगा ? और कब तक ?...फिर आप कांग्रेस में भी नहीं हैं,जो कुछ बाहरी आमदनी भी हो। मैं भी आपको दो सौ रुपये चंदा देता हूँ। आप चार सौ रुपये का चावल कहीं और से खरीद लें।"

"चावल आपके गोदाम में है।"

"गंगा कसम, नहीं है।"

"सेठ जी, आप सैकड़ों की जान के साथ खिलवाड़ कर रहे हैं।"

"राम जी कसम, नहीं है।"

'है।'

"नहीं है।"

भीड़ में एक कम उम्र का लड़का बेहोश हो जाता है। लोग निराश हो रहे हैं। शोभित बाबू भी हार गये !...हा भगवान !

"गोदाम खोलिये सेठ जी !"

सेठ परिस्थिति को ताड़ लेता है, अचानक उदारता दिखलाते हुए हँसता है--"अरे शोभित बाबू ! गोदाम तो आपका ही है। कुछ बोरियाँ बचाकर रखा था कि इलाके के मजदूरों के काम आयेगा।...आप मानते नहीं...नहीं...बैठिये...मुनीम जी, दो सौ रुपये का चावल चालू भाव से तौल दो।"

"और दो सौ रुपये -चंदा ?"

"यह जुलुम है शोभित बाबू ! चंदा और चावल दोनों ? नहीं, नहीं समझ लीजिये

कि मुफ्त में दे रहा हूँ..." दोनों नोटों को उठाकर तिजोरी में बंद करते हुए सेठ जी गिड़गिड़ाते हैं।

बिरौली बाजार पर रात भर 'लोरिक', 'कुमर बिजैभान' और 'सारंगा सदाबृज' के तराने गाये जाते हैं। भूखों को अन्न मिला है, वे खुश हैं, गा रहे हैं। उन्हें काम मिलेगा, अन्न मिलेगा !...नयी जिन्दगी की उम्मीद में वे गाते हैं--"रामा दियरा सना जरै छै चननिया केर हे रूप।" (चाँदनी का रूप दीपक की तरह जल रहा है।)

सेठ जी को नींद नहीं आ रही है।...इसी तरह यदि भूखों के काम और अन्न का इन्तजाम होता गया तो चांदी के सिक्के सोने के नहीं हो सकते।...सोना...एक बोरा चावल...कीमती मोतियों के दाने...राख...शोभित बाबू उसकी उम्मीद की दुनिया को जलाकर राख करना चाहते हैं ?

"मोहनपुर, कोशकापुर, चन्ननपट्टी का दौरा करके, सैकड़ों भूखों की रोजी और रोटी का प्रबन्ध कर शोभित बाबू वापस आ रहे थे, बरसौनी हाट पर अचानक गिरफ्तार कर लिये गये।" एक लाल टोपी वाला नौजवान पूर्णियाँ डाकघर से पटना तार दे रहा है। पूर्णियाँ सोशलिस्ट पार्टी ऑफिस में कुछ लोग 'मजनू' की सूरत में बैठे हैं और चिल्ला-चिल्लाकर बातें करते हैं। अकाल पीड़ित इलाके के कार्यकर्त्तागण आये हैं। शोभित बाबू की गिरफ्तारी, अकाल की सर्वनाश गति, सरकार की बेरुखी बगैरह पर वे बातें करते हैं...यह सरकार का जुल्म हैं, इसे फासिज्म कहते हैं, अकाल आ गया, लोग मौत के मुँह में जा रहे हैं, उन्हें मौत के मुँह से बचाने वाले जेल में ठूँसे जा रहे हैं...

...और तारीफ यह कि दो महीना पहले ही पार्टी ने और किसान पंचायत ने साफ ऐलान कर दिया था, सरकार का ध्यान आकर्षित किया था...अन्न की कमी है, अकाल आ रहा है और लोग मरेंगे।

"मगर सरकार उसे सोशलिस्टों का प्रचार समझने को बाध्य थी।" -- लम्बे बालों वाला, रोगी-सा एक नौजवान सिगरेट का धुआँ छोड़ता हुआ लापरवाही से कहता है, "आप लोग हँसते हैं। यह बात इतनी सच्ची है कि इसे ढँकने के लिए सत्य, अहिंसा, गांधीजी और रामराज की 'रामनामी' चादर की जरूरत होती है। अकाल से लोग मरेंगे, और खाद्यमंत्री का जवाब आप नोट कर लीजिये। उनका जवाब होगा-"अन्न की स्थिति उतनी खराब नहीं, जितना कि अकाल का भय फैलाया गया है। हर साल बाढ़ के समय इन अंचलों में ऐसी अवस्था उत्पन्न होती है जिसे देखकर अकाल का संदेह होता है। सरकार के पास अभी इतना साधन मौजूद है कि एक भी आदमी भूख से नहीं मर सकता। गलत लोगों के बहकावे में जनता न पड़े।"

...और जो कांग्रेस में नहीं--वह गलत आदमी है। जो चोरी नहीं करे--वह

गद्दार है। जो घूसखोरी रोकने की बात करे -- वह देशद्रोही है !

'भूख लगी है, रोटी दो।' कहने वाला -- भिखारी है !

भूख से दम तोड़ने वाला -- बीमार है !

सब गलत -- एक गददी सत्य...!

..."ठहरो राजेन, देखता हूँ तुम आजकल बहुत कड़वा होते जा रहे हो।...हमें सही रास्ता अख्तियार करना होगा। जेल और नजरबन्दी हमें अपने रास्ते से नहीं मोड़ सकेगी !" -- पार्टी सेक्रेटरी कहते हैं।

भूखे, थके-हारे बेजान लोग घर लौट आये हैं। ...खाली हाथ ?...हे भगवान ! ...उम्मीद की पतली डोरी भी टूट जाती है। भूख की ज्वाला और तेज हो जाती है, आँखों के आगे का अँधेरा और भी गहरा हो जाता है। बारह दिनों से 'पटुआ' और 'करमी' खाकर जिस उम्मीद पर जी रहे थे...जब अन्न नहीं तो अब जिंदा कैसे रहा जाये ?

सारे गाँव पर मौत की काली छाया घनीभूत होकर छा रही है...जिंदा लाशों का गाँव !...

भगिया अपनी झोपड़ी में चुपचाप पड़ी हुई है। टहलू बरसौनी हाट पर गिरफ्तार हो गया, उसका 'पुरुख' हड्डियों का ढांचा लेकर लौटा है। सारी देह को निचोड़ने पर भी चुल्लू भर खून मुश्किल से निकले...यह भी जेल क्यों नहीं चला गया ?...वहाँ खाना तो मिलता...जेल में काम है, रोटी है...तब क्यों लौट आया ? किसलिए...?

भूख से उसकी अंतड़ी कुलबुलाती है। पास ही पड़े हुए अपने बेजान 'पुरुख' की ओर देखती है -- किसलिए ?...कुछ ही दिन पहले इसकी बांहों की मांसपेशियाँ कैसी उभरी हुई थीं ?...राक्षस की तरह ताकत थी बांहों में।...अब तो देह में इतना भी बल नहीं जो उठकर पेशाब भी कर सके...सोये-सोये पेशाब करता है...छिः, यह उसका पुरुख नहीं...'पुरुख' का पिशाच भले ही हो, यह उसका अपना आदमी नहीं...

भूख से वह छटपटाती है-आँखों के आगे चावल का अम्बार लगा हुआ है...खाने की चीजें, किस्म-किस्म की ...पूरी, खीर, मिठाई, मांस, रोटी, भात। ...भोज है, कुरसाहा के सूर्यवंशी बाबू के बूढ़े बाप का श्राद्ध...यही दो-ढाई महीने पहले की बात है। चौदह दिनों तक भोज चलता रहा। 'होल इंडिया' का (सही मतलब-सारे जिला-जवार, यहाँ कुछ अंशों में 'ऑल इंडिया' भी सही है, क्योंकि...सुना है, केन्द्र के कई मंत्रीगण भी भोज में शरीक हुए थे।) हाकिम-हुक्काम, पुलिस-दारोगा, अमला-फैला चौदह दिनों तक खाते रहे थे, फिर भी 'भंडार' भरा रहा।...'कुरसाहा टीशन' रेलगाड़ी रोककर 'जातरी' लोगों को 'पूरी-मिठाई-दही' खिलाया गया...मगर भंडार नहीं घटा।...

किसकी आवाज है ?...रहिकपुर के बाबू लोग हैं शायद। ...रहिकपुर के बाबू...कम उम्र के लड़के जिनकी मसें भी अभी नहीं भींगी...चार-पाँच दिनों से मुसहर

टोली में चक्कर काट रहे हैं।...झोली में मकई के दाने लिए रहते हैं,...कहते हैं--जिन्हें मकई लेना है, लो। सेर-दो सेर नहीं -- चार मुट्ठी।...कर्ज !...लेकिन सूद पहले ही चाहिए...उनकी नयी जवानी बूढ़ी और जवान या बच्चों में कोई फर्क नहीं समझती।...गाँव की बहुत लड़कियों ने निगाहें नीची कर उनके मकई का लावा लिया है, खाया है।...छिः,...'पाप की कमाई' समझ कर मन नहीं मानता हो, सो बात नहीं।...सिर्फ मकई के लावा पर...?...वह भी इतनी कम कीमत पर...?

कुरसाहा बाजार...सेठजी का गोदाम...गोदाम में वह रोज चावल फटकने जाती...मुनीम जी उसकी ओर टकटकी लगाकर देखते रहते...गोदाम का अंधेरा बढ़ता जाता और वह चीनी, आटा, घी, चावल-अपने मन के मुताबिक गठरी बांधकर लौटती...मगर सेठ लोग सिर्फ मोटे होते हैं...

करवट बदल कर वह अपने पुरुख की ओर देखती है--सूरजवंशी बाबू के यहाँ भोज में...उमराव सिंह सिपाही ने उसका भी नाम 'लिस्ट' में चढ़ा दिया था।...

...आह ! वे चौदह दिन और चौदह रातें...जगमगाती हुई रातें, हँसती हुई रातें...खीर, पूरी, मिठाई, हलवा, और मांस से भरपूर वे चौदह दिन और रातें...और वर्दी-पेटी, कोट-पैंट, सुफेद कपड़ों के नीचे का इन्सान...कितना बेदर्द...कितना वहशी...लेकिन उनके शरीर में 'इतर के तेल' की खुशबू...कितना मनोहर...और मकई का लावा !...किसकी आवाज है ?...आज वह 'लावा' खायगी...मोहन चौधरी का बेटा आया होगा...

उसका 'पुरुख' पेट के बल जमीन पर पड़ा हुआ है। वह बाँस का सहारा लेकर उठती है। सारे शरीर में झनझनाहट मालूम होती है। वह एक बार फिर अपने पुरुख की ओर देखती है और लड़खड़ाती हुई बाहर चल देती है।

"लो।"

"क्या है ?"

"रोटी।"

"रोटी ?"

"हाँ भगिया ! सिर्फ तुम्हारे लिए !"

भगिया अपने निढाल शरीर को सूखी घास पर डाल देती है। एक रोटी में दाँत लगाकर काटती है, चबाती है, निगलती है।...

...अपने 'पुरुख' को जगाती है, हिलाती है।...उसके हाथ में 'रोटी' थमा देती है, फिर हाथ को उसकी नाक के पास ले जाती है...संजीवनी बूटी...! उसका पुरुख 'रोटी' को दूसरे हाथ से टटोलता है, आँखें खोलने की कोशिश करता है और चिल्ला उठता है--'भगवती जै भगवती'...फिर रोटी पर एक ही साथ टूट पड़ता है..बाजरे की सूखी रोटी का बड़ा-सा कौर गले में अँटक जाता है...आँखें बाहर निकल आती है...धीरे-धीरे शरीर ठंडा पड़ता जाता है और धमनियों में बहते हुए खून की धीमी रफ्तार बन्द हो जाती

है।

...मटमैली अँधियाली में थोड़ी-सी लाली घोलकर सूरज उग आता है। भगिया अपने सिर का सिन्दूर धो डालती है मगर उसके मुर्झाये, काले ओठों पर 'पान' की लाली उसके जीवन की थोड़ी रंगीनी बचा लेती है।...रात को मोहन चौधरी के बेटे ने पान भी खिलाया था...!

"भगिया कुरसाहा जायेगी !"

गाँव के अर्धमृतकों में यह खबर बिजली की तरह फैल जाती है। लोग काँखते-कराहते उसकी झोपड़ी के पास आते हैं-माँ भगवती ! तुम जा रही हो ? हम क्या करेंगे ?...राधोपुर संथाल टोली के बिरसा मांझी ने एक सेर चावल के लिए लड़के को भाला से मार दिया...यह दुनिया कैसे रहेगी माँ ?...हम कैसे बचेंगे ?...

भगिया की आँखों के आगे कुरसाहा भोज के चौदह दिन चक्कर काट रहे हैं। वह मानों बेहोशी में बड़बड़ाती है-चलो ! मेरे साथ...वहाँ खीर, पूरी, मिठाई का भंडार है, कभी घटता नहीं।...

"अब कितनी दूर ?"

कोशी के फैले हुए गंदले जलराशि पर डूबते हुए सूरज की रोशनी पड़ती है...लहू का समुन्दर !

दिशाएँ धुँधली हो रही है। दरियाई पखेरू की एक जोड़ी हौले-हौले पंख पसारे आसमान में उड़ रही है, चक्कर काटती है और पंख समेट कर तीर की तरह पानी में गोता मारती है।...

...कुरसाहा से चार माइल उत्तर, चन्ननपट्टी दियारा पर अर्धमृतकों की टुकड़ी खड़ी है...अब आगे बढ़ना असंभव है...कितनी दूर ?...भगिया की आँखों की रोशनी गायब तो नहीं हो गयी ?...वह कुछ भी देख नहीं पाती क्यों ?

वह अपनी देह की बची-खुची ताकत को आँखों पर डालती है...आँखें बाहर निकल आती हैं...बड़ी-बड़ी आँखें...आँखें शून्य में मानों गड़ी ही रह जाती हैं -- हाँ, वहीं...वहीं लाल...काली माँ की जीभ की तरह लाल...कुरसाहा पुल...सूरजवंशी बाबू के यहाँ भोज हो रहा है।...

उसके पाँव धरती पर जम नहीं पाते। उसके पेट में भीषण पीड़ा मालूम होती है।...चार महीने का गर्भ...मांस का पिंड बाहर आने के लिए, खीर, पूरी का मुलुक देखने के लिए अंतिम जोर लगाता है। भगिया जमीन पर गिर पड़ती है...धरती गर्म खून से पट जाती है... ।

'गड़ गड़ गड़म...गड़ गड़ गड़म... ।'

45 नम्बर मिक्सड ट्रेन पुल से निकल जाती है। जशपति हजारिया चावल मिल का

आखिरी स्टॉक...स्पेशल बुकिंग हुई है, सारे ट्रेन में मालगाड़ी के डब्बे जुड़े हुए हैं...गाड़ी मंथर गति से धुकुर-धुकुर करती हुई चली जाती है।...

'करमी' के झुरमुट में भगिया ऐंठ रही है। करमी के फूल, खूबसूरत फूल...भगिया की आँखें फूलों को देखती हैं।...पूरी...खीर...मिठाई...भात...दाल...रोटी...मकई का लावा...अशेष भंडार...!!

भगिया के बाद चेथरू...

फिर बादर का छोटा बेटा...

फिर गौरी बूढ़ी...

'उठ जाग मुसाफिर भोर भई
अब रैन कहाँ जो सोवत है।'--

चन्ननपट्टी के बाबू लोग रात भर जल-विहार कर लौट रहे हैं। हारमोनियम ...तबला...बाँसुरी...। उनकी उनींदी आँखें दियारे पर होने वाली हरकत से खुल जाती हैं...गिद्ध डैना फटफटा रहा है...सियारों...गिद्धों और इन्सान में गुत्थमगुत्थी हो रही है।...भोर और शाम, दिन और रात, भूख और अन्न से परे मुसाफिरों के जीवन में कभी भोर हुआ ही नहीं...जागने...का सवाल ही नहीं उठता।

'पूर्णियाँ जिला में अन्न के बिना हाहाकार...लोग मर रहे हैं।'-- पटने के एक अंग्रेजी अखबार का हॉकर सुबह-सुबह चिल्ला उठता है।

आँख मलते हुए लोग उठते हैं। पढ़ते हैं, आँखें मलते हैं, फिर पढ़ते हैं और..."इस राज में सब कुछ संभव है।"

'पूर्णियाँ जिला में तीस व्यक्ति भूख से मर गये'। -- एक हिन्दी दैनिक ने मृत्यु संख्या बताई।

"बस तीस ही। कांग्रेसी सरकार की कृपा से सारे प्रांत की जनता भूख से तड़प-तड़प कर मरेगी।"

'प्रांत पर अकाल का काला पंजा...पूर्णियाँ और सहरसा में अन्न के बिना रोज़ मौतें हो रही हैं...मंत्रीगण वन महोत्सव मना रहे हैं'-- एक सोशलिस्ट साप्ताहिक ने मोटे हरफों मे लिखा।

-- "वाह। मंत्रियों के वन-महोत्सव से मरने वालों का क्या ताल्लुक ? यह गलत आलोचना है। मरने वालों को वन-महोत्सव से क्या ताल्लुक ? वन-महोत्सव मनाने वालों को मरनेवाले से क्या ताल्लुक ?"

'बिहार प्रान्तीय कांग्रेस के मंत्री ने प्रेस प्रतिनिधियों के सामने पूर्णियाँ के अकाल के बारे में बयान देते हुए कबूल किया है कि चौदह मौतों की उन्हें पूरी जानकारी है, वे अन्न

के बिना मरे हैं।'--पी.टी.आई.।

"चौदह ? शायद मरने वालों की आत्मा उनके सिर पर चढ़कर जी चाहा कहवा रही हैं। इन्तजार कीजिये, एक सप्ताह में ही उन्हें अपने बयान का प्रतिवाद प्रकाशित करवाना होगा।"

'अकाल ! अकाल ! !...लोग मर रहे हैं।'

'जे.पी. आज पूर्णियाँ के लिए रवाना हो गये।'

'माननीय कृष्णवल्लभ सहाय तथा माननीय अनुग्रह नारायण सिंह आज एक प्रेस कान्फरेन्स में अकाल पर प्रकाश डालेंगे।'

'सहरसा कांग्रेस कमिटी के सभापति लिखते हैं -- दर्जनों मौतें हो चुकीं, सैकड़ों मौत के मुँह में।...अकाल का ताण्डव !'

'माननीय कृष्णवल्लभ सहाय ने प्रेस कान्फरेन्स में छह मृत्यु की बात स्वीकार किया है।'

'केन्द्रीय खाद्य मंत्री अकाल पीड़ित क्षेत्रों का दौरा करने जा रहे हैं...'

'गड़ गड़ गड़...गर...गर...गर...गर...'

जा रहा है। इन्द्रप्रस्थ का देवता पुष्पक विमान से जा रहा है।...कुरसाहा में उतरेंगे।...सूर्यवंशी बाबू का अपना 'लैंडिंग ग्राउण्ड' है।

सूर्यवंशी बाबू की नयी अतिथिशाला में एक दिन पहले से ही कांग्रेसी नेताओं-देवदूतों की भीड़ लगी हुई है।...आसमान में पुष्पक विमान मंडराता है...मक्खन की तरह दपादप सुफेद टोपियों का झुंड 'लैंडिंग ग्राउण्ड' की ओर दौड़ता है।...'लैंडिंग ग्राउण्ड' को घेर कर 'होमगाड्र्स' के नौजवान, बिहार पुलिस के जवान, एस.पी. साहब के नायकत्व में 'गार्ड ऑफ ऑनर' देने के लिए छाती ताने कतार में खड़े हैं।...

विमान धरती पर उतरता है। देवता उतरते हैं...गार्ड ऑफ ऑनर्स...स्वागत, फूल-मालाओं का बोझ।...सूर्यवंशी बाबू धन्य हैं। देवता धन्य हैं। वे दोनों गले मिल रहे हैं।

सूर्यवंशी बाबू की नयी अतिथिशाला मधुमक्खी के छत्ते की तरह भुनभुना रही है। देवता सूर्यवंशी बाबू के खास 'नौरतन' में हैं। अतिथिशाला में 'देव-भोज' चल रहा है।...किस्म-किस्म के पकवान, तरह-तरह की डिशें...कलकत्ते के किसी नामी 'कैटार' ने ठेका लिया है। प्लेट, गिलास, चम्मच की खटपटाहट के साथ घरेलू राजनीति की टीका-टिप्पणी हो रही है...'क्यों यादवेन्दु बाबू, डेलीगेट एलेक्शन का क्या हाल है ? बांका में एक भी सीट अनकन्टेस्टेड गया या नहीं ?...सुनते हैं रामपुर में 'बक्सा' छीन लिया, लाठियाँ चल गईं।...क्यों रामकुमार जी...प्रांतीय सभापतित्व के चुनाव की कनवासिंग के लिए झुनझुनवाला जी आपके यहाँ गये थे ?...

एक दल में बहस छिड़ी हुई है कि गांधीजी 'टमाटर स्क्वास' खाते थे या नहीं ?

यदि खाते थे तो इसके 'पोषक तत्व' के बारे में उन्होंने 'हरिजन' में कोई लेख क्यों नहीं लिखा ?

एकाध छिटपुट गप्प का टुकड़ा--"हमारा 'पेट' आजकल जरा बढ़ गया है। डॉ. बनर्जी कह रहे थे 'ब्लड प्रेसर' का खतरा है।"

भीषण डकार लेते हुए कोई कहता है -- "मेरे पेट की गड़बड़ी दूर नहीं हो रही है। 'डायजेस्ट' नहीं होता, 'कन्स्टीपेशन' रहता है।"

--कोई कह सकता है कि उक्त पेट के रोगी के ही पेट या दिमाग की उपज है, बिहार विधायिका सभा के प्रवेश-पत्र की भाषा... सभा वेश्म में, सामान्य दर्शक दीर्घा...?

तैयार !... देवता तैयार हैं..., देवदूतों की टोली सुफेद टोपी और 'लाल फीता' वाली फायलों के साथ तैयार है।...

मोटर बोटें, बाढ़ से फैली हुई कोशी की छाती पर, अस्थायी समुद्र की अगम धारा में भड़भड़ाती हुई निकल पड़ती हैं। सारा भू-भाग पानी में डूबा हुआ है, हरियाली का कहीं चिह्न नहीं, फसलों का एक तिनका भी कहीं नजर नहीं आता--भदई, धान-मकई, बाजरा कोशी के जल-प्लावन में नष्ट हो चुके हैं -- देवता 'अकाल' को खोज रहे हैं। कहाँ है ?

...मौजा जरलाही !

"यहाँ भी लोग मरे हैं?

'देवता' नाव से उतरते हैं। पीछे-पीछे विभिन्न वेशभूषा में बड़ी-सी फौज। सत्यान्वेषकों का दल !

"रे बूढ़ी ! क्या करती है? इस गाँव में कोई मरा है ?" पाट का साग तोड़ती हुई बुढ़िया घबड़ाती है...कोई मरा है ?... हाकिम, पुलिस... बाप रे !... "नै हजुर । नै मरा है।"

"अगहनू मुसहर कैसे मरा ?"

बुढ़िया काँपने लगती है,..."हजुर बेमार रहै।"

"बीमार था !... सुना न आप लोगों ने ?" भूख से बेहाल गाँव में भगदड़ मच जाती है। कोई पाट के खेत में छिपता है, उठने में असमर्थ औरतें घुटने के बल से, रेंग-रेंग कर पाट के खेत में जा छिपती हैं।... मलेटरी... पुलिस... गोरा... बन्दूक... बाप रे !

"ऐ बूढ़ा, रामफल कैसे मरा ?"

"हजुर हमरा कुछ नै मालूम।"

"रामफल का कौन घर है?"

"हजुर हमरा कुछ नै मालूम।"

"रामफल कौन था?"

"हजुर हमरा नै मालूम।"

"इस गाँव का रहनेवाला था या नहीं ?"

"हजुर हमरा कुछ नै मालूम।"

"...जरूर वह कोई भिखमंगा होगा।"

देवता नाराज हैं। चेहरा तमतमाया हुआ है। नाव पर बैठते हुए बड़बड़ाकर कहते हैं-"हूँ...हल्ला मचा दिया...अकाल का ताण्डव नृत्य...लोग मर रहे हैं।...झूठे !"

देवदूतगण एक-दूसरे का मुँह देखते हैं। ऑफिसरों की टोली खैर मना रही है। जिला कलक्टर अपनी रिर्पोट पर डटे रहने का साहस बटोर रहे हैं।...सत्य का पता लगाकर देवता लौटते हैं। नावें वापस आ रही हैं।...देवता अपना बयान लिखवा रहे हैं...बेचारा पी.ए. डर से थर-थर काँप रहा है।...सत्य के प्रकाश को बयान से ढकने की कोशिश हो रही है--'अकाल नहीं है। मौतें नहीं हुईं। खबरें झूठी हैं। अकाल की बात करने वाले गद्दार हैं, स्वार्थी हैं। सारे जिले में सिर्फ दो मौतें हुई--एक बीमार था, दूसरा भिखमंगा... ।'

देवता के मोटर बोट पर एक खास किस्म के रेडियो-सेट का खास इन्तजाम है। भला जल-बिहार में जब संगीत नहीं तो...फिर क्या मजा ? सूरजवंशी बाबू इसे भूल सकते हैं।...

"डुबाया उसने कश्ती को
जिसे हम नाखुदा समझे।"

-- लखनऊ रेडियो स्टेशन से कोई ग़ज़ल के इस पुरदर्द टुकड़े को हवा में बिखरा रही है। गायिका के गले में दर्द है...सुर में दर्द है...ग़ज़ल का टुकड़ा पुरदर्द है।...डुबोया उसने किश्ती को...जिसे हम नाखुदा समझे !....

देवता की भृकुटि चढ़ जाती है-"क्या वाहियात उर्दू ग़ज़ल...!"

स्वीच ऑफ... ।

"करकट...ट...ट...!"

गीत कट जाता है। मानो किसी के गले को जोर से दबोच दिया गया हो और उसकी आवाज अंदर ही घुटकर,छटपटा कर खत्म हो गयी हो... । लेकिन ग़ज़ल का टुकड़ा फिज़ां में मंडला रहा है...डुबोया उसने किश्ती को... । चन्ननपट्टी दियारे पर बिखरी हुई हड्डियों की छूती हुई स्वर-लहरी हवा में मंडला रही है।...देवता इसे बर्दाश्त नहीं कर सकते हैं। वे अपने बयान को बार-बार दुहराते हैं...

पटने के पत्रकारों की टोली मुँह फाड़कर देखती है, कान खोलकर सुनती है और अवाक् रह जाती है।...केन्द्रीय खाद्य मंत्री महोदय धीरे-धीरे अपने वक्तव्य समाप्त करते हैं...चेहरे पर कहीं शर्म की कोई रेखा नहीं... । आश्चर्य...इतना भीषण झूठ बोलकर भी आदमी निगाहें उठाकर देख सकता है ?

...केन्द्रीय संसद में, दिल्ली में, इन्द्रप्रस्थ में...प्रजातंत्र के पवित्र पाये पर टिकी हुई

इमारत में भी-'नरो वा कुंजरो' की पुनरावृति होती है, और ताज्जुब वह इमारत जरा भी हिली, न डुली ... ।

जंतर-मंतर रोड से दीघा घाट, दीघा घाट से पूर्णियाँ। अ. भा. कां. क. दफ्तर से प्रांतीय दफ्तर, फिर प्रांतीय दफ्तर से जिला ऑफिस... । गश्ती चिट्ठी दौड़ती है।...गाँव-गाँव में तिरंगा झंडा लहरा-लहरा कर चिल्लाता है-"अकाल नहीं है। अकाल की बात मत करो। मौतें हुई हैं, मत बोलो।"

सत्य, अहिंसा, गांधीजी और राम राज की छाती को कुचलती हुई, रौंदती हुई गश्ती चिट्ठी चक्कर मारती है। ...अकाल की बातें मत करो। मौतें हुई हैं, मत कहो।...

देवदूतों की बोलियाँ बदल जाती हैं। पवित्र राष्ट्रीय पूंजी प्राप्त पत्रों की 'वाणी' मूक हो जाती हैं। पुछल्ले पत्रों के हेड लाइन बदल जाते हैं-'अकाल की सारी बातें निराधार।'

पटने में एक जगह पर कुछ बाँकी टाइप के नौजवान पत्रकार आपस में बात करने के लिए इकट्ठे हुए हैं।

"हम सच्ची बातों पर पर्दा नहीं पड़ने देंगे।"

"हम पत्रकार हैं।...क्रिमनल नहीं।"

"मुंशी हों या नेहरू। उन्हें लाखों इन्सान की जानों से खिलवाड़ करने का मजा चखना होगा।"

"समय आ रहा है..."

"हम सच्ची बातों पर पर्दा नहीं पड़ने देंगे" -- सभी इस फैसले को मान कर उठते हैं।

एक-दो पत्रों को छोड़कर बाकी सभी पत्रों में पूर्णियाँ और सहरसा के अकाल की, भुखमरी की खबरें छपती हैं। मौत के आँकड़े...लिस्ट...गाँवों के नाम...मरने वालों के नामों की फेहरिस्त छपते हैं...मुंशी को चुनौतियाँ दी जाती हैं।...

गश्ती चिट्ठी चक्कर मारती है।...मगर बेकार। मुंशी का झूठ निखर उठता है...कांग्रेस की भ्रष्टता...नेताओं के वीभत्स चेहरे साफ नज़र आते हैं। किस्म-किस्म के बयानों के बवण्डर में 'सत्य' छिपता नहीं... ।...

-- 'जे.पी. फिर सहरसा जा रहे हैं।'

-- 'सरकार पूर्णियाँ और सहरसा को अकालग्रस्त अंचल नहीं मानती।'

-- 'सारा जिला मौत के गर्त की ओर बढ़ा जा रहा है।'-कर्पूरी ठाकुर का बयान।

-- 'अकाल नहीं है। मौतें नहीं हुई,...अन्न काफी है'-- सरकारी प्रचार विभाग का भोंपा चिल्ला रहा है।

राजेन खत लिख रहा है।

पूर्णियाँ के उत्तरी हिस्से में रहने वाले एक छोटे किसान का बेटा है राजेन। कथाकार है, अपने को प्रगतिशील मानवतावादी कहता है... मगर एक अस्पष्ट साहित्यिक सिद्धांत उसके दृष्टिकोण को गुमराह कर रहा था।...पूर्णियाँ के अकाल में, मरते हुए लोगों की पुकार ने उसे झकझोर दिया है। जिले पर धीरे-धीरे छा जाने वाली काली रात की बदसूरती को वह देख रहा है।...खुशी है उसे नयी दृष्टि मिली है-उसे नयी वाणी मिली है।...वह लिखता है...

शशांक

'जनता' में -- नयी संस्कृति स्तम्भ में तुम नयी-नयी बातें करते हो। नाच के बारे में, बेलट के मुतल्लिक, गीतों के संबंध में, तस्वीरों की रेखाओं और रंगों के जादू और रंगमंच के चमत्कार के संबंध में तुमने बहुत-सी नयी बातें कही हैं। तुम्हारी बातों से मुझे कितना भरोसा हुआ, यह मैं क्या बताऊँ ?

...अच्छा यह तो बताओ। क्या यही के.एम. मुंशी जी, उपन्यासकार कन्हैयालाल माणिकलाल मुंशी हैं ?

यदि 'हाँ' तो लेखकों, कथाकारों यानी कलाकारों को प्रायश्चित करना ही होगा।...गांधी को एक पत्रकार ने मारा और एक उपंन्यासकार लोगों की मौत को अपने बयान से ढँक कर लाखों की जान लेने की कोशिश कर रहा है। कला के सुन्दर चेहरे पर कालिख पुत रही है।...

मैं कहता हूँ -- कलाकारों को यहाँ भेजो।

-- तुम्हारे नृत्य के विशेषज्ञों ने मृत्यु का नंगा नाच नहीं देखा है।

-- तुम्हारे कवि ने भूख से दम तोड़ते हुए इन्सान के बेजान और पुरदर्द नग़में को नहीं सुना।

-- तुम्हारे चित्रकार, मुर्झाये हुए चेहरे पर बुझती हुई आँखों को नहीं आँक सकते?

-- 'कोरस'...हाँ, मृत्यु-संगीत के 'कोरस' को तुमने नहीं सुना है।

-- तुम्हारे 'रंगमंच' पर हड्डियाँ बिखर रही हैं। -- यह तुम्हें नहीं मालूम ?

हाँ, मैं देख रहा हूँ। सारे जिले की धरती पर हड्डियाँ बिखर रही हैं। आसमान में गिद्धों का दल चक्कर मार रहा है, चील

झपट्टे मार रहे हैं, कुत्ते, गीदड़ों, और दम तोड़ते इन्सान में छीना-झपटी हो रही है।....हवा में लाशों की सड़ांध फैल रही है।...इन बिखरी हुई हड्डियों को बटोरकर कोशी डेम... नहीं... कम-से-कम कोशी पर एक विशाल पुल तैयार किया जा सकता है।...हमारी सरकार के पुनर्निर्माण विभाग का, पूंजीवादी समाज के 'इंजीनियरिंग विभाग' का नया नमूना...ताजमहल की तरह अद्वितीय और दर्शनीय होगा वह पुल।

देख रहा हूँ...एक भी मध्यवर्गीय किसान के पास अब अपनी जमीन नहीं रह जायगी।...परिवार टूट रहे हैं...औरतों की देह के गहने (यहाँ तक कि बच्चों के गले की 'ताबीज' भी) 'बंधक' पड़ चुके हैं... मैंने आज अपनी कमला का कंगन बेचा है। बेचकर परिवार का चावल खरीदा है। बस, पन्द्रह दिनों की खुराक। इसके बाद ? जमीन ? -- मगर जमीन है कहाँ ?... रजिस्ट्री ऑफिसों के पास मेले लगे रहते हैं...कलकत्ते के रॉयल एक्सचेंज और बम्बई के दलाल स्ट्रीट की सरगर्मी छायी हुई है। चंद महीनों के बाद ही सारे जिले में बंगाल से भीषण अकाल का महा-ताण्डव-नृत्य शुरू हो जायेगा।...और उस महानृत्य की पृष्ठभूमि से -- मैं आशा की चमक... क्रांति की चिनगारी को निकलते देखता हूँ। इस बार नरमेध यज्ञ के कुंड से महा बवण्डर फूटेगा... ।...तुमने देखा शशांक !... 'हिमानी' (सरकारी मासिक पत्रिका) में 'वन-महोत्सव' पर सलिल की एक कविता छपी है--

'यह दरख्त है हमारे पुण्य राम राज का'...

...सुना है, प्रचार विभाग में नौकरी की कोशिश कर रहा है...और मुझे हर्ष और ताज्जुब है तुम्हारी 'जनता' 'अकाल अंक' के बाद की तैयारी कर रही है। ...उसे विश्वास है कि इन सारी बातों के बावजूद कलाकार ने आत्महत्या नहीं की है... ।

1950

नये सवेरे की आशा

दिमाग पर एक बड़ा-सा बोझ लिये ज्ञानचंद अपने गाँव के छोटे-से स्टेशन पर उतरा, जहाँ गाड़ियाँ महज चंद मिनटों के लिए रुकती हैं, बस नाम के लिए। ज्ञानचंद की एक नयी और कीमती किताब गाड़ी पर रह गयी और उसके डिब्बे के पास पहुँचने के पहले गाड़ी खुल गयी। अजीब स्टेशन है ! मानो गाड़ी को जबरन रुकना पड़ता है, इच्छा के विरुद्ध। अजीब स्टेशन है ! आखिर यह स्टेशन है किसलिए ? न टेलीग्राफ और न टेलीफोन ! इट्'स ऑफुल !...

वही पुराना स्टेशन है, जहाँ पर वह सैकड़ों बार उतर चुका है। स्टेशन की बनावट में कहीं भी न एक ईंट जोड़ी गयी है आ न तोड़ी गयी है । गाड़ियों के हाल्टेज में भी कोई फर्क नहीं, लेकिन ज्ञान को यह एक अजनबी स्टेशन मालूम होता है, जिंदगी में कभी देखा ही नहीं, उतरने की बात दूर। 'रेचेड' स्टेशन !...

स्टेशन की दीवार पर 'चावल कम खाइए...शकरकंद खाइए' वगैरह सरकारी एलानात के पर्चे चिपके हुए हैं। एक नये पोस्टर ने ज्ञानचंद का ध्यान आकर्षित किया और तब वह स्टेशन फिर पुराना स्टेशन हो गया, अपने गाँव का स्टेशन, जहाँ वह सैकड़ों बार जल्दी-जल्दी गाड़ी पर चढ़ा है और गाड़ी से उतरा है। जल्दी-जल्दी ! यहाँ गाड़ी, महज चंद मिनटों के लिए रुकती है ! पोस्टर को देखते ही उसे अपने दिमागी बोझ की याद आयी।...'जेनरल अस्पताल जाने का रास्ता, खतरा ! सामने पुल टूटा है, दाहिने मोड़ से'--वगैरह साइनबोर्ड और तख्तियाँ ज्ञानचंद जैसे लोगों के लिए ही तो नहीं लगायी जातीं ? ज्ञानचंद ने फिर पोस्टर को देखा--"ता. 25 नवंबर को पटना चलो !...किसान मार्च।" उसे अपने थाने भर के जत्थों के साथ मार्च करना है। इसीलिए वह भेजा गया है।

"क्या आप बतला सकते हैं, पटना यहाँ से कितने मील दूर है ?" नये स्टेशन मास्टर ने इस अजीब सवाल करने वाले को घूरकर देखा और एक किताब को उलट-पुलटकर बतलाया--'दुई सौ एकसठि माइल ?'

261 मील ! ज्ञानचंद, गांव की ओर जानेवाली पगडंडी पकड़ता है। 261 मील !

पगडंडी के दोनों ओर खेतों में धान की पकी हुई बालियाँ झुकी हुई हैं। हवा का निर्बल झोंका भी खेतों में ज्वार-भाटा पैदा कर देता है। बालियाँ झूमती हैं। कौन धान है यह ? ज्ञानचंद धानों की किस्म को, नामों को, जातियों को नही जानता पहचानता ! और वह किसानों का अगुआ बनने जा रहा है। उसे कमलनाथ पर गुस्सा हो आता है। कमलनाथ ने एक लम्बा लेक्चर झाड़कर साबित कर दिया कि ज्ञानचन्द जैसे प्रगतिशील लेखकों, कथाकारों को इस ऐतिहासिक मार्च में अवश्य शरीक होना चाहिए। कमलनाथ बोलना जानता है। वह बोलता है और लोग सुर-में-सुर मिला देते हैं। खुद ज्ञानचन्द ने अपने थाने की जिम्मेदारी ली और आज उसे कमलनाथ पर गुस्सा आ रहा है। उसे लगता है, कमलनाथ ने उसे गलत जगह पर 'फिट' कर दिया है। यह सही है कि वह किसान का बेटा है, गाँव में उसका जन्म हुआ है, लेकिन वह धानों की किस्म को, नामों को और जातियों को भी नहीं पहचानता। ऐसे मौकों पर उसकी जगह होनी चाहिए--हजारों-हजार जनता के बीच एक खास प्रतिष्ठित दायरे में प्रेस गैलरी में। एकत्रित जनसमूह को गिनना उसका काम है, जनसमूह को एकत्रित करना नहीं। भाषण देना उसका काम नहीं--शार्टहैण्ड... रिपोर्टिंग... । लेकिन कमलनाथ को कौन समझावे। उसके सिर में दिमाग की जगह 'डायलेक्टिकल मैटिरियलिज्म' के पन्ने बिखरे हुए हैं।

हरे-भरे पेड़ों के झुरमुट में दादा मसाय (चटर्जी परिवार) का नया सुफेद बंगला दूर से ही चमकता है। बनानी आयी होगी ? बनानी, दादी... ज्ञानदा, बोका ज्ञानदा। ज्ञानचन्द का पैर मेंड़ पर से फिसल गया और उसके दिमाग में बनानी तालियाँ पीटकर खिलखिला पड़ी। दादा मसाय के परिवार ने ही तो ज्ञानचन्द को कुछ-से-कुछ बना दिया है, वरना यह धानों की किस्म को, नामों को, जातियों को अभी दुहरा देता। ...दादा मसाय के बड़े पुत्र केशव' दा कालेपानी की सजा भुगत रहे थे, छोटी-सी बनानी बड़े गर्व से गर्दन हिलाकर, होंठों पर एक खास नजाकत लाकर कहती--"ज्ञानो ज्ञान ! बड़'दा इंगरेज मेरे छिलो... गुली कोरे, ठाँय !" दादा मसाय के मँझले पुत्र किरण'दा कलकत्ते में नजरबन्द हुए, सबसे छोटे पुत्र नवीन का पढ़ना बन्द करवा दिया दादा मसाय ने। बनानी बोली थी--'इंग्रेजी पोड़लेई इंगरेज के मारबार इच्छे कोरे। जानो ? ताई नवीन... ।' उसी दिन से ज्ञानचन्द जोर-जोर से--'ए फैट कैट सैट ओन दि मैट' रटता और रह-रहकर आजमाता कि उसकी इच्छा अँगरेज को मारने की हो रही है या नहीं।

केशव'दा कालेपानी से योगी होकर लौटे, पाण्डेचरी आश्रम में रहे। आजकल अपनी छोटी-सी जमींदारी की देख-भाल करते हैं।

किरण'दा जब तक नजरबन्द रहे, कम्युनिस्ट रहे। रिहाई के बाद जब तक पुलिस की निगाह कड़ी रही वे झुके नहीं। शादी हुई, सन्ध्या बौदी (भौजी) आयी, फिर पुलिस को निगाह कड़ी करने की आवश्यकता नहीं हुई।

बनानी अब मिस बनानी चटर्जी बी.ए. है। पिछले साल शान्तिनिकेतन से निकलकर, कलकत्ते में मौसी के यहाँ रहती है। रेडियो पर गाती है। राजनैतिक चर्चा छिड़ने पर बड़े

गर्व से कहती है--'श्रीभवन के जिस कमरे में इन्दिरा नेहरु रहा करती थी, उसी में उसे भी रहने को मिला, और तीसरे साल जब नेहरुजी कलकत्ता आये थे तो उसने देशप्रिय पार्क की सभा में 'जन गन मन' गाया था।' बस ! इतना ही।...

कमलनाथ की निगाह में बनानी एक बेवकूफ लड़की है और ज्ञानचन्द कहता है कला की पुतली। कमलनाथ की बात निराली है। कुछ बोलिए, वह अपनी इच्छानुसार आपको Puberty, Adolscent या Maturity के दायरे में फेंक देगा। कुछ पहनिए, बस उसका Cnoism पर लेक्चर शुरू हो जायगा। जिससे जरा जान-पहचान हुई, उसके घर को पार्टी-दफ्तर समझ लिया।

बादर मण्डल की चौपाल ग्राम किसान पंचायत का दफ्तर है। हर सातवें रोज मोहन गुरुजी आकर 'जनता' पढ़कर सुना जाते हैं, पंचायत के सरकूलरों की सूचना देते हैं। बाँस की पट्टियों का आलमारीनुमा एक मचान है, जिसमें एक ओर जनता की कापियाँ सहेजकर रखी जाती हैं, दूसरे खाने में दावात, कलम, रजिस्टर, चन्दा बही तथा दूसरे कागजात। शाम को लोग बाहर के 'घूर' (अलाव) के पास आ जुटे हैं। ज्ञानू भाई आये हैं।

'पर्चे, पोस्टर वगैरह मिल गये हैं न ?'--ज्ञान पूछता है ?

'आया, तो था।'--चादर में आधा मुँह छिपाये हुए मोहन गुरुजी जवाब देते हैं।

'आया तो था, मानी ? बँटवाया नहीं ?'

गुरुजी चुप हैं। मुश्किल से चुप रहनेवाला नौजवान देवीप्रसाद कहता है--'बाँटा कहाँ गया। स्कूल के लड़के उठाकर ले गये सब। कागज की महँगी है न। एक ओर सादा था, लड़के कापी बनायेंगे।'

'अजीब बात है। पर्चे, पोस्टर भेजे गये, मगर...। खाक काम होगा। लोग समझते हैं नहीं। मुश्किल है।...

'अरे, फारहम (फार्म यानी पर्चा) यहाँ कौन पढ़ता है ! फाहरम को तो लोग नाच-तमाशे का फाहरम समझते हैं। आप यह पूछिए कि कितने लोग जाने के लिए तैयार हैं।'--बादर मण्डल कहता है।

'कितने लोग तैयार हैं ?'

'डेढ़ सौ।'

'डेढ़ सौ ?'

अब मोहन गुरुजी चादर से मुँह निकालकर कहते हैं--'दो सौ आदमी जाने के लिए नाम लिखाये थे। कुछ तो बीमार पड़ गये और कुछ ...तीस-पैंतीस को कमलनाथजी ने छाँट दिया है। बोले, बूढ़े हैं, चल नहीं सकेंगे । अब वे लोग आपके पास अपील करने वाले हैं। सब कंपलीट है। ओढ़ना, बिछौना, चूड़ा, सत्तू, गुड़। सिर्फ गाना नहीं मिला है।' कमलनाथजी ने कहा था, ज्ञानू भाई के मार्फत भेज देंगे।

फाइल से कागज निकालकर ज्ञानचंद देता हैं--'लीजिए गुरुजी, गीतों को तैयार करवाइए। कल परमानपुर में सभा है। परसों लहसनगंज, रामपुर में। तीसरे दिन सुबह 'मार्च।'

सब मोहन गुरुजी को घेर लेते हैं। गाओ मुंजी, सुंदर कहाँ गया ? ढोलक लाओ। हुड़दंग मच गया। ज्ञान उठ खड़ा हुआ।

जाते हुए ज्ञान ने सुना, मुंजीलाल शुरु करता है, बाकी लोग दुहराते हैं--आयल दिनधाँ महान, चल-चल हो किसान...!' ज्ञान दादा मसाय के घर की ओ मुड़ता है। धरती पर फीकी चाँदनी फैली हुई है। गाँव के लोग अलाव के पास बैठकर आग ताप रहे हैं। नंगे बच्चे, फाकाजदा मरियल गाय-बैल ! ग्राम-पंचायत के दफ्तर में दूसरा गीत शुरु होता है--'मिला नहीं है अन्न पेट भर, नहीं देह पर साबित बस्तर, बेदखली अब भी जारी है...आगे कदम बढ़ाओ !'

'के ज्ञान ?'

'एइजे ज्ञान।'

'ज्ञान एसेछे ?'

गोल टेबुल के चारों ओर लोग बहस के 'मूड' में बैठे हैं। मकान नये ढंग का है, कमरे की सजावट में नयापन है। नयापन जिससे सुरुचि टपकती है। ज्ञान एक लंबी साँस लेकर बैठ जाता है। कमरे में पहुँचने पर उसने महसूस किया कि बाहर कड़ाके की सर्दी पड़ रही है। गलाजत से भरी हुई गर्दोगुबार, बदबू से भरपूर गाँव की गलियों में उसका दम घुटा जा रहा था। यहाँ पहुँचकर वह राहत की साँस लेता है।

'के, कोबिबोर एसेछे ?'--मुस्कुराती बनानी प्रवेश करती है। संगीत और नृत्य के लय-ताल पर ही वह बोलती और चलती तो नहीं ? कड़ाके की सर्दी में ज्ञान की कनपटी के पास गर्म खून दौड़ जाता है। चाय की प्यालियों की खनखनाहट, प्यालियों से उमड़ते हुए भाप, चंद चूड़ियों की तुनुक आवाज, दीवार पर टँगी अधनंगी शकुंतला की तस्वीर, बनानी की मद्रासी साड़ी। कमलनाथ होता तो चाय की पहली चुस्की लेकर ही कमरे की सरसता को भ्रष्ट कर देनेवाली कर्कश और भोंड़ी आवाज में चिल्ला उठता--"शूगर वांटेड।" और उसके बाद ही चीनी की कमी, शूगर सिंडिकेट की बेईमानी, सरकार की नपुंसकता, काँग्रेसियों की खुदगर्जी पर एक वक्तव्य दे देता।

ज्ञान अनुभव करता है, कमरे का वातावरण जरुरत से ज्यादा गंभीर है। उसे क्या पता कि शाम से ही यहाँ 'शांतिनिकेतन' में होने वाले विश्व-शांति सम्मेलन की चर्चा हो रही थी। किरण दा पूछते हैं--विश्व-शांति सम्मेलन देखते जाबे ना ज्ञान ?'

'बनीर नृत्य हबे'--संध्या बौदी इयरिंग हिलाकर हँसती है।

'कि नृत्य ? शांति नृत्य बुझि ?'--ज्ञानचंद चुटकी लेता है। बनानी चिढ़कर जवाब देती है--'आग्ये हाँ, शांति नृत्य ! जे जिनिस जानो ना, ता निये आर टानाटानी केन ?'

मतलब यह कि ज्ञानचंद नृत्य के बारे में कुछ नहीं जानता, उसे इसमें दखल नहीं देना चाहिए। शांति नृत्य !' बनानी चिढ़ने की मुद्रा बनाती है। केशव'दा पूछ बैठते हैं--आर तोमादेर क्रांति नृत्येर कि खबर ज्ञान ?'

ज्ञान सवाल के असल मतलब को समझता है और उसके सामने फिर वही पोस्टर, जिसमें किसानों के मार्च करते हुए जत्थे की तस्वीर है, उनके नारे लिखे हुए हैं, चिपक जाता है। कमलनाथ पार्टी रैली में भाषण दे रहा है... 'चाय की प्यालियों में इंकलाब लाने के दिन लद गये !'

ज्ञान जवाब ढूँढ़ रहा है। सवाल एक ऐसे व्यक्ति ने किया है जिसके कानों ने पहले-पहल इंकलाब की आहट सुनी थी, आँखों ने सबसे पहले उसकी चमक देखी थी, जिनके रगों में दौड़ने वाले लहू ने पहले-पहल उसकी रंगीनी को अपने में घुलाया-मिलाया था, और जिसकी गरदन इंकलाब के इशारे पर सबसे पहले कुर्बान होने को झूम उठी थी। इसलिए जवाब ढूँढ़ रहा है ज्ञान।

'मैं तीसरे दिन पाँच गाँवो के जत्थों के साथ मार्च कर रहा हूँ।'

'तुमी ? तुमी ?'--केशव और किरण'दा प्रायः एक ही साथ पूछते हैं। केशव दा के आश्चर्य में व्यंग्य है, किरण'दा की उत्सुकता में प्रशंसा और खुशी की झलक। ज्ञान मुस्कुराता है। बनानी सबों की ओर बारी-बारी से देख रही है। मुँह देखती है।... कमलनाथ की निगाह में बनानी एक बेवकूफ लड़की है।

केशव दा किसान मार्च पर बहुत कुछ कह रहे हैं, कहते जा रहे हैं। ज्ञान याद करने की कोशिश करता है कि यही बातें,... ठीक अक्षर-अक्षर, उसने कहीं सुनी वा पढ़ी हैं। याद आयीं... प्रांत के मशहूर जमींदार के अखबार का संपादकीय लेख। प्रांतीय काँग्रेस के मंत्री का वक्तव्य। कमलनाथ ने चिल्लाकर सुनाया था--'टीकापट्टी आश्रम के महंथ यानी सदाकत आश्रम के संत सेनानी ने फतवा दिया है यारो ! सुनो--'यह किसान मार्च एक 'मजाक' है... सोशलिस्ट नेता शुतुरमुर्ग हैं... किसानों होशियार।'

इतनी देर के बाद बनानी की समझ में सारी बात आती है। कहती है--'ओ ! किसान मार्च !'

'हाँ किसान मार्च !' केशव दा हँसते हैं--'चायनार लांग मार्च, गाँधीजीर डांडी मार्च सुनेछिले तो ? एबार ज्ञान बाबूर किसान मार्च हबे।'

'ओ बाबा ! ए तो साहित्यकार क्रांति नृत्य !'--बनानी डरने की मुद्रा बनाती है, फिर अपने खूबसूरत बालों की वेणी को उंगलियों में लपेटकर गंभीर हो जाती है। पिछले साल इसी तरह वेणी को उंगलियों में लपेटर गंभीर होते हुए उसने शिकायत की थी--'ज्ञान, न जाने तुम लोगों में यह कौन-सी आदत है। कोई भी बात करो, घूम-फिरकर

राजनीति पर आ जायेंगे।' और उसकी इस शिकायत पर ज्ञान ने राजनीति की बातें छोड़कर...कॉफी की सोंधी खुशबू की, 'फिरपो' की पेस्ट्री की, अवनींद्रनाथ के चित्रों की, दार्जिलिंग की सुबह और पुरी के समुद्र-तट की बहुत-सी बातें की थीं।

केशव दा को जवाब देते हैं किरण 'दा--'चायनार लाँग मार्च वा गाँधीजीर डांडी मार्चर मत ऐतिहासिक मार्चे एखन दरकार। यदि ए 'किसान मार्च' सफलीभूत हय...'

'ता हले, कि बलते चाउ, नेहरु प्याटेल पालिये हिमालयार कंदराय चले जाबे ?'

'च्याँगकाइशेक...'

'तुमी सोशलिस्ट पार्टीर सापोर्ट कोच्छो किन्नी दा'--घी का व्यापारी नवीन आश्चर्य से पूछता है। ज्ञान को मौसी अंदर बुलाती है। बहस के बीच में ही ज्ञान को उठना पड़ता है। केशव और किरण 'दा की ऐसी बहस को कमलनाथ कहा करता है--दो जंग लगी हुई तलवारों की खटाखट।

लौटने के समय ज्ञान ने चाहा, बनानी से थोड़ी देर बातें करे लेकिन कॉफी की सोंधी खुशबू, फिरपो की पेस्ट्री, अवनींद्रनाथ के चित्रों, दार्जिलिंग की सुबह और पुरी के समुद्र-तट के सिवा वह और कुछ सुनना चाहेगी ? कुछ समझेगी ? बनानी गा रही है..."तोमार मदेर गंधे अंध वायु बेये चारिदिके।" बेचारी को इतना भी नहीं मालूम कि मदेर गंधे अंध वायु नहीं, तूफान आ रहा है।...बनानी अच्छा गाती है। ज्ञान की इच्छा होती है, 'मार्चिंग गीत' सुनने की--

'उर्ध्वे गगने बाजे बादल, निम्ने उतला धर समु
अरुण प्रातेर तरुण दल, चल रे चल रे चल !![1]

बनानी का गला इतना मधुर है कि इस गीत की ज्वाला शांत हो जायगी। या बनानी के पारद पंख झुलस जायेंगे । ऊपर--आसमान में नक्कारे बज रहे हैं, नीचे...धरती टलमला रही है...बनानी इसमें सुर नहीं मिला सकती । कॉफी की सोंधी खुशबू मिट जायेगी, फिरपो की पेस्ट्री का मजा खराब हो जायगा, अवनींद्रनाथ के चित्रों का रंग धुल जायेगा, दार्जिलिंग की सुबह की खूबसूरती बिगड़ जायेगी और पुरी के समुद्र-तट पर लहरें नहीं आयेंगी, नहीं आयेंगी।

'यदि तोमार डाक सुने केउ ना आसे, तॅबे ऍकेला चलो रे !
ऍकला चला रे !'[2]

जिनसे प्रेरणा मिली, आज वे व्यंग्य कर रहे हैं, जिससे प्यार मिला, उसके हल्के मन में भीगी हुई उदास हवा आज अंधा बनाना चाहती है। आसमान में नकारे की आवाज बुलंद हो रही है...

अकेला चलो। अकेला क्यों, तूफान आ रहा है। तुम्हारा साथी तूफान !

---

1. काजी नजरुल इस्लाम लिखित प्रसिद्ध-मार्चिंग गीत

2. रवीन्द्रनाथ ठाकुर का प्रसिद्ध गीत

'ज्ञान !'

ज्ञान रुककर देखता है, किरण 'दा मुस्कुरा रहे हैं। 'सुनो ज्ञान !'--वे कहते हैं--'इतनी दूर की मंजिल तुम पैदल तय कर सकोगे ?... सच ? शाबाश, मेरे भाई ! तुम कलाकार हो, प्रगतिशील, क्रांतिकारी। इतनी बड़ी ऐतिहासिक घटना में तुम 'अन्य पुरुष' में कैसे रह सकते हो !'

'...किरण' दा'--ज्ञान मुँह देखता है।

'आश्चर्य की बात नहीं है।'--किरण' दा मुस्कराते हैं--'मेरा प्रजातांत्रिक समाजवाद में विश्वास है, निरंकुश समाजवाद में नहीं। सोशलिस्ट पार्टी के 'पटना विधान' से मेरे ख्यालात को और भी बल मिला है। पार्टी की पॉलिसी और प्रोग्राम ने शको-सुबहा को दूर कर, मेरे दिल में नयी उम्मीदों के चिराग जला दिये हैं। इंकलाब को 'एसिड बल्ब' में बंदकर प्रयोग करने वाला प्रोग्राम समाजवादी प्रोग्राम हरगिज नहीं । जरूरत है, करोड़ों-करोड़ शोषितों, पीड़ितों, मेहनतकशों की भूखी अंतड़ियों, सूखी हड्डियों, खाली दिमाग और निराश दिल में हरकत पैदा करने की, गति लाने की। नयी उम्मीदों की रोशनी जलानेवाला यह प्रोग्राम ! किसान मार्च ! वक्त की माँग और जरूरत को सही-सही समझनेवाली जमात.... सोशलिस्ट पार्टी, प्रतिक्रियावादी शक्तियाँ आँखें नहीं मिला सकेंगी। सातों समुंदर का पानी उलीचकर इसकी लपट को बुझाना असंभव होगा।... ऐसे महत्वपूर्ण मार्च में जो कलाकार शरीक नहीं हो सका....!'

जंग लगी हुई तलवार ! किरण' दा अपना थर्मस 'फर्स्ट एड बक्स' तथा जरूरत की और भी कई चीजें देते हैं। एक हस्तलिखित अंग्रेजी किताब--'बिहार का सामरिक भूकअंकन' (Military Geography) किरण' दा ने लिखी है। कम्युनिस्ट पार्टी के जेनरल सेक्रेटरी के फौजी हुक्म पर भी उन्होंने जिसे देना अस्वीकार कर दिया था। एक नक्शा--बिहार का रोडमैप। 'लायका' कैमरा--बनानी माँगती थी। इसकी उपयोगिता विश्व-शांति सम्मेलन में नहीं।... शांति नृत्य... शांति...

'शांती... शांती... शांती। ऐ भाई, शाँती रखिए।'

परमानपुर में किसानों की सभा हो रही थी। दाढ़ीवाले बाबाजी चुन्नीदास लोगों को शांत कर रहे हैं । चुन्नीदास जी 1930 से'42 तक चौदह बार जेल की सजा भुगत आये हैं । कबीरदास के बाद गाँधीदास बननेवाले इस भोले किसान की सारी जमीन नीलाम हो गयी । जमींदार न तो पानी बरसाता है, न खेत की पैदावार को बढ़ाता है । फिर कैसी मालगुजारी, कैसा खजाना ? 1934 में ही उनका यह नारा था। जमीन नीलाम हो गयी, बीबी मर गयी, बच्चों को 'कँगरेस' में, गाँधी बाबा की सेवा में सुपुर्द किया। एक आज तक 'काँग्रसे आश्रम' का बर्तन माँजता है, दूसरा पूरब कमाने के लिए भाग गया। जब तक सुराज न होगा 'जटा और दाढ़ी' नहीं कटायेंगे । सो '15 अगस्त' को साधू का धरम भ्रष्ट

होते-होते बच गया, प्रतिज्ञा टूटते-टूटते रह गयी । दुहाई गाँधी बाबा, जमीन पर जोतने वालों का हक नहीं, गरीबों के पेट में अन्न नहीं, देह पर बस्तर नहीं। लोगों ने झूठमूठ हल्ला मचाया कि सुराज हो गया। दुहाई गाँधी बाबा, चौदह बार फिर जेल जान को तैयार हैं... ।

'डिम डिमिक डिमिक, डिम डिमिक डिमिक'

सभा की कार्यवाही शुरु होती है। चुन्नीदास जी खँजड़ी पर स्व-रचित निरगुन शुरु करते हैं--

'ब्योधा जाल पसारा रे हिरणा, ब्योधा जाल पसारा।
झूठ सुराज के फंद रचावल, लंबी-लंबी बतिया के चारा
मुँह पर गाँधीजी के नाम बिराजे, बगल में रखलबा दुधारा
रे हिरणा...
डिम डिमिक डिमिक, चट् डिमिक डिमिक....'

उपस्थित जनता गरदन हिला रही है, झूम रही है। पर्दाफाश हो गया, चालाकी नहीं चलेगी। यह आजादी झूठी है...झूठी है...वादे झूठे हैं...काँग्रेसी सरकार ने जनता के साथ विश्वासघात किया है।

'अरे मोटिया धोती, टोपी पहिन के फिरतबा रंगल सियारा।'

हा हा हा ! हो हो हो ! सारी सभा हँसती है, ठीक, अक्षर-अक्षर ठीक । रँगे सियार। अब रंग धुल जायेगा।

'महँगी की चक्की में रोये किसानवाँ, मौज करे जमींदारा
गाँधीजी के बेंचत चोरबाजार में, लीडर सेठ साहूकारा/ रे हिरणा...
डिम डिमिक डिमिक, चट् डिमिक डिमिक...'

शांती...शांती...शांती...।

ज्ञान बोलने को खड़ा होता है। जनकवि चुन्नीदास के 'निरगुन' की अटपटी पंक्तियाँ महात्मा कबीर की याद दिला रही हैं। ज्ञान के अंदर का कलाकार अपनी हार स्वीकार करता है। ज्ञान कहता है--'सचमुच जाल पसारा गया है। हिंदोस्तान में फासिज्म कायम करने की कोशिशें हो रही हैं...।

जनता एक स्वर से कहती है--'हम सब लोग समझते हैं, आप यह बताइए कि हमें क्या करना है ?'

जनता भाषण नहीं सुनना चाहती, प्रोग्राम माँगती है ! क्या करना है ! ज्ञान की आँखों के आगे का परदा मानो हट जाता है। प्रोग्राम ? क्या करना है ?...'12 अगस्त 1942' । जनता पूछती है, क्या करना है । रेल उखड़ गये, तार कट गये, थाने लूटे गये हैं, अब क्या करना है ? ज्ञान के पास प्रोग्राम नहीं है, ज्ञान के पास जवाब नहीं है । और

जनता थाने में आग लगा देती है, दरोगा और दो कांसटेबलों को आग में झोंक देती है । ज्ञान को मानो लकवा मार दिया है । आग की लपट में दोनों सिपाही तड़प रहे हैं, छटपटा रहे हैं और चेथरु साह किरासन का खाली कनस्तर बजा-बजाकर नाच रहा है, होली गा रहा है--'फेरु होइहैं राम के राज अरे लाला फेरु होइहैं राम के राज... ।'

आज...12 नवंबर 1949 'राम-राज्य' में जनता फिर पूछती है क्या करना है । आज भी यदि ज्ञान चुप रहा तो ?...

--'राजधानी चलो, हजारों की तादाद में जमा होकर, अधिकार के नशे में मदहोश, जनता से दूर, जनता के दुख-दर्द से परे, गद्दी के मालिकों को झकझोर कर जगाओ और कहो--अंधे हो गये, देखते नहीं ? बहरे हो गये, सुनते नहीं। वादा भूल गये, झूठे...'

'इस पर भी यदि नहीं जगे...तो ?'--जनता का सवाल है।

'तो ?'

'चटाक् चटाक् चट धा'...खँजड़ी फड़फड़ा उठती है, जनकवि चुन्नीदास आल्हा शुरु करते हैं--

'सुमरि कराली माँ काली को, गाँधीजी के करि जयकार
पकड़ चोटिया सब चोट्टन को, तब गद्दी से देहु उतार
बेइमानों का राज खतम कर चटपट बनेम अपन सरकार
लटपट सटपट सेठ महाजन, छटपट करे जालिम जमींदार
झटपट भागे दुख रे दरिदवा मचे देश में जय जयकार
...बोलिए प्रेम से--महात्मा गाँधी की जै !
कांग्रेसी राज मिटायेंगे
सोशलिस्ट राज बनायेंगे !'

'पटना चलो, पटना चलो, पटना चलो रे !

औराही, परमानपुर, लहसनगंज, मिल्की, सरसी के 550 किसानों के 5 जत्थे 13 नवंबर, 3 बजे भोर को एक आम के बाग में जमा हैं । नाम लिखे जा रहे हैं, नायक चुने जा रहे हैं । ओढ़ना, बिछौना, कंबल, लोटा, डोरी की गठरी पीठ पर लटकाने के तरीके बताये जा रहे हैं । ज्ञान ने आज पहली बार लाल टोपी पहनी है । हर जत्थे में ढोलक है। 261 मील !

'ड्रम ड्रम ड्रम, ड्रम ड्रम ड्रम'
लेफ्ट राइट, लेफ्ट राइट...
'हम चले--नये जहाँ की नींव डालने।'

ऊपर--'आसमान में नक्कारे बज रहे हैं, नीचे--धरती टलमला रही है...कारवाँ निकल पड़ा। महा अभियान शुरु हुआ ...महात्मा गाँधी की जै !!'

पूरब आसमान में लाली दौड़ गयी । पेड़ों की डालियों पर सोये हुए परिंदे डैने फड़फड़ाकर उड़े, 'हल गरारी' वाली 550 लाल झंडियाँ फिजाँ में अपनी लाली बिखेरने लगीं । एक हजार एक सौ तेज कदम ! 550 बेकरार दिलों की आवाज हवा को कँपा रही है ।...कंपन...शून्य...ईथर...कंपन । मार्टिनगंज के एस. पी. साहब 'वायरलेस' पर 'हिज मास्टर्स वायस' की प्रतीक्षा कर रहे हैं। हुकुम हो तो अभी ...ठाँय !

'टक्कूर ट्रा ट्रा ट्रा टक्कू टक्कू...'

चंदरपुर डाकघर के तारबाबू जाड़े की सुबह में परीशान हैं। दरोगा साहब सिर पर सवार हैं । टू द एस. पी.। टू द डी. एम. टू द डि. आई . जी., सी. आइ. डी. एंड पोलिस...टू द...। फाइव हंड्रेड किसान्स मार्चिंग थ्रू... ।

'क चच्...च्...च् च च !'

'भर पेट जन -सेवा की कसमें खाकर प्रधानमंत्रीजी स्प्रिंगदार पलँग पर करवट ले रहे हैं। जाड़े की सुबह की मीठी नींद।...कंपन...शून्य...ईथर।...रोजी, रोटी, कपड़ा दो, नहीं तो गद्दी छोड़ दो।... हम गद्दी नहीं छोड़ेंगे। गाँधीजी का नाम लो, सुबह-सुबह क्या रोटी-रोटी रट लगा रखी है तुमने। रोटी के लिए तो कुत्ते लड़ते हैं। नेहरू जी की बातें सुनो--टबो में खेती करो, गमलों में अन्न उपजाओ, शकरकंद खाओ टपिया को। बेदखली बंद करने की माँग मत करो। जमींदारों को मुआवजा नहीं दोगे ? सरदार पटेल ने कहा था, याद नहीं--यह डकैती है। जाओ, रामधुन गाओ। कपड़े की क्या जरूरत, भस्म लगाओ। हमारी संस्कृति, भारतवर्ष की प्राचीन संस्कृति बल्कल और भस्म, राख...। हम गद्दी नहीं छोड़ेंगे।...

'आँखें अगर न खुलतीं, तुम पास मेरे होते।'

रेडियो पर गाने के लिए 'कला की पुतली' बनानी नये गजल पर भैरवी का 'टच' देने की कोशिश कर रही है । 'तुम पास' कहते वक्त गले को फँसाकर दर्द पैदा करना चाहती है। सपना टूट जाने पर, साथ छूट जाने पर जैसा दर्द होता है। मीठे सपने !

यह दौरे इंकलाब है...। रानीगंज हाट । 10 मील । जत्थों को रोकिए । रुकिए ! जलपान कर लीजिए ! चूड़ा, गुड़, मूढ़ी, सत्तू। पोटलियाँ खुल रही हैं। जेल में चना के बदले चूड़ा माँगने में ज्ञान को भी लाठियाँ खानी पड़ी थीं। 'चना के बदले चूड़ा लेंगे / ठहरो बेटा लाठी देंगे !' ...मुंजीलाल महसूस करता है, चाय के बिना ज्ञान भैया की बुरी हालत होगी । ईंट जोड़कर, पीतल के लोटे में चाय तैयार करता है। रानीगंज हाट के लोग उमड़ पड़ते हैं, इन अनोखे तीर्थयात्रियों को देखने के लिए । पटना, ढाई सौ मील ! बाप रे !

तख्तियों पर क्या लिखा है... 'जो सरकार घूसखोरी न रोके, वह सरकार निकम्मी है'... कल ही यहाँ पर एक काँग्रेसी चीनी की चोरबाजारी करते हुए पकड़ा गया है । दफ़ा 40 के मुकदमें में थाना काँग्रेस के मंत्री ने जमींदारों के पक्ष में गवाही दी।...एक काँग्रेसी गाँधी स्मारक फंड का साढ़े सात हजार रुपया खा गया है।...सरकारी दफ्तरों में, कचहरियों में घूसखोरी की हद हो रही है।...

लोगों की निराश आँखों में नयी आशा की झलक दिखायी पड़ती है । पाँच उत्साही किसान के बेटों ने जत्थे में नाम लिखाया । दौड़कर सामान ले आते हैं । वे भी पटना जायेंगे। 550 में 5 और मिल गये। 550 में, अपने वर्ग में, अपनी जाति में।

'अरे बेटा रे ! राजा बेटा... ।

वह बुढ़िया छाती पीटकर रो रही है ? पूछिए। ...वह समझती है कि ये लोग फिर लाइन उखाड़ने, तार काटने जा रहे हैं।'42 के आंदोलन में, रेल उखाड़ने के जुर्म में उसके लड़के को फाँसी हो गयी, तभी से वह पगली हो गयी है। ...जीवन की माँ तो नहीं है ? ...हाँ। ज्ञान की आँखों के आगे स्वस्थ, उत्साही, हँसमुख नवजवान जीवन गोप की तस्वीर आकर खड़ी हो जाती है। ...आशीर्वाद दो जीवन की माँ, हम जीवन की अंतिम इच्छा--किसान-मजदूर राज्य कायम करने के लिए बढ़ रहे हैं।...

बढ़े चलो, बढ़े चलो...!!

खेतों में धान काटनेवाली औरतों का गीत थम जाता है। वे अचरज से इस लाल फौज को देखती हैं। अचरज से। भोला अचरज ! देखकर यों ही बिला वजह मुस्कुरा रही हैं। एक युवती के मोतियों से सुफेद दाँत, बहुत अर्से तक ज्ञान की आँखों में लरजते रहे। उसने मेकलिंस टूथ पेस्ट का नाम भी न सुना होगा। बगल के खेतों से धान की कई बालियाँ लाकर चलते-चलते किसनू कहता है--देखिए ज्ञानू भैया, यह है नाजिर, यह है रांगी, यह बासमती, कनक-जीर...

'आयल तीरथ महान्, चल चल हो किसान '

जनकवि चुन्नीदास गा रहे हैं । गंगा, काशी, हरद्वार, काबा, मक्का, मदीना से भी बढ़कर पुण्य देनेवाला, जिंदगी को बदल देनेवाला, स्वर्गलोक को धरती पर उतारने वाला तीर्थ,!!

बाँस भर दिन बाकी है। मुरलीगंज स्कूल में रात को पड़ाव डालना है। तेज कदम। रास्ते के अगल-बगल के छोटे-छोटे गाँव, उनके गरीब बासिंदे सड़क के किनारे चुपचाप खड़े हैं। कोई-कोई सिर्फ 'जय-जय' कहते हैं। ये लड़कियाँ हैं या आरतें ? गालों में गड्ढ़े, छातियों में सिलवटें पड़ी हुईं। ये लड़कियाँ कभी जवान नहीं होती है। लड़कियाँ और फिर एकदम माँ बन जाती हैं। जवानी क्या है,रस क्या है, इन्हें इन बातों की समझ नहीं। उस दवा का क्या नाम था ?...ज्ञान भूल रहा है...थरमस निकालते वक्त संध्या बौदी की आलमारी में उसने देखा था, अंग्रेजी में लिखा था--For bust beauty use....

मुरलीगंज आ गया। मुरलीगंज हाई स्कूल के हेडमास्टर साहब दाँत निपोड़ कर

अपनी लाचारी दिखाते हैं--'सो तो ठीक है। मगर स्कूल के सेक्रेटरी के परमिशन के बिना...आप तो जानते हैं...हमारी क्या हस्ती है।' स्कूल के सेक्रेटरी एक काँग्रेसी जमींदार हैं, किसानों के जत्थे, अपने दुश्मन के जत्थे को भला कौन आराम और सहूलियत देता है। होस्टल के लड़के, स्कूल के कमरों से बेंच निकाल रहे हैं, दरी, बिछावन, वगैरह बिछा है। इजाजत ! गाँव के किसानों की त्योरियाँ चढ़ जाती हैं।... कैसी इजाजत ? आप लोग स्कूल में ठहरिए, देखें सेक्रेटरी क्या करता है। इजाजत की ऐसी-तैसी। हिस्...।

शाम को सभा में मुरलीगंज गाँव की सारी आबादी उमड़ पड़ती है। औरत, बूढ़े, बच्चे, जवान। चुन्नीदासजी का निरगुन, आल्हा। मुंजी का गीत। थका हुआ ज्ञान ज्यादा नहीं बोल सकता है। लेकिन अंधेरे में हजारों आँखे चमक रही हैं। उन आँखों में किसान-मजदूर राज, असली सुराज की भूख स्पष्ट रूप से दिखायी पड़ती है। गाँववाले आपस में तय करते हैं।

पाँच सौ हों या हजार, गाँव की इज्जत चली जायगी, ये अपने लोग हैं, अपने। गरीबों के, मिहनतकशों के। ये हमारी दुनिया बसाने के लिए जा रहे हैं।...घर पीछे दो सेर चावल आधा सेर चावल, आधा सेर दाल। भोज, प्रतिभोज !!

ज्ञान को नींद नहीं आ रही है। थकावट में तो नींद आती है ! फिर ? तलवों में जलन है। नाचने से पैर में थकावट नहीं मालूम होती ? तलवे नहीं जलते...कितने धोखे में था वह। कितनी दूर था वह,अपने वर्ग से, समाज से, जनता से । उसकी जिंदगी का रुख, जिंदगी को देखने का, समझने का, परखने का, दृष्टिकोण ही अचानक बदल गया है।...शशांक कहता था--'नया दौर हमेशा एक तरह के जेहनी इंकलाब के साथ आता है, नये दौर में कद्रें बदल जाती हैं, नयी कद्रों के बलबूते पर नये अदीब पुरानी शाहराह से मुँह मोड़ लेते हैं।'...यहाँ डाकघर है। शशांक को एक खत डाल देना चाहिए। वतन से दूर...अमेरिका में बैठा इंतजार करेगा। नहीं, हिंदोस्तान के पत्रों और रेडियो पर भरोसा करने वाला वह नहीं है।...ता. ...अक्टूबर को बेचारा, बेवकूफ घी का व्यापारी नवीन रात भर रेडियो पर, पेचिंग स्टेशन से बोलने वाले नेताजी की मृत या अमृतवाणी का इंतजार करता रहा।...शशांक को अपने दोस्तों के खतों का भरोसा है।...

शशांक,

'...तुम्हारी कहानी 'लहर आयी' इस मार्च में बार-बार याद आ रही है। ...समुंदर का पानी चीख रहा है, लहरें जा रहीं हैं, लहरें फिर जायेंगी, जाती ही रहेंगी जब तक कि...। विश्वास करो, हिंदोस्तान की मिट्टी पर फासिज्म की नींव नहीं पड़ने देंगे। हमारी मंजिल करीब है। ...अब समुद्र की गहराई में हमें जाना है जनता के बीच, एक खास प्रतिष्ठित दायरे में नहीं।'

14 नवंबर-। लाल आसमान। लाल फिजा। तैयार ! जरा ठहरिए... । क्यों ? यह क्या ? फूल-मालाएँ किसलिए ? यह आरती ? देखिए, यह गलत बात है। लाल साड़ियों में लज्जावती मिथिला कन्याओं की टोली रुक जाती है। ज्ञान कहता है, यह व्यक्ति-पूजा गलत चीज है।...गाँववाले कहते हैं--'हम अपने यात्रियों को विदाई दे रहे हैं।' जनसमूह की आरती उतारी जाती है। लड़कों का दल शंख, घंटा घड़ियाल बजाता है। डाँग, डंग, डाँग, डंग धू... । बीगबेन, साइरेन। 50 किसान और साथ हुए । 550 से 555। 555 से 605। दूसरे पड़ाव तक जाने के लिए 250 किसान। दूसरे पड़ाव से ये लौट आयेंगे। धनकटनी का समय है, लाचारी है।

'माँग रहा है हिंदोस्तान, रोटी-कपड़ा और मकान।'

जूठे पत्तलों पर जीनेवाला, भूखा; गुदड़ी से लाज ढँकनेवाला, नंगा; फुटपाथ पर और खुले आसमान के नीचे सोनेवाला, बेघर का हिंदोस्तान जा रहा है । तेज-तेज कदमों से बढ़ता हुआ कहाँ जा रहा है हिंदोस्तान ? ...जो भूखे हैं, जो नंगे हैं, अब गुस्सा उनको आया है । भूखे शेर से खिलवाड़ ?... भूखा हिंदोस्तान , नंगा हिंदोस्तान।...बढ़े चलो, बढ़े चलो। जमीन का चप्पा-चप्पा पुकार रहा है, विदाई दे रहा है....बढ़े चलो।

ज्ञानचंद रोडमैप निकालता है । तय किए हुए रास्ते को लाल पेंसिल से लाल कर देता है। ...लाल !...बीरपुर सिर्फ 15 मील है, 5 मील के बाद सड़क के किनारे एक पोखरा है, पोखरे के पास एक आम का बाग है, वहीं स्नान-जलपान होगा। बढ़े चलो... । ...वह दूर धूल क्यों उड़ा रहा है ? जत्था ! जत्था ! जत्था है !...जत्थे मिलते हैं आपस में। अनिरुद्ध का जत्था... । मुरलीधर सिंह का जत्था वीरपुर में इंतजार करेगा। ...बढ़े चलो। अंधपुर। के शमावरदारो ! ...चिराग जलाये चलो...रोशनी... प्रकाश... आलोक...महा आलोक... । बीरपुर। रात की सभा। अनिरुद्ध ओर चुन्नीदास का सम्मलित जनगीत। प्रीतिभोज।...गाँव के जमींदार साहब के सिपाही रातभर चिल्ला-चिल्लाकर पहरा देते हैं। खबरदार ! 15 नवंबर ! लाल आसमान। लाल फिजा। तैयार। बीरपुर के किसान राह खर्च देते हैं, चावल, दही, चूड़ा, गुड़। कौड़ी-कौड़ी जोड़कर जमा की हुई रकम--50 रु. एक निस्संतान विधवा देती है। चवन्नी, एकन्नी दुअन्नी... । किसान-संघर्ष में उसका स्वामी जमींदारों द्वारा मारा गया था, 1937 में। ...पाँच जत्थे, पाँच नायक, पाँच रास्ते। ज्ञान के जत्थे में सिर्फ 235। ...सही सुराज के लिए...बढ़े चलो। कोई कोना बाकी न रहे...हौसला बढ़ाते चलो...चप्पा-चप्पा लाल हो जाय।

16 नवंबर।...

नक्शे पर ज्ञान की लाल पेंसिल सरकती है। लाल...

17 नवंबर...

गाँव, घर, नदी-नाले,पोखर-तालाब, खेत-खलिहान, लाल...पेंसिल सरकती है।

18 नवंबर...

लाल ! लाल ! लाल!

19 नवंबर...20 नवंबर...लाल...21,22,23,24....लाल...लाल...हिंदोस्तान जा रहा है। तेज-तेज कदमों से, दौड़ता हुआ...अपने लक्ष्य की ओर...हिंदोस्तान 25 नवंबर...गंगा मैया की जय !!...इंकलाब...जिंदाबाद !

गँगा के किनारे। हजारों किसान यात्री नावों का इंतजार कर रहे हैं। सुफेद बालू पर हजारों-हजार लाल झंडे, 'हल गरारी' वाले लाल झंडे ! कपड़े की सफाई, स्नान, जलपान और रह-रहकर 'रोटी रोजी कपड़ा दो... ।' 550 से 555। 555 से 605। 605 से डेढ़ हजार और गंगा किनारे ? ज्ञान कहता है--पच्चीस हजार । सहरसा के एक उत्साही साथी कहते हैं--तीस हजार। मुरलीधर सिंह कहते हैं--चालीस हजार ! वे दोनों कहते हैं--'आप अखबारनवीस होकर इतना कम कहते हैं ?' बातों को बढ़ाकर कहना ही मानों अखबारनवीसों का काम हो !

दस बज रहे हैं। लोग अधीर हो रहे हैं। झंडा सलामी में शरीक नहीं हो सकेंगे। करीब डेढ सौ उत्साही किसान गंगा में कूद पड़ते हैं, तैरकर जायेंगे। ...ज्ञान के जत्थे में पंद्रह किसान बीमार हैं। स्टीमर से उन्हें भेजकर ज्ञान बालू पर टहलता है और गुनगुनाता है--'ए आबे रौदे गंगा, वह दिन है याद तुझको/उतरा तेरे किनारे जब कारवाँ हमारा।'...यह दूसरा ज्ञान है। मकसद की याद दिलाने के लिए अब पोस्टरों की जरूरत नहीं। लाल झंडे में सजी हुई सैकड़ों किश्तियाँ गंगा की धारा में एक अजीब रंग घोल रही हैं।...लाल झंडों का यह जंगल !!

रजी अजीमाबादी, गोपीकांत, हम्मीद के साथ अपना नया झंडा-गान गाते हैं।

झंडा, लाल आशा की लाली, हल और
चक्का सूरज
नये सवेरे का संदेशा, इस झंडे की सजधज।
शोषित जनता के जीवन में लाया है उजियारा,
झंडा लाल हमारा....

जे. पी. आज लाल टोपी में है...। टोपियाँ, लाल झंडे...मानो शोले उठे हैं। भड़ककर...ज्ञान अपने दोस्तों को खोजता है। विशाल गाँधी मैदान भर रहा है।...लहरें चारों ओर से आयी हैं। एक बज रहा है, जुलूस रवाना होने को है। ज्ञान को अब न अपना जत्था मिलता है और न दोस्त ही। ज्ञान खो गया।... 'सोशलिस्ट पार्टी का यह एलान/मालिक हो मजदूर किसान... ।' जुलूस रवाना हुआ। इतना बड़ा जुलूस ? 'बस' का बूढ़ा कंडक्टर कहता है--जिंदगी में इतना बड़ा जुलूस पटने में नहीं देखा।...ज्ञान एक जत्थे में मिल जाता है। दो बज रहे हैं, उसका जत्थ खड़ा है। ढाई बजे कहीं उसका जत्था हरकत में आ सका। सबसे पीछे बेचारे शिवधारी बाबू का जत्था है, उनके जत्थे को करीब तीन बजे तक खड़ा रहना पड़ेगा।...जुलूस में चलते हुए, एक काले चश्मेवाले साथी को

देखकर ज्ञान को फिर शशांक की याद आती है। वतन से दूर...कितना बेचैन होगा शशांक।

यदि आज रेडियो स्वतंत्र होता और हिंदुस्तान अमेरिका की तरफ लहर फेंकता ? ...शून्य...ईथर...माइक...कंपन। शशांक अपने रेडियो का मीटर ठीक कर रहा है । ...कर...कर...खड़...गड़....गड़कड़क... । यह आल इण्डिया रेडिया पटना है। अभी दिन के डेढ़ बज रहे हैं । जुलूस रवाना हो चुका है । अब आप इस ऐतिहासिक जुलूस के साथ-साथ चलनेवाले हमारे रिपोर्टर का आँखों देखा चलता विवरण सुनिए। ... । कर...करड़...कर... । जमींदारी का मुआवजा ...कोलाहल...जमीन की बेदखली... कोलाहल...आपने अभी जुलूस के नारों को सुना।...अ...सबसे अगला जत्था मुसल्लहपुर पहुँच चुका है...और सबसे पिछला जत्था अभी भी लान में खड़ा है । जुलूस के सबसे आगे गाड़ी है, उसके बाद पहली कतार में जयप्रकाश चल रहे हैं। उनके पीछे रियासत करीम, अबुल हयात चाँद, हरिकृष्ण, रजी चल रहे हैं। हर जिले का जत्था अपने साइनबोर्ड के साथ है। भागलपुर, मुंगेर, संथालपरगना, मुजफ्फरपुर, दरभंगा, गया, पूर्णिया, सहरसा, हजारीबाग, राँची, मानभूमि, सिंहभूमि--संथालों की अलग टोली है। शहर की जनता दूर पड़ी है। जुलूस का अगला सिरा निचली सड़क के लिए घूम रहा है और पिछला जत्था ?....पिछला जत्था...पिछला जत्था अब भी मुरादपुर में खड़ा है। 'इट्स वंडर... ।' लोग कह रहे हैं इतना बड़ा जुलूस पटना ने अब तक नहीं देखा। ...जनरल अस्पताल की खिड़कियों और बरामदे पर बीमारों की ठठ्ठ आँखें नयी जिंदगी की उम्मीदें लिये खड़ी देख रही हैं... । कोने-कोने से पचास हजार भूखे-नंगे अन्नदाता किसान सैकड़ों मील की मंजिल पैदल तय कर आये हैं। अजीब सभा है, अजीब जोश है। कर...कर...गड़क--सोशलिस्ट राज बनायेंगे.. । अब जुलूस की लंबाई...तकरीबन--अ....ढाई-तीन मील लंबा हो गया। शहर के लोग भी बड़े उत्साह से जुलूस में शरीक हो रहे हैं। सोशलिस्ट पार्टी और किसान पंचायत के लीडर बिन मुकाबले मार्च करके आये हैं। वे अपने-अपने जत्थे में हैं ?...मुश्किल है जनता की इस विशाल भीड़ में नेता लोग नजर नहीं आ रहे हैं। ...वो रहे हिंद किसान पंचायत के जनरल सेक्रेटरी रामानंदन मिश्र जी और...और...वे कौन हैं...हाँ, कर्पूरी ठाकुर...बिहार किसान पंचायत के जनरल सेक्रेटरी । इन लोगों ने दरभंगा से मार्च किया है। और वह सियाराम सिंह, सूरज नारायण सिंह भागलपुर के जत्थे में । वह अंबिका सिंह...? फालिज के मरीज विशेश्वर मिश्र गया से मार्च करके आ रहे हैं। सहरसा के नायक... माफ कीजिए...नहीं पहचान रहा हूँ। पूर्णियाँ के जत्थे में मुरलीधर सिंह, देवनाथ राय नजर आ रहे हैं। नये-नये जत्थों का आना जारी है। जत्थे आ ही रहे हैं।...सबसे पीछे सोशलिस्ट पार्टी के पुराने और बुजुर्ग नेता शिवधारी सिंह हैं। ...इस जुलूस को देखकर शहर और देहात के शोषितों-पीड़ितों की भावी एकता में शकोशुबहा नहीं रह जाता। जनता में ऐसी बेदारी, ऐसा जोश 1942 के आंदोलन के बाद कभी नहीं देखा गया।...मगर प्रधानमंत्रीजी सेक्रेटेरियट पर फौजी पहरा

बिठाकर, मिलिटरी ट्रकों को तैनात करवाकर दिल्ली जा चुके हैं । ...वह कौन-सा जत्था है ? हाँ, वह सोशलिस्ट पार्टी के अखबारनवीसों, लेखकों, अदीबों, कलाकारों का जत्था है । लंबाई और जेहन में बेजोड़ बी. पी. सिन्हा, प्रगतिशील आलोचक...गोपीकृष्ण, अहद फातमी; कथाकार विश्वमोहन सिन्हा के हाथ में झंडा है, उसके बाद कयूम कायद है। फिर चित्रकार दामोदर...नरमुंड...नरमुंड...नरमुंड... जनता...जनता...जनता।

जहाँ तक निगाहें जाती हैं बस नरमुंड...सुर्ख परचम...लाल झंडे... । सारा पटना लाल हो रहा है।... ।

'कौन ज्ञान ?'

'हरेकृष्ण जी'--ज्ञान ने देखा जुलूस मैदान पहुँच चुका है।

गाँधी मैदान। पचास हजार से ज्यादा। एकत्रित जनसमूह ने दुहराया--'हमारे नेता जयप्रकाश।'

जयप्रकाश जी खड़े होते हैं। शोरगुल, नारे बाजी, फुसफुसाहट सब बंद, सन्नाटा। शांति।... "मैं चाहता हूँ कि शुरु में दो एक चेतावनी दे दूँ, आपने दो-एक नारे लगाये हैं जिनसे मुझे तकलीफ हुई है। आपने मेरे नाम का नारा लगाया है जिसे मैं पसंद नहीं करता। तहरीके आजादी के सिलसिले में आपने नेहरु और पटेल वगैरह के नामों के नारे लगाये। लेकिन इसके बाद क्या हुआ ?..."

इसके बाद क्या हुआ ? इसके बाद क्या हुआ ?--ज्ञान तेरह दिनों से विशाल जनसमूह के साथ है, हजारों गाँवों से वह गुजरा है, लाखों के चेहरे पर उसने पढ़ा है--'जब नेहरु और पटेल अपने वादे को भूलकर पूँजीपतियों, जागीरदारों, जमींदारों के हाथ का खिलौना बन जा सकते हैं तो...? नाउम्मीदी, निराशा, घृणा, अविश्वास। ...कुओमिंतांग शासन के शोषण, अत्याचार, खुदगर्जी से तबाह होकर चीन के किसानों ने अपनी नयी दुनिया बसाने के लिए सफर शुरु किया--लांग मार्च--इसी का नतीजा है कि आज चीन लाल हो उठा है...

"मौजूदा सरकार की अप्रजातांत्रिक हरकतों ने मोंचि जैसे ठंडे व्यक्ति को भी यह सोचने को मजबूर किया है कि क्या शांतिमय तरीकों से इस सरकार को हटा फेंकना कभी संभव होगा... ।"

'Now he is so bitter ?' कालेज का एक विद्यार्थी अपनी जमात में आश्चर्य प्रकट करता है। ...यह जयप्रकाश...अवनींद्रनाथ का नहीं... । ज्ञान की आँखों के आगे फिर '42'-के नज्जारे दौड़ते हैं...चेथरु साह किरासन का कनस्तर बजा-बजाकर नाच रहे हैं, होली गा रहे हैं।

"आप अपनी हालत दिखाने, अपने दुख-दर्द की कहानी प्रधानमंत्री से सुनाने आये और वे..."

भाग गये, छिप गये ? ज्ञान सोचता है, किरण'दा ठीक कह रहे थे, प्रतिक्रियावादी ताकतें आँखें न मिला सकेंगी। जनता से दूर, जनता के दुख-दर्द से प्रधानमंत्री ने रेत में

सिर गड़ा लिया। ...हाय प्रांतीय कॉंग्रेस के मंत्रीजी ! उन्होंने किसान को एक 'मजाक' और सोशलिस्ट नेता जयप्रकाश को शुतुरमुर्ग कहा था। लेकिन तूफान देखकर शुतुरमुर्ग की तरह अपना सिर गाड़ लिया। अजीब मजाक...कॉंग्रेस के नेताजी को इससे बेहतर मजाक कभी सूझा न होगा। एक दर्जन से ज्यादा 'इंकलाबी पार्टियों' ने पिछले साल किसान रैली बुलायी थी। ...कॉंग्रेस के मंत्रीजी और उनके लोगों को 'मजाक' करना उन्हीं पार्टियों ने सिखाया है शायद !...यह तूफान तो महज एक चेतावनी है, जब काल बैशाखी पागल होकर तांडव शुरु करेगा तब ?...नृत्य...शांति...नृत्य...बनानी....उसके घुँघराले बाल... कॉफी की सोंधी खुशबू। ...ज्ञान का सिर चकराता है । वह उठता है, भीड़ से बाहर जाने की कोशिश करता है।...कमलनाथ...कमलनाथ...। कमलनाथ के पास वह धम्म से बैठ जाता है...कमलनाथ कहता है--अब तुम्हें 'जनान' (Jnan) नहीं कहूँगा, जवान कहूँगा, जवान हौंसलोंवाला जवान। ज्ञान गिर पड़ता है। ज्ञान ? ज्ञान ? बेहोशी। अरे, तेज बुखार है। एंबुलेंस !...

ज्ञान आँखें खोलता है। आइडिन, ईथर, ब्लिचिंग पाउडर के मिले-जुले गंध का अनुभव करता है।...कहाँ है वह ? कौन है ?... गोपी जी ?

'हाँ'--गोपी जी फाइल सहेजते सिगरेट का धुआँ फेंकते हुए, एक ही साँस में कहते हैं--"घबराइए नहीं, यह जनरल अस्पताल है, आपको कल चक्कर आ गया था न। तेज बुखार में आप क्यों चल-फिर रहे थे ?'

'देखिए !'--नर्स आकर कहती है--'अभी इनकी बेहोशी दूर हुई है और आप बातें कर रहे हैं। रेस्ट लेने दीजिए। डाक्टर ने कहा है...'

'कल से ही हम लोग परीशान हैं। लोगों को फिक्र है।'

'देखिए !'--नर्स झुंझलाती है। गोपीजी बोल ही रहे हैं।

'लखनऊ में भी खूब रहा। वहाँ भी पंत भाग गया।' फायल से अखबारों की कटिंग निकालते हैं। ज्ञान इस तरह उठकर बैठ जाता है, मानो उसे कुछ हुआ ही नहीं।

--यह 'नेशनल हेराल्ड' की कटिंग है। किसान मार्च एंड जी हुजूर्स। अच्छी रिपोर्टिंग की है।

'लखनऊ के इतिहास में बडे-से-बडे जुलूसों में से एक !'

'लड़ाई का पहला मोर्चा फतह कर लिया गया ।' लोहिया साहब कहते हैं । आचार्य जी ने कहा है--'यह किसान मार्च उस आंदोलन का प्रारंभ है जो नयी जिंदगी का रास्ता प्रशस्त बनायेगा।'

ज्ञान का ज्वर से सूखा चेहरा खिल जाता है। ...किसान मार्च की अद्‌भुत सफलता, इसके महान सामाजिक और ऐतिहासिक महत्व...हिंदोस्तान लाल हो रहा है, नये सवेरे की आशा... ।

1950

युद्ध की डायरी

रामपाठक की डायरी से

15 भाद्र (हिंदी 10 भाद्र), अंग्रेजी 1 सेप्टेम्बर, भु. जमा-यल...बुद्धवार... षष्ठी...घं 4/1/9 मध्ये नीम तथा बाद में ताल अभक्ष्य...यात्रा, घं 4/1/9 गते सिद्धियोग...!!

आज सिद्धियोग नहीं भी होता, यात्रा करनी पड़ती। संयोग की बात, सिद्धियोग है। घर लौटने के समय 'खनावचन' की प्रसिद्ध उक्ति याद आती है--'की कोरो ससूर लेखा-जोखा...!' अर्थात्--घर लौटने के लिए 'पंजी-पोथी' देखकर यात्रा 'उचारने' की क्या जरूरत ?

गाँव से आयी हुई चिट्ठियों को निकालकर पढ़ा। रेडियो की बैटरी और पेट्रोमेक्स खरीदकर लाने को कहा गया है। न बैटरी खरीदूँगा, न पेट्रोमेक्स। पिछली बार ही बैटरी खरीद दिया है, डेढ़ महीने में ही स्वाहा ? और, पेट्रोमेक्स बार-बार चोर चुरा ले जाता है !

तय किया : इस बार न अखबार पढूँगा, न रेडियो सुनूँगा। घुप्प अन्धेरे में रहूँगा ! बावजूद हितचिंतकों की चेतावनी के रोज सुबह-सवेरे-रात में भैंस का दही खाऊँगा--भादों के महीने में। बैटरी, पेट्रोमेक्स नहीं--एक दुधारु भैंस इस बार खरीदना आवश्यक है। ...काली भैंस जैसी रात। अन्धकार। घोर ! झमाझम बरखा। भींगती-भागती 'बरौनी-जोगबनी' पैसेंजर-गाड़ी। हड़बड़ा कर उठ बैठा। मैंने सपने में देखा--गाड़ी पानी को चीरती अतल-तल की ओर भागी जा रही है, पूरे वेग से ! गाड़ी नहीं, पनडुब्बी जहाज ?

16 भाद्र, अंग्रेजी 2 सेप्टेम्बर... ।

गाड़ी कटिहार जंक्शन पर पहुँची। कुछ क्षणों के लिए सूर्योदय हुआ। फिर, बादल उमड़ने लगे। फुहिया बरखा...! ऐसी सुबह में, कटिहार पहुँच कर 'सोराबजी रेलवे होटल' की याद--कलेजे में ही नहीं--जीभ में 'टीस'... । गाड़ी रुकते ही सोराबजी का बेरा अब्दुल अपने साफ-सुथरे लिबास में--ततोधिक परिष्कार--पॉट, प्याले, चम्मच...तश्तरी में तैरते दो स्वस्थ अंडे का वाटरपोच ! और, सर्वोपरि दार्जिलिंगिया-चाय की मनोहारी-सुगन्ध। --तीन साल पहले तक भोगा हुआ सुख अब सपना हो गया !

अखबार नहीं खरीदा। ऊब...ऊबकाई ? ब्लिचिंग-पाउडर और मलमूत्र की मिली-जुली गन्ध !...आँखों पर पट्टी बँधे...हथकड़ियों में जकड़े पाकिस्तानी घुसपैठियों की तस्वीरें...खेतों-जंगलों में छिपे हुए शत्रुओं को खोजते--'मॉपिंग' करते भारतीय जवानों की तस्वीरें...कपड़ा धोती हुई यौवनवती की तस्वीरें...दाँत धोकर दिखलाती हुई दंतवती...ऊब....ऊब !! शायद, नया 'ब्रश' थैले में नहीं रखा गया। पुराना इतना गन्दा है कि किसी के सामने निकाल नहीं सकता।...

नार्थ-ईस्ट-फ्रंटियर-मेल सामने आ लगी। हरे-घासी-रंग में रंगे हुए डब्बे। डब्बों के अन्दर उसी रंग की वर्दी में बैठे 'जवान'--हर डब्बे के दरवाज़े को खोल कर...एक जवान खड़ा है ! आश्चर्य ! वह ठीक कथाकार महीप सिंह ? कच्ची-कच्ची, छोटी-छोटी दाढ़ी-मूँछ, घासी रंग की वर्दी-पगड़ी। पगड़ी के नीचे, ठीक कपाल पर लाल फिफ्टी... । फिफ्टी पगड़ी के नीचे... । ओठों पर वैसी ही मुस्कुराहट। संभव है, उसका नाम महीप सिंह ही हो !

नहीं, मैं लड़ाई के मैदान से भाग कर नहीं जा रहा। नहीं, मैं लड़ाई के डर से घर के कोने में छुपने नहीं जा रहा। लेकिन, बार-बार अपने मन को इस तरह समझाने का मतलब स्पष्ट है कि मैं डरा हुआ हूँ। मैं कायर हूँ !....महीप सिंह जैसे नौजवानों को लड़ाई के मोर्चे पर जाना पड़े, कितनी अश्लील बात है ! इस समय, ऐसी सुबह में यह लड़का यानी महीप सिंह, पलंग पर किस अंदाज़ से अपनी नवविवाहिता अथवा अविवाहिता को चूम कर जगाने की चेष्टा करता...बगैर पगड़ी, बगैर कपड़े....??

नहीं, मैं सिर दर्द की गोली नहीं खाऊँगा। ब्रेसरी नहीं खरीदूँगा। सरल-संतति निग्रह का उपाय नहीं जानूँगा। प्रेशर कूकर, बिस्कुट, खाँसी की दवा, साड़ी...आज का समाचार नहीं पढूँगा। न जाने कब से पढ़ रहा हूँ। रोज़-रोज़ एक ही खबर। लड़ाई अब छिड़ी, तब छिड़ी। छिड़ क्यों नहीं जाती ? घमासान। घनघोर....'फॉग सिगनल' की तड़तड़ाक-आवाजें ! मिलेटरी-स्पेशल खुल गई । मेरा मन भीषण उदास हो गया !

पूर्णिया स्टेशन पर जब एक युवती-माता ने मुझे भक्तिपूर्ण प्रणाम (यानी चरण छूकर !) किया तो मुझे लगा, मैं 'बिरंची बाबा' हूँ। ...'कापुरुष ओ महापुरुष' नहीं देख सका। अजितकेशकंबलियों को हिजड़े के अलावा 'साधू' भी समझते हैं, लोग। यों, साधू

भी वही हो जाता है, कठोर-साधना करके ! पटना के प्रसिद्ध हनुमान जी का 'प्रसाद' मेरे पास था। उसके पुत्र को प्रसाद देकर, ललाट पर सिंदूर का तिलक लगा दिया--'सर्व शान्ति करो भव !'

बैटरी और पेट्रोमेक्स के बदले सिर्फ हनुमान जी का प्रसाद पाकर परिवार के बड़े से छोटे सदस्य तक असंतुष्ट हुए हैं। रात के सवा आठ बजे हैं। अब हिन्दी में समाचार सुनाया जा रहा होगा। पता नहीं कौन सुना रहा होगा ? नारी-कण्ठ या पुरुष ? शुभ या अशुभ समाचार ? मैंने मन-ही-मन समाचार सुनने की चेष्टा की--शुभ कण्ठ ही सुना...हमारे जवानों ने हाजी पीर दर्रा पर कब्जा करके पाकिस्तानी-घुसपैठियों का रास्ता बन्द कर दिया है।...आज जनरल निमो घर लौट रहे हैं।...

सचमुच बैटरी खरीदना बहुत जरूरी है और रोशनी की भी समुचित-व्यवस्था आवश्यक है। भादव मास की भयंकर रात, बादल छाये हैं, मगर बरसते नहीं । रोपे हुए धान के पौधे पीले पड़ रहे हैं। अब वर्षा नहीं हुई तो सारी 'कृषि' सूख जायेगी।...दुहाई इन्द्र महाराज !

पुरवैया हवा में लालटेन भुकभुका कर बुझ गया। सारे गाँव के खेत, बाग, जंगल के अन्धकार को मुझसे पाँच गज दूर रोक रखने वाला नन्हा-सा प्रकाश प्रहरी जूझ मरा और मैं अन्धकार का बंदी।...वह किस फिल्म का गीत है---ये कहानी है....हुं आं...सैकड़ो सियार बोलने लगे।....रात ढलने लगी, चाँद छुपने चला ! आ-आ भी जा ! ...शैलेन्द्र को एक खत लिखना होगा। कब 'तीसरी कसम' रिलीज़ करोगे प्यारे ?

3 सेप्टेम्बर, शुक्रवार

बैटरी मँगा देने से भी काम नहीं चलेगा। रेडियो के अन्दर से चूहों के एक दर्जन बच्चे 'चूँ-चूँ कर बाहर निकले। बल्बों के इर्द-गिर्द भृंगों ने मिट्टी के घर बना लिये हैं। सूक्ष्म तार कई कटे हुए हैं। चलो, छुट्टी। अब काहे को बाँसुरी बजेगी फिर ?

लोग सुबह से ही आकाश की ओर आँखें लगाये बैठे रहते हैं। आसमान में बादल नहीं, गिद्ध मँडराते हैं। त्राहिमाम !

कुशल क्षेम पूछने के पहले ही लोग पूछते हैं, उधर (अर्थात्-पटना में) 'पानी-बुन्नी' हुआ है या नहीं ?

दूर-उत्तर की ओर, कहीं किसी कोने में बादल गरजा। कूप से पानी भरती हुई एक ग्रामबाला ने (ग्राम्य) गाली दी--'मुड़कटवे ! दूर-ही-दूर से गरजते हो। बरसते लाज आती है ?'

लड़ाई की खबर मामूली लोग नहीं पूछते !

आज दिन भर बासी-अखबार की एक ही खबर को बार-बार पढ़ कर रह गया--हमारे जवानों ने उन्नीस चौकियों पर अधिकार कर लिया और एक स्थान पर पैंतालीस टन गोला बारूद.... एक महीने की रसद...!!

किन्तु, दो-तीन दिन में वर्षा नहीं हुई तो बिहार का अन्न भंडार ?...(ग्रेनरी ऑफ बिहार)... हाहाकार मच जायेगा ।

4 सेप्टेम्बर

युद्ध ! जंग ! लड़ाई ! वार !... धुँआधार। गोलीबारी-बमबारी...??

क्या करूँ ? पाट बेचकर अभी पाँच-सौ भी प्राप्त नहीं होंगे। सूखा तो अगहन में 'खान्न' के दिन 'परमान्न' (खीर !) नहीं, 'परान्न' भी नहीं मिलेगा। अभी नया रेडियो खरीदना हिमाक़त है।

अखबार पढ़े बिना खाया-पीया हजम नहीं होता। तय किया गया कि एक आदमी रोज़ शहर जाकर अखबार ले आयेगा। लेकिन, आज जो व्यक्ति गया, वह 'अफवाहों' के सिवा और कुछ नहीं ला सका। उसका कहना है, पाकिस्तान ने एलान किया है कि एक सप्ताह में सारे हिन्दुस्तान को दखल कर लेगा।

तय हुआ, कल जो व्यक्ति जायेगा, वह अपने साथ एक हट्टा-कट्टा लठैत लेकर जायेगा और हिन्दी, बंगला, उर्दू, अंग्रेजी जो अखबार मिले, लेकर ही घर लौटेगा।

आज दिन भर राम पाठक ने मंद-मंद-सुर में सस्वर रामायण-पाठ किया। लंका-कांड !

'मैं तव दसन तोरबे लायक'--

बालिकुमार अंगद, लंकापति से कहते हैं--

'आयसु मोहिन दीन्ह रघुनायक।'

हम शांति-कामी हैं। अकारण अपने पड़ोसी पर आक्रमण करने की आज्ञा (आयसु) जनतंत्र के जननायक नहीं देते।

'गुलर फल समान तव लंका
बसहु मध्य तुम्ह जंत असंका।'

मंदोदरी भी समझाती है--

'निकट कालं जेहि आवत सोई
तेहि भ्रम होइ तुम्हारिहि नाई।'

...इस बार...इस बार...भगवान...दुश्मन का मोह भंग करो !

अब लोग लड़ाई की खबर पूछने आते हैं। और, अन्त में यह पूछना नहीं भूलते कि लड़ाई छिड़ने के बावजूद पटसन का भाव तेज क्यों नहीं हो रहा है ? पूछने वाला कुछ जाने या नहीं, इतना जानता है कि लड़ाई में बोरियों की जरूरत होती है। जूट (पटसन) पाकिस्तान में और हिन्दुस्तान में पश्चिमी बंगाल और बिहार के पूर्णिया जिला में ही पैदा होता है।...फिर, पटसन का दर आसमान क्यों नहीं छूता ? उन्हें अचरज होता है।

आज का बाजार-भाव : पटसन, चालीस रुपये मन । चावल, पचपन रुपये मन।

5 सेप्टेम्बर....3.45 मिनट (सुबह)

घनघोर वर्षा शुरु हुई।...टूट खाट, घर टपकत...सोना बरस रहा है। मोती की बरखा हो रही है । कौन कहता है कि भादों की रात भयानक होती है ! ऐसी रूपसी रात्रि ?

कुछ देर तक 'तानसेन' फिल्म का गीत गुनगुनाता रहा--'बरस रे-ए-ए-ए-कारे बादरवा.... ।'

अविरल, अविराम वारिपात ! डेढ़ घंटे तक सैकड़ों रविशंकर, अली अकबर, विलायत खाँ, थिरकवा, चतुरलाल, राधिका मोहन की युगलबन्दी। युगलबन्दी नहीं, सहस्रबन्दी !

बजते दमामे, नक्कारे और नाचती जलपरियाँ !

बैठकखाने के सामने परती पर छलमलाहट ? फिर छपछप, छटपट... मछलियाँ ? सब कुछ बिसर गया अचानक !

धनखेतों के मेड़ों को डुबाकर भागती हुई जलधारा ! कुलकुल-कुलकुल ! सारी कृषि जीवंत। चारों ओर जिन्दगी ही जिन्दगी।

रेवा, सोनापोठी, माँगुर, रेहु के बच्चे, बोआल ! कोसी की मछलियाँ। सोने-चाँदी की मछलियाँ...हीरे और 'लाल' की आँखें !

'आ-आ रे सुन पखिस्थनियाँ, हमरो-ओ-ओ बचनियाँ--तोहरो जुलुमियाँ... ।'

पाँच सेर मछलियाँ अकेले पकड़ने की खुशी में एक खेतिहर मजदूर 'उछाह' में गीत जोड़कर गा रहा है। मुझे देखकर जोर से कहता है---'मछली का 'सगुन' हुआ है। समझिये कि लड़ाई में 'फत्ते'...

आ-रे-ए-ए-तोहरो कलेजवा पे दलब दलनियाँ, चिनियाँ चपाट चोर तोहर...मार-मार ! भागा ! भागा--साला साँप !'

'फत्ते' अर्थात् फतह !

रामपाठक को 'खनावचन' की एक उक्ति याद आयी--'पंडित-ज्योतिषी का गुनी और मूरख-गँवार के मुँह से अनायास निकली बात--बराबर।'

तो, लड़ाई में हमारी जीत होगी ? हमने एक मोर्चा जीत लिया है। अब 'मूसिन' (चूहिया) पूछेगी 'मूस' से--'कहाँ रखूँगी धान ?

अब, तारीख, दिन, महीना कुछ नहीं सिर्फ युद्ध के दिन....!

घर से उत्तर, नहर के किनारे खड़ा रहता हूँ। शाम के चार बजे उत्तर और दक्षिण से गाड़ियाँ आती-जाती हैं। रोज़ घड़ी देखकर मिलाता हूँ, कोई भी ट्रेन देर से नहीं आती। शान्ति के समय हर गाड़ी एकाध घंटे देर से आती थी !

गाड़ियाँ समय पर आ-जा रही हैं। पूरब की ओर एक हवाई जहाज़ रोज़ जाता है। पहले की तरह। मतलब, सब कुछ ठीक-ठाक चल रहा है।

पटने की चिट्ठी में लिखा है --'ब्लैक आउट है। सारे भारत में ब्लैक आउट है।'...

...1941 में,1962 में, फिर 1965 में ब्लैक आउट ? लतिका, हवाई हमले से बचने-बचाने की शिक्षा 1942 में ले चुकी है।

मैं नहर पर ऐसी जगह आकर खड़ा होता हूँ जहाँ से तीन ओर जाने के रास्ते निकले हैं। हर यात्री से लड़ाई की खबर पूछता हूँ, चाहे वह कोई हो और कहीं से आता हो। सभी अपने-अपने ढंग से सुनी हुई बातों को सुनाते हैं। कई शंकालु व्यक्ति मेरे सवाल को सुनकर चुप रहते हैं, मेरा मुँह देखते हैं, फिर--'हम लोगों को क्या मालूम'--कहकर खैनी थूक देते हैं। मैं उनके मन की बात को सुनता हूँ--'पता नहीं, क्यों लड़ाई की खबर पूछ रहा है यह आदमी ! पता नहीं, मुँह से क्या-क्या भला-बेजा बात अनजाने निकल जाय !'

दरअसल, मैं अखबार पढ़ने से पहले लोगों के मुँह से खबर सुनना चाहता हूँ। झूठ, सच, अफवाह--जो भी सुनता हूँ, सुनने में अच्छा लगता है।--टैंक, पैटन टैंक, जेट, नैट, सेबर के अपभ्रंश रूप और उच्चारण पर हँसी नहीं आती।...आज हमारे गाँव में यह

अफवाह बहुत जोर से फैली कि दुश्मनों ने 'किशनगंज' पर बमबारी की है।

...किशनगंज यानी हमारे जिले का वह हिस्सा जो पाकिस्तान की सीमा पर है । तो पूर्वी मोर्चा भी सक्रिय हुआ ?...पाकिस्तान-निसिचर गैर सैनिक क्षेत्रों पर भी बम गिराते हैं ?

बगैर कहे ही आज रात गाँव वालों ने 'ब्लैक आउट' कर दिया है। मैं भी लालटेन की रोशनी बुझा देता हूँ। अन्धकार मेरी रक्षा के लिए तैनात हो जाता है !

रात भर आकाश की ओर देखता रहा--कहीं कोई विमान नहीं। छतरीधारी घुसपैठिये नहीं !

किशनगंज नहीं--किशनगंगा !

निसा सिरानि भयउ भिनसारा

हमारी सेना लाहौर की ओर बढ़ रही है !

'सन्मुख मरन वीर कै सोभा।'

'अवघट-घाट बाट गिरिकंदर !'

आज से दालान पर बैठकर रामायण-पाठ शुरु किया। पंद्रह-बीस साल पहले तक इस दालान पर बैठकर रामायण, महाभारत, सुखसागर, प्रेमसागर का 'पाठ' होता था। गाँव भर के लोग रात में दो-तीन घड़ी यहां बैठते थे। आज फिर, बीस साल बाद, रामायण सुनकर गद्‌गद् हो रहे हैं सभी।

दोपहर को 'को-आपरेटिव' की दुकान के सामने एक नौजवान लेक्चर देने के लहजे में लोगों से कह रहा था--'अमेरिकन गेहूँ मत खाओ। उसमें ज़हर मिलाया हुआ है। खबरदार !'

बहुत दिनों के बाद अखाड़े में फिर ढोल बजा। लड़के कुश्ती खेलने के लिए जमा हुए हैं। दोपहर को बरगद के नीचे 'आल्हा' का आयोजन किया गया है। एक बूढ़े 'अल्हैता' को खुशामद करके बुलाया गया है। वह दाहिने हाथ की कलाई पर घुँघरु बाँध कर ढोलक पर 'थाप' देता है--

'सुमरि भवानी जगदम्बा को, औ काली को शीश नवाय।

हाल सुनाऊँ महुवा गढ़ का..... ।'

आज कई मुकदमेबाज और चालाक लोगों ने मिलकर अपने दुश्मन को समूल नष्ट करने का समयोपयोगी सीधा उपाय निकाला। उन्होने गाँव में घूम-घूमकर गुप्त-प्रचार किया कि अमुक व्यक्ति के घर में रोज रात में पाकिस्तानी जासूस आकर सोते हैं। रात में उसके घर को घेर कर...!

सभी तैयार थे। मैंने मना किया तो भीड़ से एक आवाज़ आयी---'यह भी एजेंट है।....शहर से गाँव में आकर इसीलिए बैठा है।'

अकबर मियाँ (जिसके घर में पाकिस्तानी जासूसों के रहने की बात फैलायी गयी थी) को हम बचपन से ही अकबर काका कहते हैं। उसकी बेटी शरबतिया को 'दीदी'

कहता हूँ। ...किन्तु, आज रात अकबर काका कहकर नहीं पुकार सका। पुकारता तो मेरा हलवाहा ही मेरे मुँह पर थप्पड़ लगाना शुरु कर देता।

हम उसके आँगन में चुपचाप घुसे। देखा, झोपड़े के अन्दर, चटाई पर कोई कराह रहा है। पास में कई लोग बैठे हैं। शरबतिया का बेटा बीमार है । पेट के दर्द से लबेजान है। कोई दवा 'काट' नहीं करती। अकबर मियाँ, उसकी बीबी और बेटा खुदा पर भरोसा कर चुपचाप हैं। अचरज की बात, लोगों को क्या हो गया ! कहाँ गया इनका क्रोध ? एक आदमी आगे बढ़कर बोला--'अकबर मियाँ ! बैठकर क्या देख रहे हो ? डॉक्टर को क्यों नहीं बुलाते ?'

अकबर मियाँ की बेटी बोली--'टका कहाँ से देंगे डॉक्टर को ?'

गाँव का सबसे नामी कंजूस आदमी (जिसका सुबह में कोई नाम नहीं लेता) कहता है--'अरे जान से बढ़कर टका-पैसा ! जाओ, डॉक्टर को बुला लाओ । रुपया मैं दे दूँगा।'

मैं रामयण लेकर बैठ जाता हूँ और लाल पेंसिल से जगह-जगह दाग़ देता जाता हूँ :

'रावन रथी, विरथ रघुवीरा।'

अर्थात् हमारे पास पेटन टैंक और सेबर जेट नहीं।

किन्तु--'सखा धर्ममय अस रथ जाकें,
जीतन कहँन कतहूँ रिपुताके।'

--प्रधानमंत्री लालबहादुर शास्त्री कहते हैं कि हम 'विरथ' है किन्तु अधर्मा नहीं। और, जिधर धर्म, उधर जय !

'नभ चढ़ि बरप विपुल अंगारा।'
'निसिचर छलबल करई अनीति।'

'मारू मारू धरू धरू मारू
सीस तेरि गहि भुजा उपारु।'

'ढाहे महीधर सिखर कोटिन्ह
विविध विध गोला चले।
घहरात जिमि पविपान गजत
जनु प्रलय के बादले।।
मर्कट विकट भट जुटत कटत
न लटत तन जर्जर भये।
गहि सैल तेहि गढ़ पर चलावहि

जहै सो तहँ निसिचर हये।।"

'राम विमुख (अर्थात्-शांति विमुख) अस हाल तुम्हारा
रहा न कोउ कुल रोवनिहारा!'

शांति, शांति!!

1965

एबसर्ड नाटिका

पाँच नम्बर प्लेटफॉर्म

रेडियो नाटिका

ये हैं आपकी पड़ोसिन : कवयित्री

पाँच नम्बर प्लेटफार्म

पर्दा खुलने के पहले ही--पर्दे के अन्दर से--टेपरेकार्डर चलाने की आवाज आती है। ऐसा लगता है, कोई 'टेप' को 'एडजस्ट' कर रहा है। आगे और पीछे की ओर चला कर--बार-बार कुछ खोज रहा है। एकाध अधूरी पंक्ति, कई कटे-अधकटे शब्द। तेज 'स्पीड' में बजायी गयी आवाज--कुंकुंकुंई कुंई-कुंई... कट्‌ट-कुट्‌ट, खट्‌ट-खुट्‌ट--के बाद मानो इच्छित अंश मिल गया हो और टेपरेकार्डर से, एक फटी हुई चिड़चिड़ी आवाज के बाद मंत्र अथवा स्तोत्र पाठ की ध्वनि निकलती है--लयबद्ध !

पर्दा धीरे-धीरे खुलता है।

मंच पर अंधकार में कई छोटी-छोटी मोमबत्तियां जल रही हैं--ऊँचे-नीचे, अगल-बगल ! टेपरेकार्डर को घेर कर तीन व्यक्ति उत्सुक बैठे हैं। टेपरेकार्डर पर स्तोत्र जारी है।

तीन व्यक्तियों में से एक ने एक बड़ी-सी मोमबत्ती जला दी। मोटी लाल मोमबत्ती। शहनाईनुमा मोमबत्ती। ...प्रकाश में तीनों व्यक्तियों के चेहरे तनिक स्पष्ट होते हैं --दो विदेशी--हिप्पीनुमा युवक। एक दाढ़ी और लम्बे-लम्बे बालों वाला। दूसरा--सिर घुटाये बौद्ध भिक्षु जैसा। तीसरा--देसी आदमी यानी भारतीय, अधेड़--एक दो सप्ताह की बढ़ी हुई दाढ़ी-मूँछ खिचड़ी। गले में भाँति- भाँति की रुद्राक्ष मालाओं की ढेरी। गंजी और लुंगी पहने हुए। टेपरेकार्डर यही बजा रहा है। टेपरेकार्डर पर मन्त्रोच्चार बार-बार दुहराया जा रहा है।

प्रकाश में--मंच धीरे-धीरे स्पष्टतर हुआ। ...एक अति पुरातन दीवार में जमे विशाल वटवृक्ष का तना, तने के चारों ओर गोल चबूतरा ! ऊपर फटे पुराने तिरपाल का चँदोवा टँगा है । बरगद के तने में, कोटरों में छोटी-छोटी मोमबत्तियाँ जल रही हैं।

दाहिनी ओर सुरंग की तरह गलियारा ! चारों ओर एक सिलेटी-रंग। सिर्फ पुरानी दीवार की लाल-लाल पतली ईंटों की रेखाएँ मंच पर थोड़ी-सी लाली खींचती-सी

...गलियारे में भी मोमबत्ती जलायी जा रही है। गलियारे में तनिक प्रकाश हुआ। मन्त्रोच्चार पूर्ववत् हो रहा है ।

गलियारे में एक कम्बल के नीचे सोये दो व्यक्ति कम्बल हटाकर उठ बैठे । गलियारे में मोमबत्ती, एक लड़की ने जलायी है। वह मोमबत्ती हाथ में लेकर मंच की ओर मुँह करती है--दर्शकों को अचरज से देखती है।

टेपरेकार्डर बजाने वाला हठात् 'टेप' को 'खट' से बन्द कर देता है । और गलियारे की ओर मुँह करके कहता, 'नाउ ! नाउ !! एवरीबडी हियर... आवर बाबा स्पीक्स ।'

दाढ़ी वाला विदेशी युवक [हाथ जोड़कर शून्य में नमस्कार करता हुआ]

--अमारा बाबा बोलता।

दूसरा विदेशी--घुटे सिर वाला--युवक [हाथ जोड़कर शून्य में नमस्कार करता हुआ]

--अमारा बाबा बोलता।

गलियारे में खड़ी लड़की, एक ही कम्बल से ढके, अधलेटे व्यक्तियों से कहती है--बाबा बोलेगा।

दोनों व्यक्ति कम्बल हटाकर खड़े होते हैं। एक हट्टा-कट्टा, स्वस्थ-सबल, पहलवान जैसा युवक--जो सिर्फ अण्डरवियर पहने है। दूसरा धारीदार पाजामा और धारीदार कुर्ता में है ।

गलियारे की लड़की मोमबत्ती लेकर आगे बढ़ आती है। उसके पीछे दोनों व्यक्ति। प्रकाश में उनके चेहरे स्पष्ट होते हैं, अब। मोमबत्ती वाली लड़की के लम्बे-लम्बे काले बाल खुले बिखरे हैं पीठ पर और उसकी साड़ी, बंगालिनें घर में जिस ढंग से साड़ी पहनती हैं। अंडरवियर पहना हुआ व्यक्ति सुन्दर भी है--क्लीनशेव्ड भरा पूरा चेहरा। धारीदार पाजामा और कुर्ता में--यह लड़की है। साँवली-सलोनी। जिसके बाल आधुनिक ढंग से छोटे-छोटे कटे हुए है। प्रकाश की हल्की-सी आभा उसके वक्षस्थल पर पड़ती है और तब उसका लड़की होना साबित होता है।

तीनों--साड़ीवाली, अंडरवियरवाला और धारीदार पाजामा वाली--टेपरेकार्डर के पास--अर्धवृत्ताकार बैठ जाते हैं ।

दाढ़ी वाला विदेशी युवक, उतावली में उस पाजामावाली की बाँहें पकड़कर अपनी ओर खींचता है। लड़की नाराज होकर-खिसियाकर मुँह से एक विचित्र-सा शब्द निकालती है। ठीक बिल्ली की तरह--'छिऊं !' दाढ़ी वाला युवक तुरंत पद्मासन लगा कर, आँखें मूँद लेता है ।

टेपरेकार्डर बजाने वाला व्यक्ति, अब बायीं ओर--अर्थात् ढहती हुई दीवार की ओर मुखातिब होकर पुकारता है, 'सुन्दरी। ओ सुन्दरी-ई-ई-ई ।'

दाढ़ी वाले विदेशी युवक को छोड़कर, सभी उसी ओर मुड़कर देखते हैं। तने की वेदी और दीवार के ओझल में हल्की रोशनी हुई। कोई बर्तन ढनमनाकर लुढ़का ।

घुटे हुए सिर वाला युवक पुकारता है, 'शुन्दारी ! ओ शुन्दारी-ई-ई ।' साड़ीवाली लड़की [गाती हुई-सी] 'ओ-गो-सुन्द-री-ई ।'

उस ओर से--अर्थात् बायीं ओर से प्रकट होता है, हाथ में एक बड़ा चिलम लेकर--एक पुरुष, नकचिपटा बूढ़ा। जिसकी ठुड्ढी में एक चुटकी उजली दाढ़ी--चिपकायी-सी लगती है। सिर पर एक पुरानी--कान तक ढँकने वाली टोपी। देह पर पुरानी बण्डी और घुटने तक धोती। उसके पोपले मुँह पर हँसी खेल रही है। वह आकर साड़ी वाली लड़की और पाजामा वाली लड़की के बीच बैठते हुए कहता है--'बिना बाबा महाराज के परसाद के बाबा महाराज की वाणी समझ में आये भला ?'

वह एक हाथ से चिलम थामे, दूसरे से बण्डी के पॉकिट से टटोलकर कुछ निकालता है ।

टेपरेकार्डरवाला व्यक्ति, कलाई पर बँधी, बड़ी-सी बेडौल घड़ी को देखकर कहता है--'सुन्दरी ! जरा जल्दी कर !'

बूढ़ा [चटपटाता हुआ, चुटकी बजाता हुआ]--'बस, तुरत !'

बूढ़ा पॉकेट से चाक्लेट, जैसी कोई काली चीज निकालता है। पाजामावाली लड़की, एक जलती हुई मोमबत्ती, बूढ़े के सामने धरती पर, पिघले मोम को टपकाकर--चिपका देती है। बूढ़ा मोमबत्ती की लौ से, उस काले पदार्थ को छुलाता है। आग में वह ठोस पदार्थ पिघलता-सा लगता है। एक उत्कट और विचित्र गंध फैलती है।

सभी, अपने-अपने नथुने फड़काकर, संकुचित करके--घ्राण लेते हैं, सूँघते हैं। आँखें मूँदे, पद्मासन लगाकर बैठा युवक भी सूँघता है। साड़ीवाली लड़की मोमबत्ती की लौ में कई अगरबत्तियाँ जला रही है। बूढ़ा उस 'पदार्थ' के पिघले हुए अंश को--चुटकियों से मसलकर, चिलम में डालकर--अंडरवियरवाले व्यक्ति की ओर देखता है।

अंडरवियरवाला व्यक्ति, उसके हाथ से चिलम लेकर--अपना हाथ इस तरह पसार देता है मानो हाथ में चिलम नहीं, मशाल हो।

साड़ीवाली लड़की दोनों हाथ में जलती हुई अगरबत्तियों को लेकर खड़ी हो जाती है।

बूढ़ा पॉकेट से दियासलाई की डिबिया निकालकर जलाता है और चिलम में सतर्कतापूर्वक दोनों हाथ से जलती हुई काँटी डालता है।

सभी एक साथ--'जय भगलिंगानन्दनम !'

मुंडित मस्तक-युवक मंजीरा बजाने लगता है--'किन किट किट किन्ना--किन किट किन किट किन्ना !'

साड़ीवाली लड़की इसी ताल पर हाथ में अगरबत्तियाँ लेकर पहले चिलम के चारों ओर अगरबत्तियों का वृत्त बनाती है फिर मजीरा के ताल पर नाचती हुई--बैठे हुए लोगों की परिक्रमा करने लगती है--'किन-किट-किट-किन-किट-किट, ता-थैया-ता-थैया... ।'

अंडरवियरधारी व्यक्ति चिलम में दम लगाता है। बूढ़ा उसके पास जाकर फिर

दियासलाई जलाकर चिलम में डालता है।

धुएँ का गुब्बारा छोड़ता हुआ--अण्डरवियरधारी--हाथ बढ़ा देता है ।

अब टेपरेकार्डरवाला चिलम लेता है--दम लगाता है। धुएँ का गुब्बारा छोड़ता हुआ--हाथ बढ़ा देता है। पाजामावाली लड़की चिलम लेकर पुरुषों की तरह ही दम लगाती है और खाँसने लगती है। बूढ़ा उसके हाथ से चिलम ले लेता है। साड़ीवाली लड़की पूर्ववत् नाच रही है। मुंडित मस्तक मंजीरा बजाने में तल्लीन है। पाजामावाली लड़की रह-रहकर खाँस रही है।

बूढ़ा चिलम दोनों हाथों से थामकर--आँखें मूँद कर बैठे हुए विदेशी युवक के मुँह के पास सटा देता है। वह आँखें मूँदे ही दम मारता है। अण्डरवियरवाला व्यक्ति खाँसती हुई लड़की को अपनी गोदी में दबोच लेता है। वह औंधी--उसकी गोदी में पड़ जाती है और उसकी खाँसी रुक जाती है। बूढ़ा अब मँजीरा बजानेवाले मुंडित मस्तक युवक को चिलम पिलाता है। वह मँजीरा बजाता हुआ ही दम लगाता है।

टेपरेकार्डर बजानेवाला व्यक्ति हाथ में बँधी घड़ी की ओर देखकर--दाहिना हाथ ऊपर की ओर उठाता है। मँजीरा बजना बन्द--नृत्य भी रुक जाता है। साड़ीवाली लड़की के ललाट पर पसीने की बूँदें चमकती हैं। वह बैठ जाती है। बूढ़ा उठकर--तिरपाल के चन्दोवे के एक छोर को खोलकर हटा देता है। चाँदनी का एक टुकड़ा--ठीक मंच के बीच में--लोगों के ऊपर पड़ता है।

टेपरेकार्डर बजानेवाला सावधान करता है--'अवर बाबा स्पीकिंग !'

सभी हाथ जोड़कर--'हमारा बाबा बोलता।'

टेपरेकार्डर से फटी हुई आवाज--पहले मद्धिम स्वर में, फिर तेज होकर उभरती--'इसअ--संसारअ में नाहि कोई पुरुखअ सब जन यहाँ नारि अपरुखअ। पुरुखअ एकअ शिवअ--दोसरा नाहि कोय--पण गुरु कृपाते नारिहु पुरुखअ होख--अरु पुरुखअ होख नारि--वाके देख विचारि--जबअ लौ भरमअ न छूटोह--मोहपास नाहि टूटेहि--तअ भरमअ कैसे टूटेहि ? गुरु कृपा ते जब काया माँहि अनन्दीफूल खिलहीं तबअ जाके आत्मा के दरसन मिलहीं--।'

टेपरेकार्डर बजाने वाला घड़ी देखकर--टेपरेकार्डर बंद कर देता है। वह कहता है--'अनन्दी फूल--फ्लावर ऑफ जॉय। सभी आनन्द से--'अहा ! अहा !--फ्लावर ऑफ जॉय !'

साड़ीवाली हाथ में एक लाल अड़हुल फूल लेकर धीरे-धीरे उठती है। बैक ग्राउन्ड में खोल बज उठता है--'तांग खेर्र-तांग खेर्र-क्त।'

साड़ीवाली हाथ में लाल फूल लिए बंगला कीर्तन गाने लगती है--पाजामावाली अंडरवियरवाले की गोद से उठकर नाचने लगती है :

जवा होय फूटबो मां गो

तोमार चरण तले--

जवा होय फूटबो मांगो तोमार चरण तले... ।

आँख मूँदे बैठा हुआ दाढ़ी वाला युवक--जीभ निकाल लेता है। सभी जीभ निकाल लेते हैं।

सभी गीत पर झूम रहे हैं।

अचानक बूढ़ा चीख उठता है--गीत बीच में ही रुक जाता है--'हाय रे ! सारा जीवन--नारी होकर रह गयी कबहु पुरुख ने भइली !'

अंडरवियरवाला--'गुरु कृपा से मैं पुरुष हूँ। यहाँ सिर्फ पुरुष--मैं ही एकमात्र पुरुष !'

सभी एक साथ--'हम सब दासी हैं।'

बूढ़ा रोता है--'हाय रे ! सारा जीवन नारी ही रह गया। कबहूँ पुरुख न भइली।'

अंडरवियरवाला--'रो मत सुन्दरी ! धीरज धरो।'

आँखें मूँदकर बैठा हुआ युवक--'रो मत--शू-न्ड-री-ई।'

गलियारे की ओर एप्रोन पहने, सिर पर सफेद रूमाल लपेटे--गले में रुद्राक्ष की माला डाले--एक महिला दोनों हाथ पसारे दौड़ती प्रवेश करती है--'चुप-चुप, चुप-चुप--सब रमणी समाज।'

'माता-महारानी भी क्या कहती हैं आज ?'

'सुनो-सुनो स्वर्गीय वाणी--बोलती हैं माता महारानी।'

वह मंच की ओर पीठ फेरकर--बरगद के तने के पास चली जाती है। और, एक कोटर के पास जाकर बटन 'ऑन' कर देती है--एक सुरीली आवाज सुनाई पड़ती है--शिव ओं ओं ओं ओं ओं··· ।

सभी दोनों हाथ ऊपर की ओर उठाकर सिर झुका लेते हैं।

एप्रोनवाली महिला उसी तरह हाथ पसारे--मंच की ओर पीठ करके खड़ी रहती है।

माताजी की वाणी 'माइक' पर मुखरित होती है--'की कहिब तोमारे--कहिते के पारेन आरे--हतभागीरा जारे-जारे-जमुना किनारे--तमाल गाछी ते बसे आछे मोहन मुरारे--सुन-सुन आहारे-आहारे--राधा नाम धरे बंसिया पुकारे--जारे-जारे--नगन हइया कर नदी ते सिनाने--तारपर कर निज जउबन दाने--कृष्ण यदि कृपा करि मधुरस चाखे--जनम सुफल तब मातारानी भाखे...जय-जय राधे...'

सभी एक साथ--जय राधे कृष्ण-राधे कृष्ण-राधे कृष्ण-राधे कृष्ण-जय राधे कृष्ण-राधे कृष्ण-राधे कृष्ण--गाते हुए नाचने लगते हैं। किन्तु अंडरवियरधारी त्रिभंग होकर खड़ा हो जाता है और दोनों हाथों से मुरली बजाने का भाव दिखाता है।

पाजामावाली लड़की ठीक राधा की तरह उससे लिपटकर खड़ी हो जाती है--सभी उसकी परिक्रमा करते हुए, नाचते हुए गा रहे हैं--जय राधे कृष्ण-जय राधे कृष्ण... ।

मोमबत्तियाँ बुझा दी जाती हैं। मंच पर धीरे-धीरे प्रकाश मद्धिम होता जाता है ! अंधकार के साथ ही--नृत्य गीत की आवाज धीमी पड़ती जाती है। अंततः अंधकार छा जाता है। अंधकार में सभी व्यक्ति नृत्य में हठात्--'फ्रीज' तस्वीर की तरह--थम जाते हैं। सारा वातावरण निस्तब्ध और सभी लोग अचल ।

माइक पर ऊँघती हुई-सी--भोंड़ी आवाज में--पुरुष कंठ में घोषणा हो रही है--'जोगबानी की ओर जाने वाली थ्री-डाउन गाड़ी पाँच नम्बर प्लेटफार्म पर आ रही है। जिन यात्रियों को भवानीपुर, गौरीगाय, पारबतीनगर, कालीगंज और ताराथान होते हुए जोगबानी जाना है--वो सब पाँच नम्बर प्लेटफार्म पर चले जायँ... ।

दूर रेल की सीटी बजती है और बैकग्राउण्ड में ट्रेन की आवाज क्रमशः निकट होती जाती है... एकदम करीब ।

स्टेज पर चलती गाड़ी की भागती हुई आलोछाया--स्टेज पर जमे हुए पात्रों को मानो अचानक जीवन मिल जाता है। वे हड़बड़ाकर अपना-अपना सामान उठाकर, कन्धे से लटकाकर, सिर पर डालकर--प्लेटफार्म की ओर भागते हैं। स्टेज पर रह जाती साड़ीवाली लड़की और सुन्दरी नायक बूढ़ा ।

ट्रेन की गड़गड़ाहट थमी।

सुन्दरी--[कातर स्वर में]--सभी चले गये !

साड़ीवाली--[लम्बी साँस लेकर]--चले गये ! चली गयीं !

सुन्दरी--[उदास स्वर में]--हम कभी कहीं नहीं जा सकेंगे।

साड़ीवाली--[उदास स्वर में]--कभी नहीं, कहीं नहीं जा सकेंगे। जा सकेंगी।

सुन्दरी--हम सब दिन यहीं रहेंगे।

साड़ीवाली--यहीं रहेंगे। यहीं रहेंगी।

सुन्दरी जाकर चबूतरे पर बायीं ओर--स्टेज की ओर मुँह कर बैठ जाती है। साड़ीवाली चबूतरे की दायीं ओर बैठ जाती है।

सुन्दरी--हाय ! सारा जीवन नारी ही रह गया।... कबहुं पुरुख नहिं भइलीं, हाय...

साड़ीवाली--[डाँटती हुई] ए ! बस... ।

सुन्दरी नायक बूढ़ा--घुटनों को दोनों हाथों से बाँधकर सिर रख लेता है। साड़ीवाली भी ऐसा ही करती है।

दृश्यांतर

नेपथ्य में कोई व्यक्ति पूछ रहा है--'ओ भैयो--जनानो--मुसाफिरखानो किधर को है ?...'

एक तेज कर्कश आवाज में जवाब मिलता है--'यहाँ जनाना-मर्दाना सब मुसाफिरखाना मिलजुम्ले सामिल हैं।'

मंच पर प्रवेश करता है एक दुबला-पतला व्यक्ति। किन्तु उसकी चाल से लगता है, वह बहुत मोटा आदमी है, जो बहुत मुश्किल से अपनी भारी काया को ढोता हुआ-सा चल रहा है। उसके पीछे--सिर से पैर तक जरी साड़ी में लिपटी--सिर झुकाकर उसकी स्त्री, जो ओढ़नी को घसीटती हुई चल रही है। सबसे पीछे है--एक कुली। उसके सिर पर कोई सामान नहीं, किन्तु ऐसा लगता है--मनों सामान उसके सिर पर है। वह दोनों हाथ ऊपर उठाये--सामान को पकड़े हुए--भार से दबा हुआ-सा चलता है।

सर्वत्र पूर्ववत् निस्तब्धता--कोई आहट, कोई शब्द नहीं ।

सबसे अगला व्यक्ति बोलता है--'यहाँ तो अँधेरा ही अँधेरा है।' किन्तु, उसकी आवाज नहीं सुनाई पड़ती। सिर्फ, उसके हाथ हिलते नजर आ रहे हैं और मुँह-हाथ के हाव-भाव से लगता है कि वह रोशनी के बारे में कुछ कह रहा है। उसकी निगाह--सुन्दरी और साड़ीवाली पर पड़ती है। वे पूर्ववत् घुटनों पर सिर रखकर आँखें मूँदे बैठे हैं ।

अगला आदमी सुन्दरी के पास जाकर कुछ पूछता है। आवाज नहीं निकलती। सुन्दरी नायक बूढ़ा सिर उठाकर--विरक्त होकर कोई जवाब देता है--किन्तु, आवाज नहीं निकलती। वह--साड़ीवाली की ओर दिखलाकर कुछ कहता है, फिर सिर घुटने पर रख लेता है। वह व्यक्ति साड़ीवाली के पास जाकर फिर कुछ कहता है। साड़ीवाली भी उसी तरह सिर उठाकर झुँझलाकर कुछ कहती है और फिर सिर घुटनों पर रख लेती है।

दर्शकों के मध्य से कई आवाजें--'माइक फेल ! माइक ! साउण्ड प्लीज ! साउण्ड !!' सेठनुमा व्यक्ति हैरत से हाथ-पाँव हिलाता हुआ कुछ कहता है और अपने सामान के पास प्रस्थान करता है। उसके पीछे-पीछे उसकी स्त्री और कुली का प्रस्थान।

दूसरी ओर से प्रवेश करते हैं--पुलिस के दो सिपाही, जिनकी वर्दी और पगड़ी सहस्रखण्ड फटी हुई दीखती है। उनके कन्धे पर बन्दूक नहीं--किन्तु, ऐसा लगता है कि वे बन्दूक लेकर चल रहे हैं। उनसे पीछे, दोनों हाथ बाँधे--एक व्यक्ति जो काफी साफ-सुथरा और कीमती पोशाक पहने हुए है। उसके हाथों में हथकड़ी नहीं लगी, न रस्सी-डोरी है। किन्तु, लगता है उसके दोनों हाथों में हथकड़ी पड़ी है और रस्सी से बँधा हुआ सिपाहियों के पीछे-पीछे आता है। वे मंच पर आकर इधर-उधर देखते हैं। आपस में कुछ बोलते हैं। फिर इस स्थान को ठहरने योग्य नहीं समझकर चले जाते हैं।

प्रवेश करते हैं--एक-एक कर--टेपरेकार्डर बजानेवाला, दाढ़ी वाला विदेशी, मुंडित मस्तक विदेशी युवक, पाजामावाली साँवली लड़की और अण्डरवियरवाला। किन्तु, उनके पोशाक और पहनावे बदले हुए हैं। दाढ़ीवाला नीली पगड़ी बाँधे हुए है--चुस्त पाजामा और सैंडो गंजी पहने, हाथ में मूवी कैमरा। मुंडित मस्तक युवक के सिर एक गोल टोपी है--धोती-कुर्ता। गले में लटका स्टिल कैमरा। अण्डरवियरवाला ओवरकोट पहने हुए है, सिर पर फैल्ट हैट। हाथ में गार्ड का लैम्प--एक ही ओर रोशनी देने वाला। हरी रोशनी जल रही है। साँवली युवती सन्यासियों की तरह गले में कपड़ी बाँधे है और हाथ में टोंटी वाला पीतल का पात्र !

मूवी कैमरा वाला कुछ पूछता है। किन्तु, उसकी आवाज नहीं निकलती। होंठ चलते हैं सिर्फ।

युवती चुल्ला में अपने पात्र से कुछ ढाल कर बरगद के चबूतरे पर छिड़कती है।

लैम्प वाला व्यक्ति--रोशनी को लाल करके सुन्दरी और साड़ीवाली पर डालता है, बारी-बारी। फिर रोशनी को हरा करके डालता है। रोशनी बदलते समय आवाज नहीं होती। सभी निरुपाय-मुद्रा में एक दूसरे से कुछ कहते हैं। दर्शकों के मध्य से कोई कहता है--'माइक ! माइक !! साउण्ड प्लीज--साउण्ड !!'

वे मंच पर बैठ जाते हैं--अर्धवृत्ताकार, दर्शकों की ओर पीठ करके।

दर्शकों के बीच से एक बिजली मैकेनिक जैसा आदमी, कंधे से एक बैग लटकाये उठता है और धीरे-धीरे मंच पर चढ़ जाता है।

वह बरगद के तने पर प्लग लगे हुए कोई स्थान को छूता है। फिर, वह बैठे हुए लोगों के पास आकर अपने बैग से कोई औजार निकालकर, हर व्यक्ति की देह से छुआकर परीक्षा करता है।

वह दाढ़ीवाले की पगड़ी पर पेचकस से कुछ कसता-सा है। फिर एक छोटा-सा

बल्ब लगाकर उसकी नाक को पकड़कर हिलाता है। बल्ब जलने लगता है। ...जलता है, बुझता है ।

मैकेनिक बरगद के तने के पास जाकर, टेलीफोन का एक चोंगा मुँह से लगा कर कुछ कहता है फिर, घबराकर प्रस्थान कर जाता है।

पगड़ीवाले के सिर पर बल्ब जलता है, बुझता है।

साड़ीवाली सिर उठाकर देखती है और अचरज से कुछ कहती है--उसकी आवाज माइक पर--'हाऊँ हाऊँ हाऊँ...'

साड़ीवाली स्वयं अपने कान मूँदकर चुप रह जाती है।

मुंडित मस्तक युवक मँजीरा निकालकर बजाता है। किन्तु मँजीरे की आवाज--गंगा की तरह गुरु गंभीर सुनाई पड़ती है--डिंग-डांग-डिंग-डांग।

सभी के चेहरे पर अचरज की हँसी !

मूवीवाला व्यक्ति कैमरा चलाकर कुछ शॉट्श लेता है। किन्तु, कैमरे से 'किर्र-र र्र' आवाज नहीं--रेलगाड़ी के चलने की आवाज होती है।

वह मूवी रोक देता है। आवाज भी बन्द हो जाती है। सभी के चेहरे पर अचरज की हँसी।

सुन्दरी सिर उठाकर देखता है और प्रसन्न होकर इधर-उधर देखता हुआ उठता है। साड़ीवाली के पास जाकर उसका हाथ पकड़कर उठाता है। वे अर्धवृत्ताकार बैठे लोगों के पास आते हैं।

सुन्दरी नामक बूढ़ा ओवरकोटवाले व्यक्ति को छूता है और उसके साथ ही 'ता धिना' तबले की आवाज होती है।

साड़ीवाली--साँवली युवती को छूती है--'धिन्ना' आवाज निकलती है। वे हँसते हैं। फिर छूते हैं बूढ़े पगड़ीवाले को--'ता धिन !'

साड़ीवाली मूवी वाले को--'धिन्ना !'

अब वे ताल पर सभी को बारी-बारी से छूते हैं। तबला-तरंग बजने लगता है--'ता धिन धिन्ना-ता धिन धिन्ना,' मुंडित मस्तक मंजीरा बजाता है--'डिंग-डांग।'

ता धिन धिन्ना--ता धिन धिन्ना। डिंग डांग। ताधिन धिन्ना ताधिन धिन्ना डिंग डांग।

दाढ़ीवाले युवक की पगड़ी पर बल्ब पूर्ववत् जल रहा है, बुझ रहा है।

प्रवेश करती है कान मुँदे हुए एप्रोन वाली महिला ! किन्तु इस बार एप्रोन का रंग चमकीला हरा है। सिर पर भी हरे रंग की साफी बँधी हुई है।

वह बरगद के तने के पास जाकर किसी बटन को टटोलती है और अचानक सब कुछ सहज हो जाता है ।

'ताधिन धिन्ना डिंग डांग' शब्द अचानक बन्द !

वह बरगद के तने पर दूसरी ओर कुछ टटोलती है और स्विच ऑन करती है। बरगद के तने पर कोटरों से दो गोल-गोल नीली-नीली रोशनी जल उठती हैं। मंच पर नीली रोशनी की दो तिरछी धाराएँ फूटती हैं--दो ओर !

एप्रोन वाली महिला, इस बार मंच के एक कोने पर जाकर दर्शकों की ओर मुँह करके एक हाथ ऊपर की ओर उठाती है। मूर्तिवत् खड़ी रहती है।

मूवीवाला व्यक्ति खड़ा रहता है और बरगद के तने पर जलती हुई रोशनी के करीब जाकर सिर ऊपर की ओर उठाकर कहता है--'हम बाबा लीलानन्द महाराज और माता लीलानन्दा की तस्वीर उतारने आये हैं। आज्ञा हो-ओ-ओ-तो... ।'

एप्रोनवाली महिला ऊपर की ओर हाथ उठाये हुए--दर्शकों की ओर देखती हुई ही कहती है--'नहीं !'

मूवीवाला व्यक्ति चुपचाप आकर अपनी जगह पर बैठ जाता है।

साड़ीवाली उठकर अगरबत्तियाँ ले आती है। सुन्दरी बूढ़ा दियासलाई से जला देता है।

मँजरीवाला नौजवान मँजीरा बजाता है--'किन किट किट किन्ना ! किन किट किट किन्ना !!'

साड़ीवाली अगरबत्तियों को हाथ में लेकर--एप्रोनवाली महिला के पास आती है, फिर मँजीरा के ताल पर नाचती हुई बरगद के तने के पास चली जाती है।

बैकग्राउण्ड में दूर से नारे लग रहे हैं--'हौ-ओ, हौ-ओ ! नाश हो ! हौ-ओ--नाश हो !! हौ-ओ, हौ-ओ--जिन्दाबाद। हौ-ओ--जिन्दाबाद। हौ-ओ, हौ-ओ।

मंच पर बैठे-खड़े सभी इस नारे के तर्ज पर सिर हिलाते हैं। सिर्फ एप्रोनवाली महिला मूर्तिवत् खड़ी है।

सभी सतर्क--उत्कर्ण सुन रहे हैं।

नारे बन्द हो जाते हैं। घोषणा शुरू होती है--'भाइयो। भाइयो ! आज सन्ध्या साढ़े दस बजे। पोखर वाले मैदान में। विशाल सभा होगी। जिसमें बाबा लीलानन्द महाराज। और माता लीलानन्दा महारानी। प्रकट होकर--अपनी वाणी...'

एप्रोनवाली महिला अपना दाहिना हाथ गिरा कर कहती है। --'नहीं !' फिर बायाँ हाथ ऊपर की ओर उठाती है। घोषणा की आवाज बन्द हो जाती है। उसके हाथ गिराने तथा उठाने के साथ ही बरगद के तने पर--कोटरों से आती हुई नीली रोशनियाँ बुझ जाती हैं और फिर दो लाल रोशनियाँ जल उठती हैं।

एप्रोनवाली कहती है--'सुनो ! बाबा महराज और माता महरानी की वाणी--'

बरगद के तने से लगे 'माइक' में खड़खड़ाहट होती है। फटी हुई पूर्व परिचित

आवाज बाबा महाराज की--'इसंअ संसारअ माँहि शरीरअ काहू के नाहीं। शरीरम नाश होअ आत्मा नहीं नाशअ होतअ। आत्मा को क्या रूप ?...

माता महारानी का स्वर--'नाहि रे नाहि रे कोनो रूप। मिटे सब माया--छाया काया सब माया। छाया छाया काया काया। छाया-छाया-छाया-छाया-छाया...कर्र-कर्र-कर्र-कर्र...'

एप्रोनवाली महिला दौड़कर बरगद के तने के पास जाती है और कोई स्विच 'ऑफ' कर देती है।

दोनों रोशनियाँ एक साथ बुझ जाती हैं और आवाज बन्द !

एप्रोनवाली महिला अर्धवृत्ताकार बैठे लोगों के पास आती है। सबकी ठुड्ढी पकड़कर बारी-बारी से चेहरा देखती है। उसके साथ एक ओर है सुन्दरी बूढ़ा--दूसरी ओर साड़ीवाली। जब एप्रोनवाली एक-एक की ठुड्ढी पकड़कर देखती है तब दोनों सुन्दरी और साड़ीवाली--एक ही साथ कह उठते हैं 'अहा ! अहा !! क्या सुन्दर चाँद मुखड़ा !'

एप्रोनवाली ओवरकोट फेल्ट पहने हुए व्यक्ति को कन्धे से पकड़कर उठाती है--उसके उठने के साथ ही--बैकग्राउण्ड में 'गुड़गुड्डम-गुड़गुड्डम' गोपी-यंत्र बज उठता है।

एप्रोनवाली उस व्यक्ति का चेहरा दर्शकों की ओर फेर देती है। उस व्यक्ति के चेहरे पर रोशनी पड़ती है।

सुन्दरी और साड़ीवाली उसका ओवरकोट उतारती हैं। ओवरकोट उतरते समय भी बैकग्राउण्ड में 'गुड़गुड्डम-गुड़गुड्डम' ध्वनि होती है। एप्रोनवाली उसके सिर से फैल्ट हैट उतारती है। फैल्ट हैट के उतरते ही बैक ग्राउण्ड में सितार पर धीमे-धीमे विदेशिया-गीत का तर्ज बजने लगता है।...

साड़ीवाली गाना शुरू करती है--'गवना कराई सैंया देहरी बैठाई गइले--फिरिहू ना लिहले सन्देश रे भउजिया । हमरा से छोटी-छोटी गोदी लरिकनवा से... ।'

मँजीरावाला मुंडित मस्तक नौजवान उसके पास मँजीरा बजाता हुआ जा खड़ा होता है ।

ओवरकोटवाला व्यक्ति अब सिर्फ अण्डरवियर में खड़ा है। एप्रोनवाली उसकी ओर मुस्कराती मुग्धा-सी देखती है।

गीत चलता रहता है।

पुरुष-त्रिभंग रूप में खड़ा होता है, बंशी टेरता हुआ। एप्रोनवाली बायीं ओर राधा की तरह सटकर खड़ी हो जाती है।

विदेशिया गीत नक्कारे के 'किड़किड़किड़' ताल पर आकर कट जाता है। खोल की आवाज खनक उठती है--'गदगिन गदगिन'--तांखेरे-तांखेरे तारे-नारे गदगिन-गदगिन--तांग-तांग, तांग-तांग... ।

संन्यासिनी सजीसाँवली युवती उठकर अपने पात्र से जल लेकर युगल मूर्ति पर

छिड़कती है।

मूवीवाला युवक युगल मूर्ति को 'लक-थ्रू' करता हुआ--दो कदम आगे और पीछे की ओर बढ़ता हुआ 'शॉटस्' ले रहा है।

अकेला पगड़ीवाला दर्शकों की ओर पीठ किये बैठा है। उसकी पगड़ी पर लगा हुआ बल्ब जल-बुझ रहा है, पूर्ववत्।

इस बार सुन्दरी बूढ़ा गीत शुरू करता है--विकृत स्वर में--'जनम अवधि हम नारी रहली-ई-ई पुरुष न कबहूँ भेली-ई-ई-ई--।'

साड़ीवाली--इसी तर्ज पर--उसकी भोंड़ी आवाज 'कवर' करके--भाव दिखलाकर गाने लगती है--

तातल सैकत वारि बिन्दु सम
सुन मित रमनि समाने--
तोहे बिसारि मन दाहे समायलु
अब मझु होब कोन काजे।

खोल, मँजीरा, खोल, सितार पर गीत चलता है। अचानक, आवाज बन्द हो जाती है। उनके होंठ हिल रहे हैं--मँजीरा बजा रहा है वह युवक--किन्तु आवाज नहीं।

बैक ग्राउण्ड से घोषणा होती है--'भाइयो ! भाइयो !! हम दुख के साथ सूचित करते हैं कि बाबा लीलानन्द महाराज, माता लीलानन्दा महारानी ने अपना-अपना शरीर बदल लिया है। अतः आज शाम की सभा / आज साढ़े दस बजे शाम में नहीं होकर / कल साढ़े दस बजे शाम में होगी--।'

सभी अचरज से सुनते हैं।

नारे की आवाज--हौ-ओ--हौ-ओ ! नाश हो !

हौ-ओ, हौ-ओ--मुर्दाबाद ! हौ-ओ--हौ-ओ ! जिन्दाबाद !

मंच पर प्रकाश धीरे-धीरे कम होता जाता है। सभी अचल। जो जैसे हैं--मुँह बाये, हाथ उठाये, पैर बढ़ाये खड़े हैं--'फ्रीज' तस्वीर की तरह !

दूसरे लाउडस्पीकर पर--ऊँघती हुई आवाज में कोई घोषणा कर रहा है--'जोगबानी जानेवाली फौट्टी डाउन गाड़ी--पाँच नम्बर प्लेटफार्म पर आ रही है। जिन यात्रियों को नारायण गंज, किसनपुर, गोविन्दाबाजार, यदुवंशीगाँव वगैरह होते हुए जोगबानी जाना है--वे लोग पाँच नम्बर प्लेटफार्म पर चले जायें।

मंच पर प्रकाश मंद हो गया है। दूर रेलगाड़ी की सीटी सुनाई पड़ती है। गाड़ी आने की आवाज क्रमशः निकट आती जाती है और इसके साथ ही धीरे-धीरे पर्दा बंद हो जाता है।

1976

ये हैं आपकी पड़ोसिन : कवयित्री

वाचिका--मेरे पड़ोस में कोई कवयित्री जी रहती हैं, मुझे क्या मालूम ! और जो बात मैं नहीं जानूँ , वह दुनिया के लोग भी नहीं जानते हों--यह कैसे हो सकता है ? दुनिया के लोगों को अर्थात् इस शहर के लोगों को अच्छी तरह मालूम है कि इस फ्लैट में एक कवयित्री जी रहती हैं। एक दिन ऐसा हुआ कि मैं अपने स्कूल से लौट कर अपनी सीढ़ी पर पाँव रख ही रही थी कि दो-तीन सज्जनों की सम्मिलित नमस्कार की बौछार मुझ पर हुई। स्कूल में लड़के-लड़कियों के गार्जियन आते हैं, लेकिन ऐसा आह्लादित-नमस्कार कभी नहीं करते। ये कौन हैं ? इन में से एक सज्जन आगे बढ़ आये और बोले--"हें हें...क्षमा कीजियेगा ! आप सुषमा देवी हैं न ?" मैंने संक्षिप्त-सा उत्तर दिया--"हाँ, हूँ तो ! कहिये, आप ?" वे बोले--"बात यह है कि 'युगाधार' में आप की रचना के साथ आप का पता-ठिकाना भी छपता है। और...और...हमारी साहित्यिक संस्था में एक कवि-सम्मेलन का आयोजन है।" मेरी समझ में कोई बात नहीं आई। "कैसा युगाधार और कैसी रचना ? मैं तो स्थानीय कन्या विद्यालय में पढ़ाती हूँ सिर्फ।" भद्र व्यक्ति ने पॉकेट से पुर्जा निकाल कर पढ़ा और पूछा--"आप बावन नम्बर में रहती हैं न ? कुमारी सुषमा देवी, देवनगर...फ्लैट नम्बर बावन !" मुझे हँसी आ गई। मैं बोली--"मैं दस नम्बर में रहती हूँ। लेकिन बावन नम्बर भी इसी ब्लाक में है।"

उस दिन पता लगा कि हमारे पड़ोस में कोई कवयित्री जी रहती हैं और उन का नाम भी वही है जो मेरा। यही नहीं, इस के कई सप्ताह बाद एक दूसरी घटना घटी, यानी पत्रविभ्राट कहिए। मेरे उन्होंने, पतिदेव ने जो भावुकता-भरी लम्बी चिट्ठी परदेस से लिखी, सो हमारी पड़ोसिन कवयित्री जी के पते पर चली गई और कवयित्री जी ने उसे खोलकर पढ़ भी लिया। और, पढ़कर इतनी प्रभावित हुईं कि सीधे दौड़ी आईं मेरे फ्लैट का दरवाजा खटखटाने...

(दरवाजा खटखटाने की ध्वनि)

—

वाचिका--कौन है ?

कवयित्री--दरवाजा खोलिये। मैं हूँ, शुभ सन्देश लेकर आई हुई एक चिड़िया। (गुनगुनाती है मद्धिम सुर में) आई हूँ, आई हूँ लेकर के तेरे प्रियतम की प्रिय पाती । प्रिय पाती... (फिर खटखटाती है)

वाचिका--(दरवाजा खोलती है) जी, आप ?

कवयित्री--जी, मैं...आई हूँ लेकर के तेरे प्रियतम की पाती ।

वाचिका--क्षमा कीजियेगा ।...आप...आप किस को...?

कवयित्री--जिसे प्यार से, दुलार से कोई 'सुशी' कहता है।

जिसका प्रियतम किसी दूर देश में रहता है।

जिसको पिछले तीन महीने से नींद नहीं है आई।

उसके लिए, उस सुषमा देवी के लिये संदेशा लेकर आई।

वाचिका--(घबराकर) देखिये, वह सुषमा देवी नम्बर बावन में रहती हैं।

कवयित्री--नहीं वहाँ है कोई इस परदेशी का, जो अबरख के खानों में साहब है···ल ल, इसके आगे तुक नहीं मिल रही है। माफ कीजिये देवी सुषमा जी ! बावन नम्बर में रहने वाली सुषमा का कोई चिर-सदैव साथी नहीं ! यदि है भी कहीं कोई अनजान नगर की भूली गली में, तो वह हर सप्ताह पतियाँ नहीं लिखता। (लम्बी साँस लेकर) दुःख इसी बात का है, आपके पतिदेव कवि-हृदय हैं और आप शायद स्कूल में मैथेमेटिक्स पढ़ाती हैं। हैं न ? (हँसती है)

वाचिका--हाँ, मैं मैथेमेटिक्स ही पढ़ाती हूँ। लेकिन, आप...?

कवयित्री--आपके चेहरे पर आने जाने वाले भावों को देख कर ही मैं समझ गई थी, आप हिसाब पढ़ाती हैं। अतः अब आप से अलजेबरा और ज्योमेट्री में बात करूँगी। तो सुनिये ! मान लीजिए कि 'ए' है ब्लॉक नम्बर पाँच । अब इस ब्लॉक के बी. और सी. दो फ्लैट हैं जिन के नम्बर हैं क्रमशः दस और बावन। अब, इन बी. और सी. फ्लैटों यानी दस और बावन में--दोनों में डी. नाम की देवी जी रहती हैं। किन्तु...

वाचिका--देखिये, मेरे स्कूल का समय हो रहा है।

कवयित्री--(हँसती है) अब नहीं सताऊँगी । यह लीजिए अपना पत्र और अपने पतिदेव को लिख दीजिये कि सिर्फ ब्लॉक नम्बर ही नहीं, फ्लैट नम्बर भी लिफाफे पर लिखा करें और इस पत्र को पढ़ कर मेरा दिल जो धड़का, मेरे कोमल हृदय को जो चोट लगी, उसकी क्षतिपूर्ति के लिए आपको एक प्याली चाय तैयार करनी होगी।

वाचिका--(हँसती है) अच्छा, तो आप ही हैं कवयित्री सुषमा देवी जी ! भई मुझे क्षमा कीजियेगा। मैं तो घबड़ा गई कि यह कौन...

कवयित्री--फिर मेरे बिखरे-बिखरे बाल, अस्त-व्यस्त कपड़ों को देख कर आप ने मुझे कोई अकाल-पीड़िता पगली...

वाचिका--नहीं नहीं, ऐसी बात नहीं।

(दोनों हँसती हैं)

वाचिका--यह तो हुआ प्रथम परिचय। हम दोनों में मित्रता हो गई और धीरे-धीरे गाढ़ी होती गई। वह मुझे सुशी भाभी कहने लगी और उसकी जिद पर मैं उसको तुम कहने लगी। बुलाती थी 'पोयेट' कहकर। पड़ोस में कवयित्री का होना या रहना और बात है, और कवयित्री की मित्रता दूसरी बात। हर बात के अच्छे और बुरे दो पहलू होते हैं। सो मित्रता के बाद मुझे दोनों पहलुओं को झेलना पड़ा। मेरे घर में कवयित्री का आना-जाना बेरोकटोक जारी रहा। जब कभी वह कोई नई रचना करती, मेरे पास दौड़ी आती। मैं उस समय कुछ भी करती रहूँ, उस की कविता सुननी पड़ती, राय देनी पड़ती--और कभी-कभी अपनी नासमझी पर झिड़कियाँ भी सहनी पड़तीं। भावों की दुनिया में रहने वाली इस कवयित्री को काव्य-ज्ञान कितना भी हो लेकिन बेचारी को संसार ज्ञान बहुत कम था। एक दिन उदास होकर आई...

कवयित्री--सुशी भाभी ! आज मैं बहुत दुखी हूँ। दर्द से मेरा हृदय टीस रहा है। एक दुःखभरी अजानी रागिनी मेरे मन की वीणा पर बज रही है। वीणा नहीं...किसी बैरागी का एकतारा।

वाचिका--अब ज्यादे दिन की देर नहीं। फाल्गुन शुक्ल द्वादशी के बाद से तुम्हारा दर्द दूर हो जायगा।

कवयित्री--(सूखी हँसी-हँसते हुए) सुशी भाभी ! तुम सदा हिसाब की मास्टरनी ही रहीं। तुमने रस का व्यापार कभी किया नहीं। तुम क्या जानो इस दर्द को ? और फाल्गुन शुक्ल द्वादशी की बात ? (हँसती है) फाल्गुन शुक्ल द्वादशी, त्रयोदशी, चतुर्दशी...हा...हा...हा...लेकिन पूर्णिमा नहीं। मैं इतनी जल्दी किसी को पूनम का चाँद नहीं बनने दूँगी, भाभी ! पूर्णिमा नहीं होगी। घोर अमा के अन्धकार में मुझे रहना पसंद है लेकिन विवाह....

वाचिका--पोयेट, सुनो तो ! आज तुम को क्या हो गया है ?

कवयित्री--होगा क्या ? वही जो सदा से, चिरकाल से होता आया है। (जल्दी साँस लेकर) सुशी भाभी ! तुम क्या समझोगी इस दुःख-दर्द को। लेकिन तुम को तो नींद जरूर आई होगी। क्यों न आवे नींद तुम्हें ? तुम सुखी हो। दो में दो को जोड़ कर उत्तर चार निकाल लेती हो और परमानन्द सुख की प्राप्ति से तुम्हारी आँखें झिप जाती हैं। लेकिन, मेरा दर्द...

वाचिका--तुम्हारा दर्द-वर्द मेरी समझ में कभी नहीं आया। दर्द की गोली भी नहीं मेरे पास। मैं पूछती हूँ कि इस शादी में बाधा किस ओर से पड़ रही है। हमने तो सुना था कि दोनों पक्ष के अभिभावकों ने प्रसन्नता से रिश्ते को स्वीकार किया है। और, यह तो तुम्हारा प्रेम-परिणय है। फिर...

कवयित्री--प्रेम-परिणय ? यही तो वह महान भ्रम है जिसे मैंने कल रात को दूर किया है। प्रेम-परिणय कैसा ? जिस पत्रिका में मेरी कविता प्रकाशित हुई, उसी में श्रीमान

की भी रचनाएँ छपती थीं। एक बार मेरी 'सूखी क्यारी' शीर्षक कविता प्रकाशित हुई। तुम्हें कविता सुना दूँ ?

वाचिका--सुनाओ !

कवयित्री--मेरी कविता थी :

ओ वनमाली, ओ वनमाली !
तेरी बगिया सूनी-सूनी
तेरी क्यारी खाली-खाली।
ओ वनमाली, तेरे तरू की सूखी डाली....

वाचिका--लेकिन इस से श्रीमान का क्या सम्बन्ध ?

कवयित्री--सम्बन्ध अब होता है न। तो, मेरी इस कविता के प्रकाशित होने के बाद श्रीमान को भ्रम हुआ कि मैंने यानी कवयित्री कुमारी सुषमा ने उनके जीवन की मर्मव्यथा को जान लिया है और उसके बाद श्रीमान ने ...

वाचिका--तुम्हारे श्रीमान कवि जी का नाम मैं भूल जाती हूँ।

कवयित्री--नाम ने ही तो यह सब घनचक्कर शुरू किया। सौभाग्य से या दुर्भाग्य से श्रीमान का नाम वनमाली था। इसलिए इन्हें यह मीठा भ्रम होना स्वाभाविक था। सो, आपने मेरी कविता के प्रत्युत्तर स्वरूप यह प्रकाशित करवाया--

मेरी सूनी बगिया में तुम हरियाली बन छा जाओ तो।
मेरी क्यारी में कुसुम कली-सी एक बार मुस्काओ तो।।

वाचिका--(हँसती है) और तुम्हारी कविता की पहली पंक्ति क्या थी ?

कवयित्री--ओ, वनमाली, ओ वनमाली
तेरी बगिया सूनी सूनी
तेरी क्यारी खाली-खाली

वाचिका--(हँसती है) वाह ! खूब जवाब दिया तब तो ।

कवयित्री--खूब रही, खाक ! इसके बाद पत्रिकाओं में अपनी कविता छपाने के बदले, श्रीमान मेरे नाम से मेरे पते पर भेजने लगे ।

वाचिका--तो यों बात बढ़ती गई, आग लगती गई।

कवयित्री--(चमत्कृत होकर) अरी भाभी ! तुमने तो कविता की पूरी पंक्ति रच दी। हाँ, भाभी ! दुर्भाग्य से वह आग बढ़ती गई और आज निमंत्रण-पत्र तक बँट गये हैं हमारी शादी के।

वाचिका--तो अब क्या हुआ ?

कवयित्री--मैंने कल इस भ्रमजाल से मुक्ति पा ली है। मैं पुरानी पत्रिकाओं के पृष्ठ उलट रही थी। श्रीमान की कवितायें पढ़ रही थी खोज ढूँढकर । अचानक ख्याल हुआ कि मुझसे प्यार होने के पहले ये कवितायें जो श्रीमान ने लिखीं, सो किसकी प्रेरणा से, सो किसको लक्ष्य कर के ? वह स्वप्न-वन की किन्नरी कौन थी ? कहाँ गई ?

वाचिका--इसी तरह, वह भी तो पूछ सकता है कि तुम्हारी कविताओं के अनजाने प्रियतम किस देश के वासी थे ? आज कहाँ हैं और क्या कर रहे हैं ?

कवयित्री--पूछना चाहिए। लेकिन क्यों पूछेगा वह ? क्या हक है उसका ?

वाचिका--(जरा संयत और गम्भीर होकर) पोयेट ! तुम दिल्लगी कर रही हो और मेरा प्राण सूख रहा है। क्या बात है ? जरा खोल कर कहो।

कवयित्री--बात यह है कि वह भी कवि है। कवि ही नहीं, प्रतिष्ठा प्राप्त कवि। अब समझो। शादी के पहले ही लोगों ने यह कहना शुरू कर दिया है कि मेरी सारी कविताएँ उसी की रची हुई हैं। तो शादी के बाद तो लोग खुलेआम कहेंगे--सुषमा देवी कुछ नहीं जानती, उसके बदले उसके पतिदेव लिख दिया करते हैं। सो, ज्यों ही मेरे दिमाग में यह प्रश्न आया, मेरा सारा भ्रम दूर हो गया और आज सुबह मैंने अपना फैसला सुना दिया है--शादी नही होगी।

वाचिका--पोयेट !

कवयित्री--सुशी भाभी, माफ करना । मैं आज बहुत दुखी हूँ, बहुत।

(कवयित्री चली जाती है)

वाचिका--कवयित्री की शादी रुक गई। लेकिन कविवर वनमाली से किसी ने यह कह दिया कि इस ब्याह को मैनें ही अपनी हिसाब वाली बुद्धि से भंग किया है। उनका कहना है, जब से मेरे साथ परिचय हुआ, कवयित्री की बुद्धि ही बदल गई। लेकिन किसे समझाऊँ। कविवर वनमाली मेरे पतिदेव के पुराने परिचित हैं। बात वहाँ तक पहुँची और उन्होंने तनिक अप्रसन्न होकर पत्र लिखा। मैंने कवयित्री के पास जाना बंद कर दिया। लेकिन कैसे मना करती इस भावुक लड़की को--

कवयित्री--भाभी, जरा मेरी मदद करो ! रंग के तुक पर शब्दावली गिनाओ तो। रंग-संग-ढंग-अंग-नंग । नहीं... नहीं.... भंग... जंग..... और... और

वाचिका--तंग।

कवयित्री--ठीक ठीक तंग ! मिल गया उपयुक्त शब्द... तंग।

वाचिका--सुनो पोयेट ! तुम्हारे कारण मैं बदनाम हो रही हूँ।

कवयित्री--और मैं तुम्हारे कारण। लोग कहते हैं, मुझे हिसाब से पैर रखना जमीन पर तुमने ही सिखाया है ।

वाचिका--और मुझे कहा गया है कि मैं अब कविता लिखना शुरू कर दूँ।

कवयित्री--किसने लिखा है ? तुम्हारे परदेसी ने ?

वाचिका--तब और कौन लिखेगा ?

कवयित्री--(उत्तेजित स्वर में) लिख दो अपने परदेसी को, कविता करना पाप नहीं है।

वाचिका--आ रहे हैं इस बार तुम्हीं कहना, जो कुछ भी कहना हो।

कवयित्री--आ रहे हैं !

वाचिका--अकेले नहीं। साथ में रहेंगे उन के प्रोफेसर मित्र जो पहाड़गंज कालेज में मैथेमेटिक्स पढ़ाते हैं।

कवयित्री--क्या नाम है उनका भला ? उस प्रोफेसर का ?

वाचिका--नवेन्दु कुमार

कवयित्री--(चौंकती है) सच ?

वाचिका--क्यों क्या हुआ ?

कवयित्री--कुछ नहीं। कुछ नहीं--यह नाम पहले भी सुना है कहीं।

वाचिका--(हँसती है) कवयित्री जी, मैं कविता करना नहीं जानती। लेकिन हिसाब जोड़ना खूब आता है। क्या यह वही प्रोफेसर नहीं है जिस के साथ आप के बड़े भाई ने बात चलाई है ?

कवयित्री--भाभी ! मैं किसी मैथेमेटिक्स के प्रोफेसर से ही विवाह कर सकती हूँ--चाहे वह पहाड़पुर में पढ़ावे या मैदानगंज में।

वाचिका--अच्छा ।

कवयित्री--(बात बदलने की चेष्टा करती है) बात यह है कि मैंने अब नयी कविता शुरू की है--अतुकांत...।

वाचिका--बेतुकांत तो नहीं ?

कवयित्री--नहीं, अब बेतुकांत नहीं करूँगी। सुनो, मैंने एक नयी कविता की है :

मैं निर्झरणी की धारा
मुझे बाँधो,
मुझे साधो--मेरी गति
तुम्हें बल देगी ।
इसलिए--मुझ से माँगो
जो कुछ माँगना हो।

वाचिका--कवयित्री का संग सुखकर भी है और दुखदाई भी। छोटी-छोटी बात पर झगड़ना, बात-बात पर तुनक कर हाय-हाय करना, शंका, संदेह और कल्पना के संयोग से कुछ-से-कुछ सोच लेना, इनका धर्म होता है। आज कवयित्री अपनी ससुराल में अपने बाल-बच्चों को प्रथम भाग की कविताएँ रटा रही है--

उठो लाल, आँखों को खोलो,
पानी लाई हूँ मुख धो लो।

लेकिन जब वह पूरी कवयित्री थीं तो कभी इस ने ऐसे जीवन की कल्पना भी नहीं की होगी। जो भी हो, अपनी कवयित्री पड़ोसिन को मैं कभी नहीं भूल सकती। आज भी मैं उसे 'पोयेट' ही कहती हूँ।

आकाशवाणी, पटना द्वारा प्रसारित।

1961

संस्मरण

अपने गाँव और पटना के बीच

चिठिया हो तो हर कोई बाँचे...

शरत् की श्वान-प्रीति

समाज-चर्चा

कार्य-कर्त्ताओं से दो शब्द

अपने गाँव और पटना के बीच

इस बार मैं अपने गाँव में नौ महीने तक लगातार रहा। आठ वर्ष की उम्र के बाद, यह पहला अवसर था, जब मैं इतने लम्बे समय तक लगातार गाँव में रहा। इक्कीस-बाइस वर्ष की उम्र तक, मैं स्कूल या कॉलेज के हॉस्टलों में रहता रहा। इसके उपरांत, राजनीति और साहित्य ने मुझे अपने गाँव से दूर रखा। पिछले बीस वर्षों से यानी अपने माता-पिता की मृत्यु के बाद मैंने अपना निवास पटना में बना रखा है।

हाँ, मैंने अपना निवास बना रखा है, किन्तु पटना का नागरिक होने योग्य अपने को कभी नहीं बना पाया। शहर मेरे लिए कभी भरपूर आकर्षण नहीं रख पाया। अन्यथा मैं एक पुराना 'पटनैया' हो चुका हूँ, अब तक। शहर मुझे प्रसिद्ध हिन्दी कवि अज्ञेय की एक कविता याद दिलाता रहा है--वह कविता, जिसके बारे में अफवाह है कि वह मुझे ही सम्बोधित है, क्योंकि वह कविता 'साँप' के नाम से पुकारी जाती है, और मेरे नाम के शुरु में जुड़ा हुआ है--'फणी'। अन्ततः मैं गाँव का रहने वाला हूँ--ग्राम-वासी ! किसी भी हिन्दी की 'नयी कविता' के पाठक को ये पंक्तियाँ याद होंगी :

> साँप ! तुम सभ्य तो हुए नहीं
> शहर में बसना भी नहीं सीखा
> फिर विष कहाँ पाया ?
> डँसना कहाँ सीखा ?

मैं कभी नगर-वासी नहीं हो सका। प्रायः मेरे मित्र और शुभचिंतक मुझे पूरी गम्भीरता के साथ सलाह देते--बेवकूफ मत बनिये, अपने बेकार गाँव को भूल जाइये। अब भी समय बचा है--एक नयी कॉलोनी बनने जा रही है। वहाँ थोड़ी जमीन खरीदिये और सरकार से कर्ज लेने की कोशिश कीजिए...।

मैं वह सब नहीं कर सका : मैं आसानी से नहीं कर सकता था। मेरे भीतर कुछ ऐसा था, जो अपने गाँव को हमेशा के लिए छोड़ देने के विचार से विद्रोह करता रहा।

अपने गाँव के खुले आकाश के बिना मैं कैसे रह सकता था ? हर दो-तीन महीने जहाँ बिताकर मेरा रचनाकार-मन संतुष्ट होता था और आनंद पाता था। फसल की कटनी के समय या आम के मौसम में दिल्ली या बम्बई या कोई भी नगर मुझे अपने गाँव से दूर नहीं रख सका। रवीन्द्रनाथ की सभी रचनाओं में, वह कहानी जिसे में सबसे अधिक पसंद करता हूँ--'घर की वापसी' है। मैं अपने को 'फटिक' में पहचान पाता हूँ।

किन्तु, नौ महीने लगातार गाँव में रहने के बाद, मैंने निर्णय लिया--अपनी भावुकता को दरकिनार कर मैं अपने गाँव को छोड़ दूँगा। मैं फिर कभी लौटकर नहीं आऊँगा। मैं अपने खेत और बगीचे बेच दूँगा। मैं अपनी इस मूर्खता को खत्म करूँगा कि एक मालगाड़ी की तरह पटना से गाँव आता-जाता रहूँ। सचमुच मैं निपट गँवार ही बना रहा--पूरी तरह। इस बार मैंने महसूस किया कि गाँव मेरी आँखों में अपना रूप बदल चुका है। घर-परिवार के लोग ऐसा व्यवहार करते मानो मुझे निरर्थक समझ रहे हों--और मेरे दिन क्लांति से बोझिल होते गये। बीस वर्षों तक इस गाँव ने मुझे बेवकूफ बनाया। अब मैं एक दिन भी और यहाँ नहीं रह सकता।

एक दिन, अकस्मात्, मैंने अपने 'बैग' में सामान रखा और गाँव छोड़ दिया। मैंने किसी को स्टेशन तक साथ चलने की इजाजत भी नहीं दी, जबकि इसके पहले ऐसा कभी नहीं हुआ था। मैं अकेला ही घर से निकला।...

और मैंने महसूस किया जैसे आर्तनाद कर रहा हूँ : एक निर्जन वृक्ष के नीचे बैठा हुआ और आर्तनाद करता हुआ ! धान के खेत, पेड़, पखेरू मेरे पैरों को सम्मोहित कर उतना ही रोक रहे थे, जितना ही मैं गाँव से दूर चलता गया। मैंने आँखें मूँद लीं...अगर आप अपनी आँखें मूँद लें तो कोई भी नहीं...

जब मैं ट्रेन में चढ़ रहा था, एक आदमी नीचे उतरते हुए मुझ पर चिल्लाया--"अन्दर जाने के पहले अपनी आँखें तो खोले रखिये ! क्या आपको नहीं दिखाई पड़ रहा कि एक महिला उतर रही है ?"

मैं नहीं जानता, उस 'थ्री टायर कम्पार्टमेंट' के दूसरे यात्रियों ने मेरे चेहरे पर क्या देखा कि दिन के ग्यारह बजे ही वे सोने के लिए तैयार हो अपना बिस्तर बिछाने लगे। किन्तु मैं बैठना चाहता था।

"यह 'सीट' रिजर्व है ?"--मैंने एक व्यक्ति से पूछा, जो लेटने की मुद्रा में था।

"यह 'सिटिंग कम्पार्टमेंट' नहीं है," उस आदमी ने आराम से उत्तर दिया--"यह 'स्लीपिंग कम्पार्टमेंट' है।"

मैं ऊपर के एक 'बर्थ' पर चला गया। यद्यपि वहाँ बेहद गर्मी थी और पंखे की हवा

भी वहाँ नहीं लग पा रही थी। इसे प्रमाणित करने की कोई बिन्दु भी नहीं थी। ऐसी हालत मे, भावाकुलता, जो मेरे हृदय को ज्वलित कर रही थी, सूरज की तपन से भी तेज थी, और यह द्वितीय श्रेणी के इस कंपार्टमेंट के पंखे की ठंडक से भी कमने वाली नहीं थी। वहाँ लेटा हुआ था और मेरे दिमाग से चित्र गुजरते हुए--बचपन के, जवानी के, इधर के दिनों के--एक-दूसरे पर 'सुपर इम्पोज' होते हुए ! सच में, ऐसा था ! ज्यादा अच्छा था कि मैं ऊपर के बर्थ पर था : यदि मैं नीचे बैठा हुआ होता और मुझे जबर्दस्ती एक व्याकुल कर देने वाले प्रश्न का उत्तर देने को बाध्य होना पड़ता, जिससे मैं बचना चाहता था--"लौटकर कब आ रहे हैं ?"

गाड़ी रुकी। अररिया स्टेशन ? मैंने प्लेटफार्म पर शोर सुनकर स्टेशन का नाम जानने की कोशिश की। नहीं, आज यहाँ बाजार का दिन नहीं है। निश्चय ही यह छात्रों के समूह का शोरगुल है ! यह सही भी था। और उन लोगों को देखकर मैंने अनुभव किया--क्या हो रहा था : वे फुटबाल-मैच खेलने जा रहे थे।

दूसरे यात्रियों ने कम्पार्टमेंट में छात्रों के अवैध समागम का विरोध करना शुरू किया--'रिजर्व' और 'स्लीपिंग' जैसे शब्द चारों तरफ उछाले जा रहे थे। उनमें से एक छात्र ने होशियारी से जवाब दिया--"कोई बात नहीं, हम 'स्टैंडिग पैसेन्जर' हैं।"--एक युवा ठहाके के झोंके ने कम्पार्टमेंट को बुहार-सा दिया, किन्तु इस पर मैं खिन्न ही हुआ। एक यात्री, जो सोता हुआ आ रहा था और अपने-आप को बीमार प्रदर्शित कर रहा था, अचानक इस शोर-शराबे में एक बुलंद आवाज में रुकावट पैदा करता हुआ बोला--"अर्-रे भाई !....यह उत्तर बिहार है और उसके ऊपर पूर्णिया जिला ! इस धरती पर नियम कानून की बात करना बेकार है।"

एक लड़का, जो लगातार चुप था, अचानक जगा--"क्या मतलब ?"

उसके मित्र ने व्यंग्योक्ति में व्याख्या की --"पाल, गोल्डेन वर्ड्स आर नॉट रिपीटेड, नॉर इज़ देयर मीनिंग क्लेयरीफाइड ! (यानी स्वर्णिम शब्दों को न दुहराया जाता है, न उनका अर्थ ही स्पष्ट किया जाता है !) तुम उनसे मतलब क्यों पूछना चाहते हो ? मैं तुम्हें बताता हूँ--उनका मतलब है कि उत्तर बिहार के लोग लट्ठ-गँवार और पतित हैं, वे अनुनय-विनय को नहीं समझते। वे डंडों से ही व्यवहार किये जाने योग्य हैं। क्यों महाशय, क्या मैं आपके मतलब की साफ-साफ व्याख्या नहीं कर पाया ?"

वह युवक, जिसने अपने को 'स्टैंडिग पैसेन्जर' कहा था, इस तकरार में शामिल हुआ--"बिल्कुल ठीक ! किन्तु महाशय, हम लोगों ने भी अपने बड़ों से सीखा है कि 'थ्री टायर कंपार्टमेंट' में 'रिजर्वेशन' का नियम सिर्फ रात के नौ बजे के बाद से पूरी तरह लागू होता है। बावजूद इसके, टिकट लेकर भी हम लोग एक पैर पर खड़े हैं--क्या यह नियमों के प्रति हमारी महान घृणा को नहीं दर्शाता ?"

मैंने अनुभव किया, हर कोई कष्ट का सामना कर रहा था। अकेला ईश्वर जानता था, अब आगे क्या होगा ? उत्तेजना बढ़ती ही जा रही थी। शायद, अगर मैं हस्तक्षेप करता

तो मेरे जिले के लड़के मेरी बातों को मानते और शान्त भी हो जाते, किन्तु मैं अपने भीतरी द्वन्द्व में उलझा हुआ था और किसी भी आदमी को शान्त कराने की मनःस्थति में नहीं था। इसके पहले तक मुझमें मेरा कवि अनुगूँज पैदा करता रहता था और कहता रहता था कि यदि पृथ्वी पर कहीं स्वर्ग है तो वह पूर्णिया है; और आज मैं अपनी गृह-भूमि के अटल रिश्ते को तोड़ रहा था।

गाड़ी अगले स्टेशन पर पहुँची : अररिया कोर्ट स्टेशन ! पुनः वही नजारा, फुटबॉल खेलने वाले और उनके सहयोगियों की भीड़ ! वस्तुतः वह 'टीम' अररिया-कोर्ट स्कुल टीम के नाम से पुकारी जाती थी और वह कहीं दूसरी जगह एक मैच खेलने जा रही थी । मैंने भी इस स्कूल में अध्ययन किया था। जैसे ही गाड़ी रुकी, छात्र अन्दर आये। वे 'फॉक्स कप टूर्नमिंट' खेलने जा रहे थे और उसी के बारे में बातें कर रहे थे। भागलपुर... दुमका... किसनगंज,...नौलखा शील्ड में खेलने के लिए अजीमगंज से...बनैली शील्ड मैच... पूर्णिया... 1936... '37... '38...!

स्टेशन पर लोग हिन्दी, बंगला और स्थानीय बोली में जोर-जोर से बोले रहे थे--"क्या सब लोग गाड़ी पर चढ़ गये ?" "माखन कोथाय ?" (माखन, कहाँ है ?) "उठते पेयरेछे ?" " की हो रामलगीना ?"

कोई भी व्यक्ति अब यह नहीं कह रहा था कि यह 'रिजर्व' या 'स्लीपिंग' कम्पार्टमेंट है। वहाँ बहुत सारे युवा थे। ...और अचानक मैंने प्लेटफार्म पर एक आवाज सुनी, जिसने मेरी नसों में सनसनाहट-सी भर दी। यह पोचादा की आवाज थी। पोचादा अब भी जीवित है ! नहीं, यह कोई दूसरा होगा ! किसी दूसरे ने पुकारा--"पोचादा, पोटला कोथाय ? (पोटला कहाँ है ?) पोचादा मेरे कम्पार्टमेंट में चढ़ा।

अब मैं क्या करूँ ? अपनी आँखें बंद कर लूँ और सोने की कोशिश करूँ ! अपने चेहरे को अपने अखबार से ढँक लूँ ?... मैंने ऐसा ही किया। अपने चेहरे को ढँक लिया और ध्यान से सुनने लगा। पोचादा का रंग धूसर हो गया था, अन्यथा वह उसी तरह था, जिस तरह मैंने उसे 1936, '37, '38 में देखा था। आश्चर्यजनक बात थी कि पोचादा अब भी फुटबॉल टीम को वेसे ही उत्साह से ले जा रहा था।

हमने पोचादा की सुस्पष्ट आवाज को कम्पार्टमेंट में सुना : एक आवाज जो नासिका से होकर बदल जाती थी, एक ऐसा उच्चारण जो हल्का और अस्पष्ट हो चुका था--नसवार लेने के जीवन-काल को धन्यवाद करता हुआ ! पोचादा 'गंगा' नहीं कह सकता था, वह कहता--गगगा; 'मंगल' नहीं, किन्तु मगगल ! वह कम्पार्टमेंट के पुराने यात्रियों को संबोधित कर कह रहा था--"मत सोचिये कि हम 'डब्लयू टी' (विदाउट

टिकट) यात्रा कर रहे हैं। प्रत्येक के पास टिकट है। किन्तु ये सब युवा बालक हैं और अगर ये कोई गलती करते हैं तो इन्हें क्षमा कर दें। हम लोग सिर्फ कटिहार तक जा रहे हैं। कृपया जरा घसकिये और इन्हें बैठने दीजिए।" अब सभी के लिए बैठने की जगह हो जाना प्रायः निश्चित था।

पोचादा ! वह अररिया कोर्ट शहर में अपने-आप में एक संस्था था। उसका सही नाम कोई नहीं जानता था। वास्तव में, यह अकल्पनीय था कि उसका 'पोचादा' के अतिरिक्त भी कोई दूसरा नाम भी हो सकता था। किसी ने भी उसे फुटबॉल खेलते नहीं देखा। वह किसी टीम का प्रतिनिधित्व भी नहीं करता था। किन्तु, फुटबॉल के मौसम के दौरान उस क्षेत्र की किसी भी टीम के द्वारा कोई भी मैच खेले जाने के पाँच दिन पहले पोचादा व्यवस्था देखकर चिंतित होने लग जाता था। किसी स्कूल या शहर की जब कभी कोई टीम होती--पोचादा उसका 'अनऑफिसियल' मैनेजर होता और वह 'स्पेक्टेटरों' को संगठित करता था। पोचादा फुटबॉल के मौसम के बाद क्या करता था, कहाँ रहता था,--कोई नहीं जानता था।

मैं उस अखबार के नीचे कष्ट अनुभव करने लगा। पोचादा एक सहयात्री को उत्तर दे रहा था, जो उसे कुरेदने की कोशिश कर चुका था--"अर्-रे साहब ! आप क्या कह रहे हैं ! आपको पूर्णिया के एक हिस्से की भी जानकारी नहीं है। पूर्णिया भारतीय फुटबॉल के इतिहास में स्थान रखता है। क्या आपने समद खान का नाम सुना है ? हाँ, हाँ, वही समद खान, जो 1928-29 में 'ऑल इंडिया चैम्पियन फुटबॉलर' था। वह पूर्णिया का था। यही वह जगह है जहाँ उसने फुटबॉल खेलना सीखा। और क्या आप दामू के बारे में जानते हैं ? दामू का मतलब है--ए. डे--उसका पूरा नाम है अनिल डे। 1940 से 1945 तक वह मोहन बागान का कैप्टेन था। अपने बचपन में उसने खेलना यहीं अररिया कोर्ट में सीखा। फिर, लतीफ के बारे में क्या जानते हैं ? मोहम्मेदान स्पोर्टिंग का कैप्टेन कौन था ? क्या वह भी पूर्णिया से नहीं आता था ? हमारा पूर्णिया किसी भी क्षेत्र में किसी भी क्षेत्र से पीछे नहीं आता है। कृषि पर बात कीजिए : पूर्णिया का एक किसान किसी भी क्षेत्र के दो किसानों के बराबर है। यदि आप मेरी बात पर विश्वास नहीं कर सकते तो किसी से भी पूछ सकते हैं। पूर्णिया बिहार का एकमात्र जिला है जहाँ जूट की खेती होती है। ...शिक्षा ? बंगाल के दादा मोशाय या केदारनाथ बन्द्योपाध्याय, बनफूल या बालायचन्द मुखोपाध्याय, सतीनाथ भादुड़ी...और हिन्दी के बहुत सारे लेखक !"

ट्रेन कुसियार गाँव पहुँची--मैंने सोचा। पोचादा ने खिड़की से सिर बाहर निकालकार प्लेटफार्म पर गुजरने वाले एक आदमी से पूछा कि कल के मैच का 'रिजल्ट' क्या हुआ ? उसने प्रत्युत्तर में जो भी सुना, उससे उसके चेहरे पर चमक दिखाई पड़ी। "ग्रेट !" वह आश्चर्यित हुआ, "फिर आज का मैच सम्मोहक होगा !"

अनायास ही मेरे मुँह के ये शब्द बाहर आ गये-- "क्यों पोचादा, क्या यह शील्ड मैच है ?"

पोचादा ने एक क्षण के लिए मुझे अजनबी निगाहों से देखा, और फिर अचानक ही खुशी से उछल पड़ा--"अर्-रे तुम ! ऊपर वहाँ बैठे क्या कर रहे हो ? यहाँ नीचे आओ ! वाह ! कितने वर्षों के बाद तुम्हें देख रहा हूँ, और वह भी कैसे संयोग में !"

जब मैं नीचे उतरा, पोचादा ने मुझे आलिंगनबद्ध कर लिया और बंगला में बोला--" तुम बड़े आदमी हो गये हो, मैंने सुना। मैं हर जानकारी रखता हूँ।"

मैंने हकलाते हुए कहा--"नहीं, नहीं पोचादा, मेरे बारे में कुछ भी बड़ा नहीं है। ...आप टीम को कहाँ ले जा रहे हैं ?"

पोचादा ने उत्तर नहीं दिया, बदले में वह दूसरे यात्रियों से सम्बोधित हो गया और बोला--"देखिए महाशय, मैं पूर्णिया में पैदा हुए महान् लोगों की संख्या गिना रहा था, यहाँ आपके सामने उसका एक सही उदाहरण है। आप लोगों में से किसने इसका नाम नहीं सुना है, इसकी किताबें नहीं पढ़ी हैं, इसकी किताबों से बनी फिल्में नहीं देखी हैं।"

संकुचित होकर मैंने विषय को बदलना चाहा--"पोचादा, मैंने सुना है कि अररिया कोर्ट टाउन क्लब अब किसी काम का नहीं रह गया है !"

मैंने जो अपेक्षा की थी, ठीक-ठीक वही प्रतिक्रिया हुई। पोचादा भड़क उठा--"तुम्हें यह किसने कहा ? सभी घटिया लोग ऐसा झूठ बकते हैं ! अररिया कोर्ट की कोई भी टीम कमजोर नहीं है, न कभी कमजोर हो सकती है !"

पोचादा शान्त हो गया, जब उसने मुझे मुस्कुराते हुए देखा। उसने अनुभव कर लिया कि मैं जान-बूझकर उसे छेड़ रहा था। मैंने उससे अपने बचपन के सभी मित्रों के बारे में पूछा। पोचादा उनमें से प्रत्येक के बारे में प्रायः जानता था कि वे कहाँ हैं ?

पोचादा ने कहा--"तुम हम लोगों के पास क्यों नही आते हो ? एक लम्बा समय बीत गया ! अब तो तुम इतने बड़े हो गये हो...!"

पोचादा ने अपनी नासिका में नसवार लिया-- "नानी, नेपी, भोला, कालू, नीलू, फेला, कांती, सचिन, मोती, नेमाई, इब्रातिम, अलीम, बलुआ, मगन लाल--इन सभी के बेटे और भतीजे खेलते हैं। ...ऐय्य पोटला, यहाँ आओ ! देखो, यह कांती का भतीजा है, और वह नीलू का भतीजा ! और, वह तुम्हारी शेफाली दी का बेटा, किरन, हमारा सबसे अच्छा 'फारवर्ड' है। अररिया कोर्ट टीम कभी बेकार नहीं हो सकती ! तो, तुम कब आ रहे हो ? तुम पूजा के समय क्यों नहीं आते ? तब तुम सबसे एक साथ मिल सकोगे। तुम नहीं जानते, लोग तुम्हें कितनी याद करते हैं !"

पोचादा ने ऐसा ही बहुत कुछ कहा, और फिर अचानक ही--"देखो, तुम पटना जा रहे हो, क्या ऐसा नहीं है ? तुम क्यों नहीं इस ट्रेन को कटिहार में छोड़ देते, मैच देखते और शाम को मेल ट्रेन पकड़ लेते ?"

"यह असंभव है, दादा !" मैंने उत्तर दिया।

"क्यों ? यह क्यों असंभव है ?" मेरे पास पोचादा के इस सरल प्रश्न का कोई उत्तर नहीं था।

अपने गाँव की कटु स्मृतियाँ, इसकी जिंदगी और इनके प्रति मेरा अस्वीकार--मेरा मस्तिष्क हृदय को भूल जाने की माँग कर रहा था। ...मैं चुप्प रहा। मैं दूर जा रहा था, अपने गाँव, अपने जिले, अपने लोगों के साथ के सम्बन्धों को तोड़ रहा था--जिनके बीच ही पला-बढ़ा था। मैं निर्णय ले चुका था कि मैं किसी को भी अपने इस निर्णय को प्रभावित करने नहीं दूँगा।

पोचादा ने मुझे उद्विग्न होता हुआ देखा और कहा--"अर्-रे ! अगर यह वास्तव में असंभव है, फिर कोई बात नहीं । किन्तु, कोशिश करना और देखना, यदि तुम आ सके तो मैं तुम्हें अपने बीच देखकर बहुत खुश होऊँगा... ।"

"नहीं दादा, इस बार नहीं... ।"

गाड़ी कटिहार जंक्शन पहुँची। पोचादा लड़कों से बोला--"बिल्कुल ठीक अब अपना सामान तैयार करो।" ट्रेन रुकी। कम्पार्टमेंट छोड़ते हुए, पोचादा ने अंतिम बार मुझसे पूछा--"तुम क्यों नहीं इन युवा लड़कों का खेल देखते ? ऐसा था, इसीलिए मैं तुमसे रुकने के लिए कह रहा था..."

मैं पूर्ववत चुप्प रहा। पोचादा अपने खिलाड़ियों के साथ उतर पड़ा। मैं भी थोड़ी देर राहत की साँस लेने प्लेटफार्म पर उतर पड़ा। लड़के एक ग्रुप में खड़े थे, हँस रहे थे, खुश थे। मैंने अपनी आँखें मूँद लीं, और एक बूंद आँसू चू पड़ा। ...मेरा दिमाग पैंतीस-छत्तीस वर्षों पूर्व लौट गया। मैं भी ठीक नीलू के भतीजे की तरह था--साफ रंग का और खूबसूरत। इसे भी अवश्य ही 'सेन्टर फारवर्ड' में खेलना चाहिए। कान्ती का भतीजा, ठीक बलुआ की तरह--इसे अवश्य ही 'गोलकीपर' होना चाहिए। पटाला, ठीक नेपीदा के समान--इसे शान्त और व्यवस्थित खिलाड़ी होना चाहिए। क्या कोई भोला की जगह भी ले चुका है --जो खेल के मैदान में भी मजाक करता था और प्रफुल्लित रहता था ?

पोचादा ने मेरे विचारों में व्यवधान उपस्थित किया--"क्या सोच रहे हो 'यंग मैन' ? आओ भी, इस ट्रेन को छोड़ो !"

नीलू के भतीजे ने पूछा-- "चाचाजी, क्या आप हमारा खेल देखना वाकई नहीं चाहते ?"

मैं परास्त हो गया। मैं सोचता था कि अब मैं सम्मान पाने योग्य कभी नहीं हो सकूँगा। मैं नहीं सोचता था कि अब मैं अपने गाँव को छोड़ने योग्य कभी भी हो सकूँगा। मैंने एकाएक कहा--"एक कुली बुलाइये, कृपया !"

किसी कुली की जरूरत नहीं पड़ी। लड़के छलांग लगाकर ट्रेन में घुसे और मेरा सामान बाहर ले आये। पोचादा चमक से भरकर खिल उठा--"इसके लिए तीन बार जय-जयकार...

अंग्रेजी से अनुवाद--भारत यायावर

1976

चिठिया हो तो हर कोई बाँचे...

शैलेन्द्र की मृत्यु के बाद उसके बारे में जब भी कुछ लिखने बैठा--एक मुजरिम की सफाई--'प्लीडिंग नाट गिल्टी' का दस्तावेज बनकर रह जाता। अतः कभी कुछ नहीं लिख सका। श्रीमती शकुन अथवा बाँटू (हेमंत--अब शैली शैलेन्द्र) के नाम सम्वेदना का न कोई तार भेजा, न ही कोई पत्र ! एक अपराध भाव से पीड़ित, अपनी आस्तीन दिखला कर स्वंय को समझाता रहा, "नहीं, मेरी आस्तीन पर लहू का दाग नहीं। मैंने शैलेन्द्र का खून नहीं किया। मैं शैलेन्द्र का हत्यारा नहीं...!"

और, ऐसे प्रत्येक अवसर पर मेरी आँखों के सामने श्रीमती शकुन की हा-हा खाती हुई तस्वीर उभर जाती । वह मेरी ओर ऊँगली उठाकर चीख उठती--"यही है...यही है... मेरे पति का हत्यारा....!"

तब मैं मुँह छिपाकर भागता। 'तीसरी कसम' का नाम सुनते ही भय से थर-थर काँपने लगता। रेडियो से प्रसारित होते हुए--'सजन रे झूठ मति बोलो'--गीत का गला घोंट देता। किंतु गीत और भी तेज आवाज में गूँजने लगता। मैं पागलों की तरह चिल्लाने की चेष्टा करता--"नहीं, नहीं... मैं झूठ नहीं बोल रहा..."

ऐसे में उसकी, यानी मेरे 'बैरी सजनवा' की मुस्कुराती हुई प्यारी छवि 'फेड इन' होती। तन-मन की ज्वाला को शान्त करने वाली उसकी मुस्कुराहट के साथ उसका परिचित स्वर गूँज उठता--"चिठिया हो तो हर कोइ बाँचे, भाग न बाँचे कोई, सजनवा बैरी हो गये हमार..."

इसके बाद मैं स्वयं स्वीकार लेता, "हाँ, कविराज ! मैंने ही तुम्हारी हत्या की। सिर्फ मैंने...शकुन, दी ! मैंने ही तुम्हारा सुख-सुहाग लूटा है। बाँटू बेटे ! मैंने ही तुम सब को पितृहीन बनाया है। तुम लोग मुझे कभी क्षमा मत करना। कभी नहीं..."

उसकी करीब तीन दर्जन चिट्ठियाँ मेरे पास थीं। उसके गुजरने के बाद स्थानीय कई फिल्मी पत्रकारों की कृपा से बहुत सारी चिट्ठियाँ और तस्वीरें गायब हो गयीं। यानी, न

कहीं प्रकाशित हुई और न ही मुझे वापस मिलीं। अब करीब डेढ़ दर्जन पत्र पास रह गये हैं। जब कभी उसकी याद बेहद सताने लगती है, पत्रों के पैकेट को खोलकर पढ़ने लगता हूँ। मैं पढ़ता रहता हूँ और वह मेरे पास आकर बैठ जाता है। खंजनी बजाकर गाता रहता है--"कैसे मनाऊँ पियवा, गुन मोरे एकहु नाहीं..."

धीरे-धीरे उसकी 'सगुन छवि' बिला जाती है। रह जाता है सिर्फ 'निरगुन' का वह अमर अनहद नाद, जिसके सहारे मन का हंस पंख पसार कर अंतहीन आकाश में उड़ने लगता है। उड़ता रहता है ! उसका दूसरा गीत शुरू होता है--"चली कौन से देश गुजरिया तू सज-धज के..."

...और अंत में--"बहुत दिया देने वाले ने तुझ को, आँचल ही न समाय, तो क्या कीजै !"

उसने एक पत्र में लिखा था--"सब कुछ पिछले जन्म की भूली-बिसरी बात मालूम होती है...खबरें 'सिने एडवांस' या'स्क्रीन' में कहाँ से मिलेंगी। इतनी सारी खबरें और उन पर अफवाहें--सब मिलाकर छापने के लिए कई वर्षों के लिए किसी अखबार में सीरिअलाइज़ (धारावाहिक) करना होगा..."

सचमुच, उसकी 'पहली चिट्ठी' और 'आखिरी खत' के बीच--छः वर्षों में--इतनी घटनाएँ घटी हैं और इतने किस्म के लोग आये हैं कि वर्षों तक किसी अखबार में सीरियलाइज़ करना होगा, तभी उसकी कहानी और 'तीसरी कसम' के बनने-बनाने की कहानी पूरी हो सकेगी। तभी लोग यह जान पायेंगे कि उसे शराब या कर्ज ने नहीं मारा, बल्कि वह एक 'धर्मयुद्ध' में लड़ता हुआ शहीद हो गया।

उसने लिखा था--"....सब भाग गये--अपने-पराये, दोस्त-यार। यहाँ तक कि 'तीसरी कसम' के कथाकार 'रेणु' भी। इसलिए कि, फिल्म 'तीसरी कसम' को पूरा करने का श्रेय शायद मुझ अकेले को मिले। रोऊँ या खुश होऊँ--कुछ समझ में नहीं आता। पर, 'तीसरी कसम' पर मुझे नाज रहेगा, पछतावा नहीं।"

मैं यहाँ सबसे पहले उसकी 'पहली चिट्ठी' और 'आखिरी खत' प्रस्तुत कर रहा हूँ। इसके बाद 'पहली मुलाकात' से लेकर 'अंतिम विदा-संभाषण' तक विस्तारपूर्वक सब कुछ लिखने की इच्छा है। छः वर्षों में उसके साथ बिताये हुए दिनों के एक-एक क्षण, हर छोटी-बड़ी घटनाएँ और सारे संवाद मुझे अक्षरशः याद हैं। किन्तु, लिखते समय महसूस कर रहा हूँ कि अपने कलेजे के रक्त में लेखनी को डूबो-डूबो कर ही उसके बारे में सब कुछ लिखना संभव हो सकेगा। और यह मुझे ही लिखना पड़ेगा। अन्यथा मैं पागल हो जाऊँगा।

पहली चिट्ठी

बंधुवर फणीश्वरनाथ,

सप्रेम नमस्कार। 'पाँच लम्बी कहानियाँ ' पढ़ीं। आपकी कहानी मुझे बहुत पसंद आयी। फिल्म के लिए उसका उपयोग कर लेने की अच्छी पासिबिलिटीज (संभावनाएँ) हैं। आपका क्या विचार है ? कहानी में मेरी व्यक्तिगत रूप में दिलचस्पी है।

इस संबंध में यदि लिखें तो कृपा होगी। धन्यवाद।

अक्तूबर 23, 1960

आपका
शैलेन्द्र

आखिरी खत

प्रिय भाई रेणु जी,

सप्रेम नमस्कार। फिल्म आखिर रिलीज हो गई, मालूम ही होगा। जो नहीं मालूम वह बताता हूँ। दिल्ली यू0 पी0 के डिस्ट्रिब्यूटर और उसके सरदार फायनेन्सियर्स का आपसी झगड़ा--छः अदालतों में Injuctions--मेरे ऊपर वारन्ट--कोई पब्लिसिटी न होते हुए फिल्म लगी। मुझे अपनी पहली फिल्म का प्रीमियर देखना भी नसीब नहीं हुआ। यह तो उन सरदार फायनेन्सियर्स का ही दम था कि चित्र प्रदर्शित हो सका, अन्यथा यहाँ से दिल्ली सपरिवार गये हुए राज साहब अपमानित लौटते। मुझे यहाँ आपने इस बार देखा है, कल्पना कर सकते हैं क्या हालत हुई है।

इस सबके बावजूद पिक्चर की रिपोर्ट बहुत अच्छी रही। रिव्यूज तो सभी 'टाप क्लास' मिले।

सी.पी.बरार में भी रिलीज हो गयी। वहाँ भी एकदम बढ़िया रिपोर्ट है। कल सी. आई. राजस्थान में हो जायेगी।

कम-से-कम बम्बई रिलीज पर तो आपको अवश्य बुला सकूँगा।

पत्र दीजियेगा। लतिका जी को मेरा नमस्कार दीजिएगा।

शेष कुशल

29.9.66

आपका भाई
शैलेन्द्र

...सोचता हूँ, अगर उसकी पहली चिट्ठी का जवाब मैं नहीं देता अथवा नकारात्मक उत्तर देता तो, शैलेन्द्र प्रोड्यूसर बनने का इरादा छोड़कर गीत लिखता रहता। अपने परिवार के साथ सुख-चैन से सौ बरस तक जीवित रहता । दरअसल, मैंने ही, सिर्फ मैंने उसकी जान अकारथ ले ली !

...अब क्या कीजे ?

शरत् की श्वान-प्रीति

यह बात प्रायः सभी भारतीय भाषा के साहित्यिक तथा शरत् के पाठक जानते होंगे कि शरत् बाबू के मन में कुत्तों के लिए उग्र-ममता थी। इस 'श्वान-प्रीति' का सूत्रपात कब हुआ, यह कहना कठिन है । लेकिन, ऐसा लगता है, रंगून से लौटकर हावड़ा के 'बाजे-शिवपुर' मुहल्ले में रहते समय गली के आवारा और अधम जाति के कुत्ते से गहरी दोस्ती होने के बाद ही दुनिया भर के कुत्तों के प्रति उनके मन में प्यार उमड़ा होगा।

गली का यह मरियल-कुत्ते का बच्चा--शरत् बाबू का अतिरिक्त प्यार पाकर तथा भरपूर माँस खा-खाकर कुछ ही दिनों में काफी तंदुरुस्त ही नहीं--भारी बदमाश भी हो गया। कथाकार ने नाम दिया--'भेलि', प्यार से पुकारते समय--'भेलू !'...

भेलि की गुर्राहट सुनकर शरत् बाबू के घर में प्रवेश करने का साहस बहुत कम लोग ही कर पाते थे। 'दुलार' के मारे वह ऐसा बदमिजाज हो गया था कि शरत्-बाबू को भी कई बार काटने से नहीं चूका। कहते हैं, एक बार भेलि के दाँतो का घाव खाकर--क्रोधित होने के बदले दोनों हाथों से उसके दोनों गालों को दुलारते हुए कहा था--"ओ रे भेलू ! आमि छाड़ा तुई कायड़बार लोक पेलि ने ?" (क्यों रे भेलू ! मेरे सिवा तुझे कोई और नहीं मिला ?...)

भेलि की मृत्यु के बाद शरतचन्द्र ने और कुत्ता पाला था या नहीं--कह नहीं सकता। जहाँ तक मुझे याद है, 'शरत् पत्रावली' में भेलि की मृत्यु से मर्माहत शरत् की एक चिट्ठी है। शरत् बाबू ढाका जा रहे थे। रास्ते में एक बछड़े की लाश के पास कई गिद्धों को देखकर उन्हें अपने भेलि की याद आयी। मन में न जाने क्यों आशंका हुई। जी उदास हो गया। ढाका से लौटकर देखा--भेलि मानों उनकी प्रतीक्षा में ही साँसे ले रहा था। आँखें मिलीं, उठने की चेष्टा की और धीरे-धीरे अपने दोस्त की गोद में ठंडा हो गया।...

इस पत्र को पढ़ने के बाद कोई भी 'श्वान-प्रेमी' कह सकता है कि भेलि की मृत्यु के बाद से ही संसार के हर कुत्ते में वे अपने भेलि की छाया देखने लगे होंगे।

शरत् बाबू के मामा--'विचित्रा' के संपादक स्वर्गीय उपेन्द्रनाथ गंगोपाध्याय के 'संस्मरण' में एक मर्मस्पर्शी-घटना का वर्णन है। शरत् चन्द्र के प्रेमी पाठकों तथा कुत्ते के प्रेमियों के लिए यहाँ-उन्ही के शब्दों में प्रस्तुत है :

टेलिफोन की घंटी बजी। रिसीवर उठा कर पूछा--"हैलो ! कौन ?"

"मैं शरत्।"

पूछा--"कहाँ से बोल रहे हो ! घर से ?"

"हाँ।"

शरत् उन दिनों बालीगंज के अश्विनी रोड में--अपने घर में रहते थे। पूछा--"क्या खबर ?"

"क्या कर रहे हो ?"

"ऑफिस में बैठकर जो करना चाहिए।--काम कर रहा हूँ।"

"छोड़ो भी। गाड़ी खरीदी है। आज सुबह ही 'डैलिवरी' मिली है। आधे घंटे के अंदर ही आ रहा हूँ। घूमने निकलेंगे।"

उत्फुल्ल होकर कहा--"शुभ संवाद सुनकर खुशी हुई। तुम निकल पड़ो। मेरा काम खत्म ही समझो !"

आधे घंटे के अंदर ही शरत् की गाड़ी नीचे आकर 'हार्न' देने लगी। बाहर बरामदे में निकल कर नीचे की ओर देखा--शरत् एक विशाल गाड़ी से नीचे उतर रहा है। मुझसे नजर मिलते ही चेहरे पर पुलक-प्रसन्न हँसी खिल पड़ी।

ऊपर के कमरे में आकर बैठने पर पूछा--"गाड़ी देखी तुमने ?"

"देख ली। खूब बड़ी गाड़ी है।"

संतोष स्निग्ध कंठ से शरत् बोला--"हां। बड़ी है। चढ़ने पर और भी जी खुश होगा। हालाँकि, सेकेन्ड हैंड है। मगर गाड़ी की हालत बहुत अच्छी है।...इंजिन तो एकदम नया ही समझो । और जब चलती है तो एकदम 'दृढ़ निस्तब्ध'--कोई आवाज नहीं !"

"पेट्रोल कितना खाती है ?"

"बहुत कम। हाथी जैसी देह है, लेकिन चलती है गैलन में करीब बीस माईल।

तरह-तरह की बातें हुई। किंतु प्रसंग बस एक ही--मोटर कार। कथोपथन के बीच शरत् ने कहा--'मेरी गाड़ी यदि कभी किसी आदमी को कुचल दे तो हो सकता है कि माफ भी कर दूँ। किन्तु, कभी किसी कुत्ते को कुचलने पर हर्गिज नहीं। तत्क्षण बेच दूँगा।'

मैंने हँसकर कहा--"यह बात किसी 'आदमी' को मत सुनाना। वह तुमको कभी क्षमा नहीं करेगा।"

बिना उत्तर दिये वह मुस्कुराने लगा। फिर बोला--"चलो ! कागज-पत्तर समेटो। चलो बैरकपुर ट्रंक रोड से थोड़ी दूर चक्कर लगा आवें।"

मैंने कहा--"कागज-पत्तर नहीं भी समेटा जाय तो कोई हर्ज नहीं। इतनी जल्दी क्या है ? चाय-वाय पीयो पहले। फिर जहाँ चाहे... ।"

शरत् ने बात काटते हुए कहा--"ना-ना ! चाय मैं पी आया हूँ । तुमने नहीं पी है तो चटपट पी लो।"

कि इसी समय बाँयी ओर का पर्दा तनिक हिला। झाँक कर देखा--शरत्-मैनेजर ('विचित्रा' के मैनेजर शरतचन्द्र मुखोपाध्याय, जिसे शरत् बाबू-'मेसो मॅशाय' कहते थे!) पर्दे के उस पार खड़ा मुझे इशारे से बुला रहा है । उसके चेहरे पर किसी दुश्चिंता की छाया स्पष्ट थी।

मैं पर्दे के उस पार गया। शरत्-मैनेजर ने मुझे बरामदे के एक छोर पर ले जाकर--फुसफुसा कर कहा--"भारी मुश्किल !"

"क्या मुश्किल !"--चिंतित होकर मैने पूछा।

"शरत की गाड़ी को उधर 'बैक' करते समय--एक कुत्ता गाड़ी से दब कर मर गया। कुत्ता सोया हुआ था।"

बात हीं कुछ ऐसी थी कि सुन कर मेरा सारा शरीर सिहर उठा। दुश्चिंता से नहीं--विस्मय के मारे ! देव का यह कैसा अद्भुत विधान ! दो मिनट पहले शरत् जिस 'भवितव्यता' की बात कर रहा था--घटना ठीक उसी समय घट रही थी ? यह कैसा 'मर्मांतक-संयोग' ? व्यग्र होकर मैंने कहा--"सुनो ! शरत् को इस घटना का 'छुनाक्षर' भी नहीं मालूम होने पावे। उसके ड्राइवर को मना कर दो।"

शरत् मुखोपाध्याय बोला--"ड्राइवर के चेहरे पर तो हवाइयाँ उड़ रही हैं। कहता है--बाबू को यह बात मालूम हुई कि मेरी नौकरी गई... ।"

मैंने कहा--"कुत्ते की लाश को किसी तरह तुरत वहाँ से हटाने की व्यवस्था करो। हम लोगों के नीचे उतरने के पहले ही... ।"

"लेकिन, उधर एक दूसरा बखेड़ा जो खड़ा हो गया है। दो-तीन 'जन' आकर ड्राइवर से 'हुज्जत' कर रहे हैं कि कुत्ता उनका... ।"

"कुत्ते के गले में 'बक्लस' है ?"

"अरे, बक्लस-उकलस क्यों होने लगा--रास्ते का कुत्ता है। वे लोग झूठमूठ दावा कर रहे हैं ताकि... ।"

मैनें व्यस्त होकर कहा--"उनके साथ झगड़ा करने की जरुरत नहीं। पाँच रुपये देकर जल्दी मामला निबटाओ। लेकिन, पहले कुत्ते की लाश वे वहाँ से हटा लें, तब पैसे देना।"

"ठीक है। लेकिन तुम लोग तनिक देर से उतरना।"

शरत्-मैनेजर नीचे चला गया। कमरे में लौटते ही शरत् ने पूछा--"मेसो मॅशाय क्या कह रहे थे ?"

शरत् ने पर्दे के 'फाँक' से शरत्-मैनेजर को देख लिया था। अतः जवाब दिया--"प्रेस के एक काम के बारे में सलाह लेने आया था।"

मेरे टेबुल के बाँये हिस्से में 'इलैक्ट्रिक बेल' का 'स्विच' था। मैंने चार बार स्विच

को दबाया। चार बार घंटी यानी रघु बेयरा को बुलाने का संकेत !

शरत् बोला--"इतना 'बेल' क्यों दे रहे हो आज ?"

"रघु को बुला रहा हूँ।"

"क्या बात है ?"

बोला--"आज पहले-पहल अपनी गाड़ी में आये हो। जरा 'मिष्टीमुख' नही करोगे ?"

व्यस्त होकर उठते हुए शरत् बोला--"मिष्टीमुख और किसी दिन होगा। आज उठो... ।"

निरुपाय होकर चालाकी यानी कौशल से काम लेना पड़ा। बोला--"चाय पी लूँ ?"

--"जल्दी करो।"

रघु आया। मैंने कहा---"सेन मॅशाय की दुकान से एक रुपये का 'रताबी' ले आओ। और, हम लोगों के लिए चाय की व्यवस्था करो। जल्दी..."

फड़ियापुकुर स्ट्रीट में--ठीक हम लोगों के दफ्तर के सामने 'सेन मॅशाय' की दुकान थी। उन दिनों वही उनकी एकमात्र दुकान थी। अब तो उनकी अनेक शाखा तथा दुकानें खुल गई हैं। लेकिन, फड़ियापुकुर वाली दुकान अब भी प्रधान दुकान है। उन दिनों 'सेन-मॅशाय' दुकान भी चलाते थे और ट्राम-कंपनी की नौकरी भी करते थे।

शरत् सेन-मॅशाय की दुकान के 'रताबी-संदेश' का 'अतिशय-अनुरागी' था। मेरे दफ्तर में जब भी आता, मैं उसे बिना संदेश खिलाये जाने नहीं देता।

मिठाई और चाय खाने-पीने में देरी हुई। हम लोग बाहर निकल कर जब गाड़ी में बैठे--साँझ का अंधकार घना हो गया था। दक्षिण की ओर दृष्टि पड़ते ही देखा--कीर्तिति लेन के अंदर--नाली के बगल में कोई 'वस्तु' अड़ा हुआ है। समझ गया--कुत्ते की लाश... । शरत् ने नहीं देखा। देखता तो भी कुछ समझ नहीं पाता।

शरत् की विशाल और 'दृढ़-निःशब्द' गाड़ी में बैठकर 'द्रुतवेग' से 'हवाखोरी' का आनंद ही पा रहा था। किंतु कुत्ता-संक्रांत दुर्घटना की बात रह-रहकर याद आती और मन में 'खच' से एक कांटा गड़ जाता । शरत् के मन का 'धर्म' न जाने कैसे मेरे मन में भी 'संक्रमित' हो गया था। रह-रहकर मुझे लगता--गाड़ी थोड़ी गंदी और अपवित्र हो गयी है।

शरत् जब तक जीवित रहा, हमने इसकी चर्चा नहीं की। और, इसीलिए जीवन के अंतिम दिन तक वह गाड़ी काम में लगी रही। मृत्यु के दिन भी शरत् उसी गाड़ी में--पार्क नर्सिंग होम से अपने अश्विनी दत्त रोड वाले घर में लौट कर आया था, हाँ, पंछी पिंजड़े से निकल कर उड़ चुका था तब तक।

कार्य-कर्त्ताओं से दो शब्द

दुनिया के हर एक समाज में ऐसी दशाएँ उत्पन्न होती ही रहती हैं, जब दूसरों की मदद की जरूरत आ पड़ती है। पुरुष तगड़े होकर भी अपने पैरों आप नहीं खड़े हो सकते। गरीबी और इससे पैदा हुई मुश्किलें तो आमतौर पर हमेशा ही नजर आती रहती हैं। अलावा कुटुम्बों में गड़बड़ें और छोटे-छोटे झगड़े हो ही जाते हैं। यह ऐसी चीज है, जिसकी ओर समाज को ध्यान देना ही पड़ता है। फिर भी बहुत-से लोग ऐसे निकल जाते हैं, जो समाज और कुटुम्ब में उचित ढंग से चल नहीं सकते। उनमें चोरी, गुण्डापन, झगड़े आदि बहुत-सी ऐसी आदतें पड़ जाती हैं, जिनसे समाज को या तो नुकसान सहना पड़ता है, नहीं तो उन्हें सुधारने की कोशिश करनी पड़ती है। स्कूल के बच्चों की कभी-कभी ऐसी हालत हो जाती है कि अगर सहानुभूति रखने वाले किसी बड़े आदमी की उन्हें मदद मिल सके, तो ऐसे बच्चों का आचरण बजाय पतनोन्मुख होने के, उन्नत होने लगे। लोगों की प्रतिदिन की जिन्दगी में ऐसी समस्याएँ आ जाती हैं, जिनसे दिमाग चकराने लगता है और अगर ऐसे वक्त में उन्हें किसी की मदद मिल सके तो उन्हें पागलपन के रास्ते से बचा लिया जा सकता है। अस्पतालों में बहुत दफा ऐसे मरीज देखे जाते हैं, जिन्हें दवा के अलावा सहानुभूति से बातचीत करने वाले व्यक्ति की ज्यादा जरूरत महसूस होती है। और भी बहुत-सी हालतें हैं, जिनमें लोगों, कुटुम्बों और जाति को बाहर से मदद की जरूरत पड़ती है।

भारतवर्ष में गरीबों में रुपये बाँटने के तो कितने ही तरीके चलते आये हैं। फकीरों को अनाज और पैसा देना परम्परागत परिपाटी है। सदावर्त और धर्मशालाओं का रिवाज भी चारों ओर है। सेठ और व्यापारी धर्मादे की पेटियाँ रखते हैं। पर यह सब खर्च या तो पुरातन से आयी लकीरों पर होता है या किसी व्यक्ति ने किसी वक्त सबसे ज्यादा दिल में टीस पैदा कर दी, तो उसके लिए हो जाता है। सोच-विचारकर, लोगों की जरूरतों को ध्यान में रखकर कोई ऐसा काम नहीं किया जाता। फलतः बहुत-से लोग, जो थोड़ी-सी

मदद से भी अपने को सम्भाल सकते थे, बिना मदद के गिरते चले जाते हैं और जो ढोंगी होते हैं, बेकार पड़े-पड़े मजे उड़ाने लगते हैं। रुपये के अलावा जिन लोगों को और तरह की जरूरत होती है, उनकी ओर भारतीय समाज ने कोई खास ध्यान नहीं दिया है।

इंगलैंड और अमेरिका में भी 200 वर्ष पहले तक यही हालत थी। पर धीरे-धीरे वहाँ के लोगों का ध्यान समाज के लिए इस बड़े जरूरी कार्य की ओर आकर्षित होता गया। समाज का हर एक व्यक्ति समाज को बनाता है। और अगर उन लोगों को, जो किसी वजह से आम ढर्रे से बिछुड़कर गिरने लगते हैं, शुरू में ही सम्भालकर अपने पैरों पर खड़ा कर दिया जाय, तो समाज को बहुत-से कष्टों से छुटकारा मिल जाय। यही विचार वहाँ के सामाजिक कार्य-कर्ताओं को नये-नये तरीके ढूढँने को उत्साहित करता रहा, और कर रहा है। एक बात जो बहुत-से पश्चिमी देशों ने अब अख्तियार कर ली है, वह है ज्यादातर लोगों को मदद के लिये रुपये देने की रीति को छोड़ देना। इसकी जगह अब वहाँ हर-एक आदमी के, हर-एक कुटुम्ब के मामले को अलग-अलग देखा जाता है; उसकी जरूरतें समझने की कोशिश की जाती है; और इस निगाह से कि उसे अपने पैरों पर फिर खड़ा कर दिया जाय--ताकि वह औरों की तरह बिना मदद चल सके--तरीके सोचे जाते हैं। इसी को वहाँ सामाजिक काम कहते हैं। मतलब यह है कि जैसे वकील या डॉक्टर अपने मामलों को अलग-अलग जाँच-पड़ताल करता है और उनके लिये उनकी जरूरत के मुताबिक तरीके निकालता है, ऐसे ही सार्वजनिक कार्य करने वाला भी उसके सामने आये हुए हर-एक मामले की अलग जाँच करता है और उसकी जरूरत के मुताबिक काम करता है।

सामाजिक कामों में सबसे पहले यह ख्याल रखा जाता है कि मदद के लिये जो मामला सामने आया है, वह किन वजहों से मदद के लिये सामने आया । यदि वह व्यक्ति आसानी से समाज में चल नहीं पाता है, तो सिर्फ रुपये देने या बंधे हुए नियमों पर काम करने से ही उसकी हालत न बदल सकेगी; उन कारणों को, जिन्होंने उसे विचलित करना शुरू किया है, दूर करना होगा। हर-एक मामले पर विस्तृत रूप से विचार करना होगा। एक बेकार आदमी को जो सिर्फ रुपये की मदद माँगने आया हो, यह जरूरी नही है कि रुपया मिलने से फिर मदद की जरूरत न पड़े। शायद उसकी बेकारी इस वजह से हो कि घर पर उसकी औरत बीमार है, उसको खाना ठीक से नहीं मिलता है, और इसलिए वह काम में दिल नहीं लगा सकता है। ऐसे व्यक्ति को रुपये की मदद से फायदा न होगा, बल्कि उसके घर की हालत बदलनी होगी। एक कुटुम्ब को, जो अपना खर्च न चला सकता हो, महीनों से भाड़ा न दे सका हो, और खाने के लाले पड़े हों, ऊपर से देखने में ऐसा लगेगा कि उसे रुपये के सिवाय और किसी चीज की जरूरत नहीं है। पर शायद अगर तह में पहुँचा जाय, तो पता चलेगा कि स्त्री-पुरुष में झगड़ा रहने की वजह से, कुटुम्ब

में झूठी शान क़ायम करने की आदत से ऐसी हालत उत्पन्न हुई है, और उस वक्त रुपये के बजाय पति-पत्नी की कार्य-प्रणाली में परिवर्तन करना शायद ज्यादा लाभप्रद होगा। एक बच्चा, जो क्लास में न पढ़ सकता हो, बुद्धू कहकर टाल दिया जाता है। पर शायद पता लगाया जाय, तो मालूम पड़ेगा कि उसका बुद्धूपन इस वजह से है कि उसकी आँखें कमजोर हैं, और श्याम-पट्ट की लिखावट को देख नहीं पाता है; या उसके कानों में खराबी है, और वह अच्छी तरह सुन नहीं सकता; या उसके घर में झगड़े चलते हैं, जिनकी वजह से उसका दिमाग पढ़ने के बजाय घबराहट में ज्यादा लगा रहता है। इसी तरह इन समस्याओं के और बहुत-से कारण हो सकते हैं। उनको ढूँढने की जरूरत है और वह काम सामाजिक कार्यकर्त्ताओं का है। पश्चिमी देशों में दो अलग-अलग समस्याओं के कार्य करने वालों की अलग-अलग संस्थाएँ बनती जा रही हैं; और वे अपने कामों में विशेषज्ञ होते जा रहे हैं।

हम भारतवासियों में एक अजीब आदत है, चाहे कोई विषय पूरी तरह जानें या न जानें, पर अपने विचारों को उन विषयों पर सबसे आगे रख देते हैं। बीमार के पास जो भी ऐरे-गैरे आते हैं, चाहे उन्हें सारे शरीर के अंगों के नाम भी न मालूम हों, अस्पतालों, लेबोरेटरियों और डॉक्टरी कॉलेजों की भले ही सूरत न देखी हो, पर बीमार को कौन-सी दवा लेनी चाहिए, इसकी राय देने में वे सबसे आगे बढ़ जायेंगे; और उनके ख्याल से उनकी दवा अक्सीर होती है। मकान बनाने, जो आयेगा, चाहे उसने इंजीनियरिंग का नाम भी न सुना हो--आपको कैसे मकान बनाना चाहिए, इसकी पूरी तफसील आपके सामने पेश कर देगा। कोई भी लाइन लीजिए, हम लोग अपने को, विशेषज्ञों के भी विशेषज्ञ समझने लगते हैं, और समाज के काम में तो कुछ कहना ही नहीं। बच्चों से कैसा बर्ताव करना चाहिए, बिगड़ों को कैसे सुधारना चाहिए, पढ़ाने का क्या ढर्रा होना चाहिए, गिरते लोगों से कैसे बर्ताव करना चाहिए, इन सब बातों में तो बुद्धू से बुद्धू और बुद्धिमान से बुद्धिमान, सब अपने को विशेषज्ञ समझते हैं। सामाजिक कार्यों में बुद्धि की कितनी जरूरत है, इसको हम लोग इसी कारण से पूरी तरह समझ नहीं सके हैं। और जहाँ कहीं यह काम शुरु भी होता है, तो सच्चे कार्यकर्त्ताओं को अपनी सारी जानकारी के साथ भी अपने-आप बने विशेषज्ञों की भी वजह से बड़ी अड़चन पड़ती है। हमारे यहाँ समस्याओं की कुछ कमी नहीं है, और अब समय है कि हम भी अपनी विशेषज्ञता को छोड़कर सच्चे सामाजिक काम करने वालों को अपनायें। हिन्दुस्तान में भी कुछ संस्थाएँ हैं, जो ऐसे काम करने वालों को शिक्षा दे रही हैं; और उनका नम्बर बढ़ता ही जा रहा है। इनमें बम्बई के सर सोहराब जी टाटा ग्रेजुएट स्कूल ऑफ स्पेशल वर्क्स ट्रेनिंग सबसे बड़े पैमाने पर होती

है। इसके अलावा बम्बई में सोशल सर्विस लीग और यूनिवर्सिटी सेटिलमेंट, इलाहाबाद की यूनिवर्सिटी और कुछ संस्थाएँ भी छोटे-छोटे ट्रेनिंग-कोर्स चलाती हैं, जहाँ इस काम को करने की शिक्षा दी जाती है।

भूले-भटकों को संभलने की रीतियाँ

समाज की रफ्तार में जहाँ ज्यादातर आदमी अपने को समाज की माँगों और जरूरतों के मुताबिक ढालते हैं, वहाँ थोड़े-से ऐसे भी व्यक्ति निकल आते हैं जो अपने को बदलती हालतों में अच्छी तरह जमा नहीं सकते । ये लोग अपने निराले ढंग की वजह से समाज को काँटे-से लगने लगते हैं और समाज को भारी लगने लगता है । जीवन के जो थोड़े-से ढर्रे होते हैं, उनसे ये लोग हट जाते हैं और समाज को अपना ढाँचा बराबर रखने के लिए इनके वास्ते कुछ-न-कुछ करना पड़ता है।

समाज की रफ्तार में जो ये छोटी-छोटी अड़चनें आती हैं, उनमें सबसे आगे तो कानून के खिलाफ जाने वाले जुआरी, चोर, स्त्रियों के व्यापारी, जालसाज वगैरह हैं; फिर खानाबदोश, भिखारी और ऐसे ही लोगों का नम्बर आता है। नारियों के सवालों में वेश्या, पति द्वारा निष्कासन (यानी परित्यक्ता), बाल-विधवा और ऐसी ही समस्याएँ आती हैं। बच्चों की समस्याओं में घर से भागना, पढ़ने और काम में दिलचस्पी न लेना, ज्यादा लड़ना-झगड़ना और किसी के डाँट में न आना, बे-माँ-बाप का होना, और ऐसे ही कुछ सवाल आ जाते हैं। घरों से अनबन, कुटुम्बों का टूटना, अच्छे घरों की माली हालत गिरती जाना--यहाँ तक कि अपने को सँभाल न सकना वगैरह सवाल घरों में पैदा हो जाते हैं।

आजकल के तरीके में किसी भी समस्या को सिर्फ एक बुरा नाम देकर टाल नहीं दिया जाता--कोशिश की जाती है कि उसकी तह तक जाकर उसका हल निकाला जाये। हर बात का कोई-न-कोई कारण होता है; और अगर किसी भी समस्या को ऊपरी रूप से न देखकर उसके कारणों का पता लगा लिया जाये तो उसका हल भी ज्यादा कारगर हो सकेगा। किसी आदमी या कुटम्ब में जब कोई समस्या पैदा होती है, तो उसकी वजहें, उसके व्यक्तित्व, कुटुम्ब और समाज में ढूँढनी पड़ती हैं। व्यक्तित्व में सबसे बड़ा प्रश्न दिमाग का उठता है--चरित्र कितना गठ सका है, आदतें कैसी बन सकी हैं, स्वभाव बचपन की हालत से निकल कर समाज को अपनाने के लिए कितना परिपक्व हो सका है, स्वभाव कमजोर है या तेज, बे-सलामती की भावना, एवं नये अनुभव प्राप्त करने की इच्छा कितनी तेज है और कितनी नहीं, कुटुम्ब में या घर में एक-दूसरे से कितनी बनती है, घर का कामकाज कितनी होशियारी से चलाया जाता है, बहुत ज्यादा आदमी तो नहीं हैं, बीमारी तो ज्यादा-ज्यादा नहीं रहती, बेकारी तो ज्यादा नहीं है, नाजायज रिश्ते तो नहीं हैं, माँ-बाप का बच्चों की ओर कैसा रुख है, वगैरह सवाल देखने लायक होते हैं। समाज के

ढाँचे की वजह से जो सवाल पैदा होते हैं, उनमें रहने के लिए मकानों की हालत, खेलकूद और दिल-बहलाव की सहूलियतों की कमी, बदचलन और जुर्मी लोगों की बस्ती का होना, विदेशों में जाकर बसना वगैरह गिने जा सकते हैं।

सामाजिक मामलों में हर समस्या को उसकी अपनी निगाह से देखा जाता है और उसके हल के तरीके भी अलग-अलग अख्तियार किये जाते हैं । कुटुम्बों के मामलों का काम करने के लिये अलग संस्थाओं को काम करना पड़ता है, जिनका काम सारे कुटुम्ब को स्वस्थ बनाकर अपने पैरों पर खड़ा कर देना होता है । बच्चों के काम के लिए स्कूलों में ऐसी शिक्षिकाएँ रखने की रीति चलने लगी हैं, जो उनकी मुश्किलों को हल करने की कोशिश करती हैं । लावारिस और बिना देख-रेख के बच्चों का काम अलग संस्थाएँ करती हैं, जिनमें नये ढंग के यतीमखाने, औद्योगिक स्कूल और बच्चों को मदद करने वाली संस्थाएँ हैं । जो बच्चे चोरी वगैरह करने लगते हैं, उनके लिए जिन खास तरीकों की जरूरत होती है, वे काम कचहरियों से सम्बन्ध रखने वाली संस्थाएँ करती हैं । हिन्दुस्तान में ये शिशु सहायक समिति कहलाती हैं । जिन बच्चों का दिमाग कमजोर है या जो अपाहिज हैं, उनके लिए खास स्कूल होते हैं, जैसा कि बम्बई के पास चेम्बूर में 'होम फॉर मेंटल डिफेक्टिव चिल्ड्रेन' है । जैसे बदन में बीमारियाँ होती हैं, वैसे ही दिमाग और स्वभाव में भी गड़बड़ी पैदा हो जाती हैं । उनका इलाज बच्चों और बड़ों के लिए अलग-अलग खास तरीकों पर किया जाता है।

सामाजिक कामों के लिए उतने ही हुनर और उतने ही संघों की जरूरत होती है, जितने और किसी काम के लिए और उतना ही उनका दायरा भी जिन तरीकों से दूसरे देशों में लोग फायदा उठा रहे हैं, उनको हमारे अपनाने का वक्त आ गया है।

2 अप्रैल, 1945

अप्रकाशित रचनाएँ

कोइराला निवास
धनकटनियाँ
जीवन मूल जड़ी

कोइराला-निवास

कोइराला निवास ! नहीं, इसकी तुलना 'आनंद भवन' से नहीं करूँगा। लकड़ी की वह दुमंजिला आज भी खड़ी है। हालांकि उसके कमरों में पलनेवाले प्राणियों में से देश के दो-दो प्रधानमंत्री हो चुके हैं।

इस बार-कुछ ही दिन पहले फिर देख आया हूँ- कोइराला निवास को। चौदह-पन्द्रह साल की उम्र से ही इस 'मकान' के व्यक्तित्व को श्रद्धा की दृष्टि से देखता आया हूँ। अब तो, इसके सुनसान कमरों और टूटी कड़ियों को भी बोलते सुनता हूँ। विराटनगर अस्पताल के पास पश्चिम वाली सड़क पर आकर बाएँ मुड़ते ही- कोइराला निवास सिर ऊंचा किए हुए दिखाई पड़ता है। आह्लाद भरे स्वर में हँसकर कहता है--हः हः, एत्ति दिन पछि कसरि सझना... कितने दिनों के बाद, कैसे याद आई ?

निवास ही नहीं, शिविर भी । क्योंकि प्रत्येक कोइराला को यही शिक्षा मिली है-- मातृभूमि को राणाशाही के चंगुल से कैसे छुडाया जाए ? देश को किन उपायों से शिक्षित बनाया जाए ?...

नेपाल का एक तत्कालीन प्रधानमंत्री (तीन सरकार) विदेश गया था। उसने पार्लियामेंट में मान्य अतिथि की हैसियत से भाषण दिया-आप लोग भारत के हर शहर में स्कूल-कॉलेज खोल रहे हैं और साथ ही यह भी उम्मीद करते हैं कि भारत की जनता स्वराज्य नहीं माँगे। हमें देखिए, हमारे देश में न एक पब्लिक स्कूल है, और न एक कॉलेज।

ब्रिटिश पार्लियामेंट के सदस्य मन ही मन हँसे थे। किंतु जब वह संवाद सात समुद्र पारकर नेपाल की तराई तक पहुंचा तो 'कोइराला निवास' के संस्थापक प्रबुद्ध नेपाली पंडित श्रीकृष्ण प्रसाद कोइराला की आत्मा विद्रोही हो गई।...

रात भर 'कोइराला निवास' के कमरों ने खामोश रहकर देखा, सुखी-संपन्न-संतुष्ट दीखने वाला यह व्यक्ति इतना बेदार होकर रो क्यों रहा है ? ग्लानि-दुख-लज्जा और अपमान से दिव्य मुखमंडल झमा गया है ! बस, रह-रहकर एक ही टेक : अब पुग्यों नहीं,

अब सहन नहीं किया जा सकता !

इस अपमान का बदला उन्होंने अपने ही ढंग से लेने का निश्चय किया। विजयादशमी के अवसर पर 'कोइराला निवास' से तीन सरकार को स्वस्ति की 'डाली' दी जाती थी-उसमें रेशमी वस्त्र अशर्फी के स्थान पर फटे-चिटे चीथड़े भेजे गए--"महाराज ! आपकी प्रजा को चींथड़े भी मयस्सर नहीं। हम रेशमी वस्त्र कहाँ से भेजें ?"

और, इसके बाद ही भाई-भतीजों को 'कोतपर्व' में तलवार के घाट उतार बैठने वाले तीन सरकार ने 'लालमोहर' का छाप डाल कर फरमान भेजा- "कृष्णप्रसाद कोइराला को पिंजड़े में बंद करके काठमांडु भेजो !"

स्थानीय बड़ा हाकिम मोरंग जिला का गवर्नर- हुक्मनामा पढ़कर किंकर्तव्यविमूढ़ ! क्या किया जाए ? श्रीकृष्ण प्रसाद कोइराला के पक्ष में सत्य और धर्म है। ऐसे व्यक्ति को गिरफ्तार करके वह पाप नहीं लेगा। उसने राजद्रोह किया। रात के सन्नाटे में उसने 'कोइराला निवास' के हमेशा खुले रहने वाले दरवाजे में प्रवेश किया। लेकिन, श्रीकृष्ण प्रसाद कोइराला ने तर्क शुरू किया--तुम क्यों राजद्रोह करते हो ? तुम अपना कर्तव्य पालन करो। लो हथकड़ी पहनाओ !

"खबरदार साहेब ! आप मेरे पितातुल्य हैं इसलिए अपने कर्तव्य का पालन नहीं कर रहा-ऐसी बात नहीं। आपको हथकड़ी लगाने का अर्थ है-नेपाल को हथकड़ी लगाना। आप आज ही रात को सीमा पार करके 'मधेस' (भारत) चले जाइए। आपकी गिरफ्तारी के साथ ही यह चिनगारी सदा के लिए बुझ जाएगी।

श्रीकृष्ण प्रसाद कोइराला तैयार हो गए--सिर्फ एक खुखरी (नेपाली कटार) और कुछ पैसे लेकर--अपनी पत्नी के साथ वे रात के पिछले पहर में निकले। भुरुकवा तारा के प्रकाश में 'कोइराला निवास' मौन, स्तब्ध खड़ा -मन ही मन मंगलकामना के मंत्र पढ़ रहा है।

मॉरिसस, कलकत्ता, प्रयाग, बनारस प्रवास में वे रहे-उनका जी सदा इस काठ के मकान पर टंगा रहता-घनी तराई के बीच छोटा-सा कस्बा -- विराटनगर ! अपना छोटा-सा देश नेपाल !

भारतीय स्वतंत्रता-संग्राम के प्रमुख नेताओं से वे मिले। सभी ने इस विद्रोही का स्वागत किया । कहते हैं, सर तेज बहादुर सप्रू ने कानूनी सलाह देकर कहा था- भारत की भूमि पर आप निर्भय विचरण करें-अंग्रेजी सरकार का कोई भी कानून आपका बाल-बाँका नहीं कर सकता।

उन्हीं दिनों की एक घटना है। देशबंधु दास के कमरे में एक सम्माननीय अतिथि मिलने के लिए आए हैं। साथ में है आठ-नौ वर्ष का सुंदर बालक। अतिथि बहुत देर तक अपना दुखड़ा रोते रहे। अपना दुखड़ा माने अपने देश की दुर्दशा की कहानी। बातें करते-करते उन्हें बीच में रुकना पड़ता था। उनका पुत्र तनिक चंचल है। देशबंधु के कमरे में घूम-घूमकर वह देख रहा है। जब कभी कुछ छूना चाहता है, पिता प्यार से पुकार कर

कहते हैं-नहीं विशु ! कुछ छू-छा मत करो ! पिता की बात सुनकर वह एक क्षण चुप रहता। फिर, कौतूहलवश किसी वस्तु में हाथ लगा देता। तब, देशबंधु दास ने बालक को पास बुलाकर प्यार करते हुए कहा-देखो, यदि तुम दो मिनट चुपचाप बैठोगे तो... यह कलमदान तुम्हें इनाम में दिया जाएगा। लेकिन ठीक दो मिनट-घड़ी देखकर-चुप बैठा रहना होगा। तैयार ?

बालक मुसकुराया-हुँह ! (ठीक है।)

देशबंधु अपने अतिथि से बातें करने लगे। इसी बीच लड़के ने 'कलमदान' को हठात् उलट दिया। दोनों एक साथ चिहुँके-अरे ?

बस, एक मिनट भी चुप नहीं ?

बालक लज्जित हुआ। बोला -- असल में मैं देखना चाहता था कि इस कलमदान में ऐसी क्या खास बात है ? अब मालूम हुआ कि इसे उलट देने पर भी रोशनाई-पोखिन्दैन-नहीं गिरती।

सुना है, देशबंधु ने बालक को गोदी में लेते हुए अपने अतिथि से कहा था। कोइराला जी, आप व्यर्थ ही नेपाल की चिंता करते हैं। आपका यह बालक जो एक मिनट भी चुप नहीं बैठ सकता और जानबूझ कर 'इनाम' हार जाता है। कलमदान को उलट देता है, वही एक दिन राणाशाही को भी उलटेगा। यह चैन से नहीं बैठेगा कभी।

देशबंधु की बात ठीक निकली।

विराटनगर में विद्यालय स्थापना और मोरंग जिले में शिक्षा प्रचार करने की शर्त पर श्रीकृष्ण प्रसाद कोइराला का परिवार एक युग के बाद नेपाल लौटा। इसके पहले टेढ़ी भागलपुर में एक आश्रम चला रहे थे। बड़ा बेटा मातृका प्रसाद कोइराला-1929-30 के सत्याग्रह के समय सदाकत आश्रम में राजेंद्र बाबू का प्राइवेट सेक्रेटरी रह चुका है। छोटा बनारस में पढ़ते समय हमेशा सी.आई.डी. वालों की निगाह में रहा। एक बार पकड़ा भी गया है। हवालात की हवा खा आया है। भारत प्रसिद्ध क्रांतिकारियों से परिचित हो चुका है। रूस की बातें करता है।

उजाड़ कोइराला निवास युगों के बाद फिर आबाद हुआ। फिर जिंदगी चल पड़ी। लेकिन एक नई राह पर ! इन आश्रमवासियों ने पूरी गृहस्थी को आश्रम के नियम-ढंग पर चलाने का व्रत लिया। बास-फूस के झोपड़ों में 'आदर्श विद्यालय' की स्थापना हुई। घर-घर घूमकर विद्यार्थियों को बटोरना, स्लेट-किताब बाँटना-यही काम था कोइराला दंपति का।

आदर्श विद्यालय की बात बाद में कभी। अभी तो 'कोइराला निवास' की याद आ रही है। इसी सप्ताह की एक प्रमुख खबर है- महाराजाधिराज महेंद्र मोरंग जिले के दौरे पर जाने वाले हैं। बी.पी. कोइराला की बूढ़ी माता विरोध प्रदर्शन की तैयारी कर रही है। गाँव-गाँव धूम रही है। प्रचार कर रही है।

इन पंक्तियों के लिखते समय फिर एक खबर मिली है- महाराजाधिराज ने अपनी

यात्रा दो तीन दिनों के लिए स्थगित कर दी है।...

इस समाचार के पढ़ने के बाद, कथाकार का मन इसे रूपक में बांधने को ललच उठा था :

नारायण हिटा दरबार पाँच सरकार ने भेजा हरकारा, बजा नगाड़ा-पूर्वी तराई -जिला मोरंग में सवारी श्री पांच की-

अपनी प्यारी प्रजा को देखने के निमित असंतुष्ट, उच्छृंखल और विरोधियों को दलने के निमित...डिग-डिग-डिग !

हँसा बूढ़ा कोइराला-निवास ठठाकर-हाहा !

धनकटनियाँ

इस बार, पन्द्रह दिन कातिक से ही धन-कटनियाँ - मजदूरों की टोलियाँ हर गाँव के छोटे-बड़े किसानों के दरवाजे पर पहुँच कर 'बंदगी' बजा-बजाकर खड़ी हो गयी। 'निधनिया' इलाका (जिस इलाके में धान नहीं होता) परिवार-सहित चार महीने के लिये 'धनहर-इलाके' में आकर झोपड़ी डालकर-'चार दिन की चाँदनी' काट जाते हैं। अगहन से पूरा-माघ तक कटाई, फिर माघ से फागुन तक मड़ाई। फिर चार महीने की कमाई-धान की बोरियाँ-बंहगियों पर, बच्चों को पीठ पर लादकर वे जिस समय विदा होते हैं-हवा में चैती गीत की उदासी छा जाती है- हो रामा, चैत के महिनवाँ... वाँ... वाँ...!

धनकटनियाँ- मजदूरों को हमारे इलाके में 'लक्ष्मी' कहा जाता है। जिस बार इन्द्र महाराज की कृपा होती है, आद्रा और हथिया नच्छत जी खोल कर झरते हैं-इधर की धरती के हर कण में रोज रंगों का खेल शुरू हो जाता है। पहले हरा, सुगापंखी धानी रंग। छोटे-छोटे गड्ढे और तलैयों में-कोका फूल के फल यानी भेंट, और मांगुर, सोन मछलियों के रंग गहरे काले हो जोते हैं। हिमालय में मुर्गाबियों और वनहाँसों की या इनके रंगों की जादूगरी सबसे पहले चलती है। अन्नकूट के पहले ही वे हजारों की संख्या में, पूर्णिया के धनहर इलाके के आकाश में-रात के सन्नाटे में-मंडराती रहती हैं। इसके बाद आती है 'धनकटनियों' की टोलियाँ -- बहंगियों, सिर और पीठ पर सारे संसार को संभाले-धानी रंग की डोर में बंधी-बंधी। हर टोली की कम से कम एक या दो या कभी-कभी तीन-बाँकि छौड़ियाँ और तेज हँसियाँ-जिससे धान तो क्या आदमी...

खलिहान के पास, आम की बगिया में जहाँ हर साल (हर साल तो नहीं, जिस साल धान की खेती अच्छी होती है।) इनके टोले बसते हैं, इस बार भी इन्हें वहीं बसाया गया। मगर, जब इनके 'सीधा-सम्बर' का सवाल उठा तो सोच में पड़ गया। जब तक धनकटनी शुरू नहीं हो जाती, किसान इन्हें खिलाते हैं। और खलिहान खुलने के बाद, 'दबनी-मड़नी' के बाद ड्योढ़ा सूद के साथ वसूल लेते हैं। किन्तु, इस बार क्या होगा ? बड़े-बड़े काश्तकारों के घर में 'घर खर्च' के लिए चावल नहीं । इन्हें क्या खिलायेंगे ?

धनकटनी के समय स्थानीय मजदूरों की 'ऐंठ' और 'मिजाज' की याद करके, इन सीधे-सादे मुसहरों-तीयरों को 'पोसना' जरूरी हो जाता है। स्थानीय मजदूर इन बाहरी मजदूरों को भली निगाह से कभी नहीं देखते और मौका मिलते ही इन्हें तरह-तरह से जलील करने की कोशिश करते हैं। और, इनके 'टोले' को बाबुओं के दिल बहलाने का अड्डा कहकर, तरह-तरह की कहानियाँ कहते सुनते हैं।

गाँव के मजदूर लोग रोज एक बार 'धरना' देकर जाते हैं। इन 'बाहरी' मजदूरों के अन्न की व्यवस्था सहज ही होते देखकर, मेरे हलवाहे की बीवी तिलमिला उठी थी-"साल भर खेती में मरें गाँव के लोग और काटने के समय 'पछवरिया-जन'...?"

अन्दर हवेली से ही उसको जवाब मिला-"चुप रह सुनरी ! गाँव के जन साल भर सेंत में ही नहीं खेत में खटते हैं। इधर पानी सूख रहा है, चार बजे भोर में ही बाबुओं को खुशामद करके उठाया जाता है। दो जून खाना, तिस पर फरमाइश-मांस मछली-कबूतर-आम-कटहल-इसमें जरा भी डेढ़-वेढ़ हुआ कि दूसरे गृहस्थ के खेत में हाजिर। तुम्हारे खेत में पानी सूखे या बज्जर गिरे। यदि ये पछवरिया-कटनियाँ नहीं आवें, आधा धान खेत में ही पार हो जाये...।"

समय के साथ सब कुछ बदलता है। इस बार इन बाहरी मजदूरों ने तय किया है, वे मुफ्त में बैठकर नहीं खायेंगें। औरतें जंगल से सूखी लकड़ियाँ काटकर लायेंगी, साखू के पत्तों की पतरियाँ बनायेंगी और दँतुअन के लिए नीम की टहनियाँ रोज एक ट्रेन से फारबिसगंज जाकर बेच आयेंगी। मर्दों में जो जवान हैं, मछलियाँ पकड़ेगें, भेंट के फूल 'लोढ़ेंगें' और यहीं स्टेशन के हाट में ही सांझ तक तीन-चार रुपये हो जायेंगे।

दल के बूढ़े भेंट ने कहा--"बाबू ! रहने के लिए तो पतराहा के बाबू भी खूब जिद्द कर रहे थे। मगर दो कौड़ी, दस साल (पचास साल) जिस खेत खलिहान में काटा-मांड़ा है- उसका 'मोह' भला....?"

अंधकार में भी मैंने बूढ़े की आँखों में 'मोह' के नशे की खुमारी देखी। इस बार मुझे खुद खेत-खलिहान में दिलचस्पी लेते देखकर बूढ़ी बोली, 'बाबू' अब गाँव में ही रहते हैं ? जवाब मैंने नहीं, बूढ़े ने ही दिया, "गाँव में नहीं रहेंगे तो क्या जिंदगी भर परदेस ही 'सेवेंगें'?"

सुबह आँख खुली तो कान में सबसे पहले एक अपरिचित ध्वनि-गिलट की पैरियों की सुनायी पड़ी। बूढ़े भेंट की बूढ़ी कह रही थी- मेरी भाँजी है। दलसिंह सराय शहर के पास ब्याह हुआ था। घर वाला मारवाड़ी के गोला में 'गठिया' बाँधता था और यह बाबुओं के घर में बरतन-बासन माँजती थी। ...बहूजी । अब कहाँ किस जात का पानी नहीं चलता है ? सुराज सब जगह हुआ है कि.... ।

फिर, पैरियों की झनक। मैंने पगध्वनि से ही चलने वाली के चेहरे की कल्पना कर ली। बाहर निकल कर देखा -पैरियों की रून-झुन जिसके चरण-चाप से प्रतिध्वनित होता था- उसके चम्पई चेहरे पर पानी चमचमा रहा है और आँखों में ऐसी गहराई कि आदमी

पहली बार ही डूबते-डूबते बचे... ।

मालूम हुआ- बूढ़ी की यह अभागिन भाँजी-रनिया जंगल में लकड़ी नहीं काट सकेगी। इसीलिए बूढ़ी चाहती है कि यदि 'आँगन-घर' के काम के लिए इसको रख लिया जाय, कुछ दिन।

उसको जवाब मिल गया-'कुछ दिन' के लिए यहाँ कोई काम नहीं।

न जाने क्यों, आज भोजन करते समय बार-बार हलवाहे की गंदी बीवी के नाखूनों की याद आयी। लगा, बीड़ी पीकर बगैर हाथ धोए ही उसने मसाला पीसा है। बीवी हाथ-पैर धोकर चौके-चूल्हें मे जाती है तो ?

जीवन मूल जड़ी

इस हरी-भरी रसवंती धरती की सुंदरता में कहीं भी, तिल भर की कमी नहीं हुई। ऋतुओं के रंग तनिक भी मलिन नहीं हुए। लेकिन, किसी को यह दुनियां वीरान नजर आ रही है। माटी के मोह ने ही उसे भावुकता दी। धरती के रूप-रस-रंग को उसी ने सबसे पहले अनुभव किया -- भोगा। मन की अतल गहराई में अपने संसार की सृष्टि की। वही प्राणी अपने चारों ओर एक मायूसी और मनहूसी का आलम देखता है। कहीं जी नहीं लगता। और यह कष्ट -- सुनते हैं -- सिर्फ मनुष्य ही अनुभव करता है। जिस दिल में दर्द नहीं -- वह मुर्दे का दिल होगा -- देखिए, जफर का यह दर्द हजारों-हजार दिलों का दर्द बन कर जी रहा -- जिला रहा है --

लगता नही है दिल मेरा...

और, जब यह दुनिया उजड़ा हुआ दयार ही साबित हो चुकी, जहाँ जी ही नहीं लगता -- वहाँ रहने से फ़ायदा ! आदमी माटी के मोह को काटने की कोशिश करता है। वह कहीं और चल देने के लिए गठरी बाँधता है। कहाँ जाएगा -- बेचारा आदमी -- संवेदनशीलता प्राणी --

ऐ दिल, तू कहीं और चल !...

लेकिन, कहीं और चल देना इतना सहज नहीं। यह धरा-राधा का रूप लेती है -- यशोधरा बनकर सामने आती है -- और मीरा के कंठों से स्वर-लहरी बनकर फूट पड़ती है -- धरती की पीर --

जोगी, मत जा, मत जा !

लेकिन, जाने वाले के रथ को कौन रोक सकी है ? रस भरी गलियाँ गोकुल की पीछें रह गईं -- रथ की धूल में गाँव ओझल हो गया। मानो सोने के पिंजड़े में बंद पंछी

पंख फड़फड़ा कर उड़ चला हो -- खुले आसमान में। अब यहाँ क्या रहना -- यह तो रैन बसेरा था, दो दिन का डेरा था। इसका क्या मोह ? --

चल उड़ जा रे पंछी।

कौन कहता है धरती वीरान हो गई है ? नहीं-नहीं, यह उजड़ा दयार नहीं। यहाँ आरज़ू और इंतजार में कट जाने वाली घड़ियों के बावजूद एक ऐसी घड़ी आती है -- जिस समय आदमी के दर्द भरे दिल पर कोई हौले-हौले हाथ रखता है। देखो -- चारों ओर रस की झड़ी लगी हुई है। आओ, रस बरसे, हम भींगें --

ओ सजना -- रस की बहार...

बरखा बहार और रस की फुहार को उसने झुठला दिया है -- इन बहारों से क्या फायदा ? झूठी आशा के सितारों पर उसे भरोसा नहीं ! नैनों में प्यार उमड़े-घुमड़े या बरसे -- जानेवाले का पथ जरा भी गीला न होगा। उसके मन के आकाश में कोई घटा नहीं छाई है। वह क्यों रुके ?

बरखा बहार का कोई प्रभाव नहीं पड़ा तो क्या हुआ -- धरती की धानी चुनर में अब भी लहरें आती है। बरखा बहार के बाद बसंत की पागल बयार की पुकार होती हैं -- समस्त वन-प्रांतर में मंडराती है -- आसन्न विरहिणी की दर्द भरी पुकार --

ओ बसंती पवन पागल...

मानो, बजता हुआ साज हठात् बंद हो गया। वह मुहूर्त -- सब कुछ शून्य-गतिहीन-शब्दहीन-प्राणहीन !! सब खाली हो गया ! अब -- कैसे प्राण पिया बिन राखौ ? -- जीवन मूल जड़ी। गिरिधर के हाथ बिकानी मीरा का अब क्या हो ? नहीं, नहीं मीरा मन की आशा को नहीं छोड़ेगी -- पंछी रे काहे होत उदास !

विरह की ओदी लाकड़ी
जलै औ' धुंधुआये
दुख से तबहि बांचिहौं
जब सकलौ जरि जाए !

जब सकलौ जरि जाए ! जब सारे भेदभाव दूर हो जाएँ -- मन के सारे कलुष धुल जाएँ -- तब द्वैत का लोप हो जाए।

और, इस अवस्था की प्राप्ति के बाद तो -- मेरे पिया मेने मन में बसतु हैं -- निशदिन दर्शन पाती -- मीरा। आँखें जुड़ा जाती है -- प्यासी अंखियों में फिर आनंद का सागर लहराता है --

घर आया मेरा परदेशी...

चिट्ठी

अरुण कौल के नाम

फणीश्वरनाथ रेणु के पत्र
अरुण कौल के नाम

[संदर्भ 'गोत्रांतर' यानी 'एक अधूरी कहानी' फिल्म की पटकथा]

2/30 राजेन्द्र नगर
पटना–16
22/5/70

प्रिय भाई अरुण जी,

अनुबंध के साथ ड्राफ्ट तथा पत्र मिले। मैं 20/5 को ही गाँव जाने वाला था। किन्तु, हठात् ज्वर हो जाने के कारण 25/5 तक रुक जाना पड़ा।

'गोत्रांतर' के नायक की काया में पैठ कर--कई बार कहानी को भोगने की चेष्टा की है। कुछ नोट्स भी लेता गया हूँ। इसे लिखना शुरू करूँगा--गाँव जाकर ही। एक सप्ताह जम कर बैठना है--बस, जो बनना होगा संजय साहब को, बन जायेंगे।

मैं 'मैला आँचल' के कई अंशों को इसमें समेटना चाहता हूँ। डॉक्टर प्रशांत ने गाँव पहुँचकर 'खलिहान' खुलने के दिन 'बिदापत नाच' देखा था, संजय भी देखेगा। ...गाँव की औरतें 'जाट-जट्टिन' खेलती हैं [मैला आँचल] अथवा 'सामा-चकेवा' पर्व मनाती हैं [परती-परिकथा]--रुक्मिणी या रुक्मी वैसे आनन्द-उत्सवों में क्यों नहीं भाग लेगी ?

सब मिला कर--'गोत्रांतर' में सुबोध बाबू की सिर्फ [बम्बइया भाषा में] 'आइडिया' भर रह जाती है।

कंट्राक्ट में आपने कुछ धनराशि बढ़ा दी है। आपको इसके लिए धन्यवाद दूँ ?

गाँव पहुँच कर आपको पत्र दूँगा। कहानी समाप्त होते ही पटना लौट आऊँगा और तब आपको बुला लूँगा।

इधर कई मित्रों ने मुझसे इस सम्बन्ध में--यानी 'गोत्रांतर'--गोष्ठी में मेरे युक्त होने के बारे में--पूछताछ की। क्या आपने इसे कहीं किसी पत्र में प्रचारित किया है ? मैं 'पबलिसिटी' को बुरा नहीं मानता। लेकिन, गलत ढंग से न हो। हम जो काम करने जा रहे हैं वह 'फिल्म वालों' का काम नहीं--इसलिए, लोग हमें महज़ 'फिल्मवाला' न समझें। इससे शूटिंग के समय में हमें सुविधा होगी--इस क्षेत्र में ऐसे लोग हैं जो हमारी कद्र करेंगे। हमको बम्बइया फिल्म वालों और भोजपुरी फिल्म वालों से भिन्न पाकर फिर शूटिंग देखने वालों की भीड़ भी नहीं उमड़ेगी। हम आसानी से अपना काम कर सकेंगे।

आशा है, आप स्वस्थ और प्रसन्न हैं। अगर नहीं हैं तो इस पत्र को पाने के बाद अवश्य हो जायेंगे।

पत्रोत्तर देंगे।

आपका

रेणु

पुनः -- इस पत्र के साथ वाउचर तथा कॉन्ट्रेक्ट की प्रतियाँ भेज रहा हूँ।--रेणु

[2]

2/30 राजेन्द्र नगर

पटना-16

1. 7. 70

प्रिय भाई अरुण जी,

गाँव से मैं 21/6 को लौटा। नोट्स मैं गाँव में ही पूरा कर चुका था । लौट कर एक सप्ताह में उसे Script का रूप देना था। आपको इस आशय का तार लगाकर पत्र लिखने बैठा था कि श्री लक्ष्मीनारायण 'सुधांशु' जी के भयंकर रूप से अस्वस्थ होने की सूचना, उनके पुत्र ने आकर दी--सेरब्रल हेमॅरेज, कॉमा आदि। चूँकि सुधांशुजी साहित्यिक के अलावा हमारे आत्मीय एवं ग्रामीण हैं--इसलिए 21/6 से 28/6 तक अस्पताल का चक्कर !

और, इस बीच में मैंने कितनी बार चेष्टा की कि आपको एक दूसरा तार लगा दूँ--अंततः नहीं हो सका। letter follows वाली चिट्ठी अधूरी लिखी पड़ी रही।

मैं कल से Script पर अपने नोट्स लेकर बैठ गया हूँ। एक बार सोचा कि आपको नोट्स ही Rough अवस्था में ही भेज दूँ। किन्तु , मैं बेगार टाल नहीं रहा--इतना ज्ञान मुझे है।

मैंने संजय और नेमियार और रुकनी की कहानी अपने मन के पर्दे पर जिस तरह घटते देखी--उसे लिख दिया है। इसके बाद आप और मृणाल बाबू हैं। फिर, इसके बाद हम कहीं एक साथ मिल कर बैठें।

अरुणजी, मैंने देखा है--जब भी मैं Emergency में रहा हूँ--विचित्र संयोग और अभावनीय घटनाएँ घट जाती हैं।

इस बार भी कुछ ऐसा ही हुआ है। और हर Emergency में मैंने जो काम किया है--वह बुरा नहीं हुआ है।

इस बार भी बुरा नहीं होगा।

मैं दिन-रात Script पर काम करके--5/7/70 तक डाक से भेज दूँगा, इसका मुझे पूरा विश्वास है।

मैं अभी कैसे विश्वास दिलाऊँ कि मैंने कहानी में डूब कर काम किया है।

Script आपको 9/7 तक अवश्य मिल जायेगी--एक सप्ताह का मुहलत कोई लम्बा अर्सा नहीं है। अतः अभी इतना ही।

भाई ही

रेणु

P. S.

कृपया एक सप्ताह समय और दें।--इस आशय का तार आज लगाया है--Letter follow नहीं लिख रहा।--रेणु

[3]

2/30 राजेन्द्र नगर

पटना-16

15/7/70

प्रिय भाई अरुण जी,

आज रजिस्टर्ड पैकेट से Script भेज रहा हूँ। 'संवाद' आवश्यकतानुसार बदले और बढ़ाये जा सकते हैं। यानी--इसे मैं Final Script नहीं मानता।

आप और मृणाल बाबू इस Script में जैसा परिवर्तन-परिवर्धन करना चाहें--करें। अब मृणाल बाबू का काम है। इसके बाद, मुझे एक Script और करना होगा।

Script मिलने की सूचना के साथ यह भी लिखेंगे कि मोटे तौर पर Script आपको कैसी लगी।

संजय और नेमियार के चरित्र को कहानी की माँग के मुताबिक ही मैंने उजागर किया है।

नाच में मैंने अभी 'ननदी-भउजिया' रख दिया है। इसे 'बिदापत नाच' अथवा अन्य कोई लोकनृत्य भी बनाया जा सकता है। असल में, नाचवाला प्रसंग आवश्यकता के अनुसार लिख लिया जायेगा।

काम में देरी हुई--इसलिए क्षमा-प्रार्थना करता हूँ।

पत्रोत्तर दें। नमस्कार ग्रहण करें।

आप अपना प्रोग्राम लिखें।

मैं 25/7 को फारबिसगंज (पूर्णिया) जा रहा हूँ। उम्मीद है, 7/8 तक लौट आऊँगा।

आपका

रेणु

[4]

पटना

19. 8. 70

प्रिय भाई अरुण जी,

आपका पत्र तथा पटकथा की प्रति। धन्यवाद ! मुझे दुख है कि आपको इस बीच कोई पत्र नहीं दे सका। गाँव गया था--'भूमि हड़पो आंदोलन' के समय अपनी जमीन पर मौजूद रहने के लिए।

पहले आपके प्रश्नों के उत्तर दे लूँ।

(1) सितम्बर के अंतिम सप्ताह में आप उत्तर बिहार में शूटिंग कर सकते हैं। गन्ने की फसल उस समय 'नीमजवान' रहेगी--यानी कटने के लिए तैयार नहीं--हाथी भी डूब जाय--पौधे इतने बड़े हो जायेंगे।

(2) लोकेशन : उत्तर बिहार के पूर्णिया तथा छपरा, चम्पारण वगैरह । पूर्णिया में

एक नयी मिल खुली है। छपरा और चम्पारण में पुरानी मिलें हैं।

(3) बिजली तो है उन इलाकों में--किन्तु Ac/Dc के बारे में पता लगाकर लिख भेजूँगा।

(4) नेमियार के योग्य एक पात्र हैं पटना में--नाटक तथा सिनेमा ('राहगीर' हिन्दी) में काम कर चुका है। नाम भूल रहा हूँ।

(5) 20 अगस्त से 10 सितम्बर तक मैं पटना में ही रहूँगा। आप आने के पहले मुझे तार से सूचना दे देंगे--आशा है।

मैंने अपने पत्र में लिखा था कि 'पटकथा' से मैं ही पूर्ण संतुष्ट नहीं हूँ। Revision करना आवश्यक है।

'गोत्रान्तर' के लिए उपयुक्त नाम सूझ नहीं रहा है। खोज रहा हूँ।

कुछ 'घटनाएँ' और हैं। मृणाल बाबू से बात करके उन्हें जोड़ दूँगा।

अक्तूबर से नवम्बर तक ऊख में फूल लग जायेंगे। क्षमा करेंगे।

पत्रोत्तर तनिक विलम्ब से जा रहा है। उन दिनों मेले भी लगते हैं।

पत्रोत्तर दें। प्रोग्राम लिखें।

नमस्कार ग्रहण करें।

भाई ही

रेणु

[5]

पटना

1 सितम्बर, 70

प्रिय भाई अरुण जी,

आपका पत्र प्राप्त हुआ। आवश्यक 'कागज-पत्तर' दस्तखत करके भेज रहा हूँ।

(1) जिस क्षेत्र में आप शूटिंग करेंगे--वहाँ Ac/current ही है!

(2) उस सज्जन का नाम श्री प्यारे मोहन है। मैं उनसे मिलकर तस्वीरें भेजवाने का अनुरोध करूँगा। तरुण मजूमदार की तस्वीर 'राहगीर' में उसने काम किया है। भोजपुरी फिल्मों में भी। अच्छा आर्टिस्ट है।

(3) पटना से डेढ़-दो घंटे की यात्रा करने पर--स्टीमर से गंगा पार करके--'गोरौल' (जि.-मुजफ्फरपुर) में एक पुराना सुगर फैक्टरी है। पुराने मकान,

पुरानी मशनरी तथा पुराने आवासगृह आदि।

क्या मृणाल बाबू बम्बई में हैं ? उन्हें मेरी बधाइयाँ दे दें। और, यदि अभी बम्बई में न हों तो वे अभी जहाँ भी हों--उन तक मेरी बधाई अवश्य भिजवा देने की कृपा करें।

विशेष फिर।

कब तक आप लोग इधर आने का प्रोग्राम बना रहे हैं ? लिखें।

नमस्कार ग्रहण करें।

भाई ही
रेणु

P. S.

Crop के लिए पूर्णिया--चम्पारण। गाँव के दृश्यों के लिए पूर्णिया और hill and hill area के लिए गोरौल (Goraul)

[6]

2/30, राजेन्द्र नगर
पटना-16
22. 9. 70

प्रिय भाई अरुण जी,

मैं आज आपको पत्र लिखने जा रहा था कि अभी आपका पत्र प्राप्त हुआ।

बात यह है कि बाढ़ के कारण--करीब-करीब सारा उत्तरी बिहार ही पानी में डूबा हुआ है और अभी 'हथिया-नक्षत्र' [पानी बरसाने वाला नक्षत्र !] बाकी ही है। यों, बाढ़ तो हर साल आती है। इस बार देर से आयी। अतः अक्तूबर के अंतिम सप्ताह से ही इन इलाकों में आप शूटिंग कर पा सकेंगे। जहाँ-जहाँ हम जाते--गोरौल [छपरा] मझौलिया [चम्पारण] और बनमनखी [पूर्णिया]--हर जगह पानी ही पानी है।

आपने लिखा है--"जाने किस बुरे नक्षत्र में मैंने इस फिल्म का काम आरम्भ... ।"

क्या आपने 'मुहुरत' कर लिया है ? अगर आपका 'मुहुरत' वगैरह पर विश्वास नहीं हो तो फिर नक्षत्र को क्यों दोष देना ?

श्री प्यारेमोहन जी को मैंने कई संवाद दिये। किंतु, ऐसा लगता है कि उन्हें दिलचस्पी नहीं। किंतु, प्यारेमोहन जी से भी उपयुक्त [नेमियार के लिए] एक और अच्छे कलाकार हैं--श्री आर. एस. चोपड़ा। श्री चोपड़ा--बहुत अच्छे फोटोग्राफर हैं, 'सारिका,'

'धर्मयुग,' 'स्टार एण्ड स्टाइल' वगैरह पत्रिकाओं में उनकी रंगीन तस्वीरें प्रायः छपती ही रहती हैं। सितम्बर की 'सारिका' की पहली कहानी में इनकी दो तस्वीरें दी गयी हैं। 18 सितम्बर के Star and Style में संजीव के फोटोग्राफ्स आदि। 'बिहार आर्ट थियेटर्स' के एक प्रमुख चरित्र अभिनेता हैं। अभी बंगला--'काबुलीवाला' में इन्होंने काफी प्रशंसा अर्जित की है--'काबुलीवाला' की भूमिका में। बंगलौर में होने वाले नाट्य-समारोह में अपने दल के साथ जा रहे हैं।--चोपड़ा ही नेमियार के लिए बेहतर चुनाव होगा--गले की आवाज--लंबाई-चौड़ाई वगैरह सब कुछ ठीक है। आप आयेंगे तो उनसे मिलाऊँगा--अथवा आप स्वयं उनसे पत्र-व्यवहार कर लें--उनका पता है--Shree R.S. Chopra, GREEN MEDICAL AGENCY, GOVIND MITRA ROAD, PATNA-4। ...यों, मैं उनसे मिलकर कुछ तस्वीरों के लिए कहूँगा।

आप 20 अक्तूबर के बाद ही इधर का प्रोग्राम बनायें।

अब, एक आवश्यक एवं आवश्यक बात : सामने दुर्गापूजा है और हमें उम्मीद थी कि दुर्गापूजा के पहले आपसे कुछ राशि मिल जायेगी। आपने शूटिंग के बाद भेजने की बात लिखी है। निवेदन है, 2 अक्तूबर तक एक हजार रुपये भेज दें तो दुर्गापूजा सँभाल सकूँ। बस, इसी पर्व में हमें औकात से अधिक खर्च करना पड़ जाता है। अतः आप यदि कृपा करें, तो बहुत उपकार हो। विशेष क्या लिखूँ ?

'गोत्रांतर' का सरल-सा नाम मिल ही नहीं रहा है। स्वयं सोच रहा हूँ--कई ऐसे मित्रों से भी कहा है--जो नामकरण में माहिर समझे जाते हैं।

पत्रोत्तर दें। मैं आपकी आशा में हूँ--संपूर्णतः।

रेणु

[7]

2/30 राजेन्द्र नगर
पटना-16
25. 9. 70

प्रिय भाई अरुण जी,

आशा है, मेरा पत्र आपको मिला होगा। और, आप पत्रोत्तर दे ही रहे होंगे अथवा दे चुके होंगे।

पत्रवाहक श्री सुवास कुमार मेरे मित्र हैं। कथाकार-कवि हैं। बेनेट कोलमन में

'इण्टरव्यू' देने के लिए बम्बई जा रहे हैं। 'धर्मयुग' तथा 'सारिका' आदि में इनकी कहानियाँ छपती रहती हैं। बम्बई जाकर ये आपसे भी मिलना चाहते हैं--बातें करना चाहते हैं। आप इन्हें अपने (तथा मेरे भी) मित्रों से मिला देंगे। श्री बासुदेव (भट्टाचार्य तथा चटर्जी) से भी, और जिनसे आप चाहें।

आप लोग 15/10 के बाद ही इधर आ रहे हैं क्या ? जैसा भी हो सूचित करेंगे। और हाँ, मैंने अपने पिछले पत्र में श्री आर. एस. चोपड़ा के सम्बन्ध में लिखा था। फिर भी लिख रहा हूँ कि नेमियार के सर्वथा उपयुक्त हैं वे। उनका पता दे दिया था ताकि आप उनसे स्वयं पत्र-व्यवहार कर लें। बहुत अच्छे कलाकार के साथ बहुत अच्छे आदमी भी हैं। बहुत काम के आदमी !

रेणु

आपका

[8]

2/30, राजेन्द्र नगर

पटना-16

19 / 10 /70

प्रिय भाई अरुण जी,

आपका तार अभी-अभी मिला है। आपकी 10/10 की भेजी हुई चिट्ठी मुझे 17/10 को मिली। श्री दूर्गापूजा के समय से ही यहाँ 'महा-मेला' लगा हुआ था। आपका मनिआर्डर समय पर ही मिला।… किंतु, 'जवाबी-लिफाफा' क्यों ?

मेले और त्योहारों के बारे में पहले सूचना दे दूँ।

(a) 12 नवम्बर से कार्तिक-पूर्णिमा का विश्व प्रसिद्ध सोनपुर मेला शुरू हो रहा है। पटना में गंगा पार करके--उस पार 10-12 माइल जाना पड़ता है। पन्द्रह दिनों तक रहता है।

(b) 25 नवम्बर से--पूर्णिया में फारबिसगंज का प्रसिद्ध मेला--एक महीना तक चलता है। भारत-नेपाल की सीमा पर होने के कारण--नेपाल-तराई की जनता भी इस मेले में शरीक होती है।

(c) 10 दिसम्बर से--पूर्णिया का गुलाब बाग मेला जनवरी 15, तक लगा रहेगा। यहाँ 'तीसरी कसम' वालों ने शूटिंग की थी।

आप लोगों का प्रोगाम क्या है, यह मुझे ठीक-ठीक पता नहीं। किंतु, फसल तो अभी 'नीमजवान' ही है। एक महीना बाद से--Early Vaitus की फसल कटने और 'पेराई' का काम भी दिसम्बर के प्रथम सप्ताह से ही शुरू होने की आशा है।

15 दिसम्बर से 15 जनवरी तक--मेरे ख्याल से बेहतर समय होगा--जब आप फसल के खेत में पूरी तरह तैयार--कटते हुए, मिल में ढोते जाते तथा 'पेराई' वगैरह करते हुए देख सकते हैं। 1 दिसम्बर से भी आप काम शुरू कर सकते हैं। इस दरमियान आपको--फारबिसगंज, चन्द्रदेही और गुलाब बाग के मेले मिलेंगे और पौष पूर्णिमा त्यौहार भी इन्हीं दिनों होगा।

12 नवम्बर को उत्तर बिहार में 'सामा-चकेवा' पर्व मनाया जायेगा--दरभंगा जिला में--मधुबनी क्षेत्र में उस समय जाकर मिट्टी के पुतलों की कारीगरी और उन पर की गयी चित्रकारियों का चित्रांकन आप कर सकते हैं। किंतु, महिलाओं के इस उत्सव में पुरुषों का सम्मिलित होना वर्जित है। इसलिए--'सामा चकेवा' के गीतों को उत्सव के साथ फिल्माना कठिन-सा लगता है।

श्री चोपड़ा ने आपको शायद कुछ तस्वीरें भेज दी हैं। और भी कुछ भेज रहे हैं। मैं वाउचर पर दस्तखत करके भेज रहा हूँ। किंतु, आपने 'जवाबी लिफाफा' क्यों भेजा ?

पत्रोत्तर दें। नमस्कार ग्रहण करें।

भाई ही
रेणु

[9]

2/30, राजेन्द्र नगर
पटना-16
25. 11. 70

भाई अरुण जी,

मैं 8/11/70 को लौट कर आया। आप लोगों के बारे में मालूम हुआ कि आप Location देखने को गये हुए हैं। दो दिनों के बाद, जब Prince Hotel में टेलिफोन किया तो मालूम हुआ कि आप कलकत्ता के लिए तुरंत प्रस्थान कर चुके हैं [यानी एयरोड्रम जा चुके थे]। गिरीशजी तथा पटेल साहब वगैरह से मुलाकात हुई। फिर 16 या 17 को मृणाल बाबू से भेंट हुई। वे कृपापूर्वक मेरे घर पर आये थे। किंतु, Script पर

एक बार बैठने का अवसर नहीं था। मैंने उनसे एक-दो विशेष बातें जान लीं--जैसे, संजय की भाषा। कलकत्ते से कभी बाहर नहीं गया हुआ बंगाली युवक उत्तर बिहार में नौकरी पाकर जाता है और अच्छी हिन्दी बोलने लगता है, यह अस्वाभाविक-सा मुझे लग रहा था। मृणाल बाबू ने संजय की भाषा पर यथासंभव बंगला-उच्चारण और गलत हिन्दी उच्चारण का आवरण देने की अनुमति दे दी है। इसके साथ ही, एक दो घटनाएँ भी सोच कर रखा है। सिर्फ--'गोत्रांतर' नाम के बदले कोई सटीक नाम नहीं मिल पा रहा है। आशा है, शीघ्र ही कोई नाम मिल जायेगा।

आप फिर कब आ रहे हैं ? क्या Artists के चुनाव हो गये ?

मैं इधर फिर लगातार संकटों की मार खा रहा हूँ। गाँव की जमीन हमारी आधी छीन ली गई। मुकदमे, झंझट, फौजदारी ! इधर, लतिका जी के मंझेले भाई की मृत्यु हठात् हृदय की गति बंद हो जाने से हो गयी।

आपने पिछले महीने ही एक हजार रुपये दिया है। किंतु , हमारा अस्तित्व ही संकट में है। दिन-रात जूझ रहा हूँ। ऐसे समय में मैं आपसे प्रार्थना--विशेष प्रार्थना--कर रहा हूँ कि कृपया पत्र पाते ही डेढ़ हजार रुपये भेज देने की व्यवस्था करें। मेरी परीशानी की सीमा नहीं। इसके बाद जो पैसे रहेंगे--आप तस्वीर शेष करने पर दीजियेगा। अभी हम बेहाल हैं।

और, क्या बात है कि इस बार आपने कोई पत्र नहीं दिया ? नाराज हैं ? मगर, मैंने ऐसा कुछ भी नहीं किया। अगर अनजाने में कोई गलती हो गयी हो तो उसे यह समझ कर क्षमा कर देंगे कि मेरी मानसिक अवस्था अच्छी नहीं।...कृपया मेरी प्रार्थना पर ध्यान देकर शीघ्र पत्रोत्तर दें तथा पैसे भेजने की व्यवस्था कर दें।

नमस्कार ग्रहण करें।

आपका

रेणु

पटकथा

गोत्रान्तर

अर्थात्

'एक अधूरी कहानी'

गोत्रांतर अर्थात् एक अधूरी कहानी

जाड़े की सुबह ! चारों ओर कुहरा छाया हुआ है।

कुहरे को चीरती हुई भागी जा रही है--E. B. Rly (ईस्ट बंगाल रेलवे) की ब्रांच लाइन की एक रेलगाड़ी।

रेलगाडी का एक Inter class का कम्पार्टमेंट।

उगते हुए सूरज की मद्धिम-रोशनी--खिड़की की 'झिलमिली' से झाँकती हुई किरणें--एक बर्थ पर सोये हुए संजय की छाती पर पड़े कम्बल पर प्रकाश की 'आड़ी-तिरछी' रेखाओं का 'पैटर्न' बुन रही हैं।

रेलगाड़ी के दूसरे किसी कम्पार्टमेंट में कोई फटी हुई आवाज में--गँवई-गीत --प्रातकी गा रहा है। गीत की कड़ियाँ स्पष्ट सुनाई नहीं पड़तीं। बीच-बीच में गीत के कई शब्द सुनाई पड़ते हैं--['अवध अइहैं कौन काम हे जननी--मैं ना जींयव बिनु राम !]

गाड़ी एक हिचकोले के साथ रुक जाती है।

दूसरे बर्थ पर बैठा--गंदा ऊनी चादर ओढ़ कर--ऊँघता हुआ अधेड़ व्यक्ति बर्थ पर लुढ़क जाता है। उसके मुँह से एक हल्की चीख-सी निकल पड़ती है--हुस्स !

संजय की नींद खुल जाती है। वह अचकचाकर उठता है और तकिये पर कुहनी टेककर, अधलेटी अवस्था में उस व्यक्ति से पूछता है--'कौन स्टेशन है ?'

वह व्यक्ति फिर ऊँघ रहा था। आँखें मूँदे ही जवाब देता है--"दही भात होगा।"

नाम सुनकर संजय को अचरज होता है। उसके चेहरे पर झुंझलाहट की कई रेखाएँ उभर जाती हैं। वह कुढ़कर कहता है--"दिल्लगी कर रहे हैं ?"

"दिल्लगी नहीं साहब। ससुरी टेसन का नाम ही यही है। दहीभात।"

अधेड़ व्यक्ति खिड़की की झिलमिली को उठाकर कहता है--"पढ़िए न ! बंगला में भी लिखा हुआ है।"

संजय देखता है, सचमुच स्टेशन का नाम दही भात ही है । अंग्रेजी, हिन्दी में लिखा

हुआ है--DAHI BHAT दही भात।

"रतनगंज और कितना दूर ?"--संजय पूछता है।

"बस, और तीन टेसन !"

गाड़ी खुलती है।

संजय की दृष्टि कम्पार्टमेंट की लेवेटरी के पासवाली 'चेतावनी-पट्ट' पर पड़ती है--'अपाना टीकट आप खरीद माल का उपर नजर राख । जुयाचोर चोर पकेटमारा नजीक है' [अंग्रेजी, उर्दू और बंगला में भी...]

संजय अधमुँदी-आँखों से उस व्यक्ति को देखता है।

"बस, और एक घंटा।"--कहकर वह व्यक्ति अपना पॉकेट टटोलने लगता है।

संजय की आँखें उस अधेड़ व्यक्ति पर टिकी हुई हैं।

उसकी आँखों के आगे उसके पिता की तस्वीर उभरती है... ।

...बाजार से लौटकर थैला रखते हुए कहते हैं--"बाजारे आगुन लेगेछे हैं !" बड़े भाई की सूरत विरक्त मुद्रा "जे जार पथ देख !"

माँ की कर्कश आवाज सुनाई पड़ती है--'.........!'

भाभी ताने देती है--"निजे खते पायना-शंकरा के डाक ! एदिके बिये करेबार शेख आधे सब रजिस्ट्रार नबीनबाबू र मेयरे संगे। अकेजो... ।"

बड़े भाई की अष्टवर्षीया पुत्री--"ना चूले हाथ केन बुलिये दिब ? सिल्केर फिते एनेदिले ?"

गाड़ी एक हिचकोले के साथ रुकती है । संजय की नींद फिर खुलती है । अधेड़ व्यक्ति, कम्पार्टमेंट में घुसने वालों को चेतावनी देता है--"ए ! ए !! ढ्योढ़ा है ढ्योढ़ा !"

संजय करवट लेकर पूछता है--"कौन स्टेशन ?"

"सिमराहा।"

संजय की आँखों के आगे पुनः, अपने घर से विदाई के समय के दृश्य उभरने लगते हैं... ।

पिताजी कह रहे हैं--"इन्टर क्लासेर टिकट कोरबी। तुमि एकटा सूगर मिलेर कैसियर बाबू हये ओखाने नामबे थार्ड क्लास थेके ?"

माँ तली हुई मछलियाँ टिफिन-कैरियर में डालती हुई कहती हैं--"शरीरेर यत्न, निउ... ।"

बड़े भाई गंभीर मुद्रा में कहते हैं--"भालो मने जाउ ! अगर मने रेख-उद्योगी पुरुष सिंह लक्षीलाभ कोरेई। तुमिइ एक दिन ए मिलेर मालिक हये बसते पार !"

पुतुल रोती है--काका !...

पृष्ठभूमि में प्रातकी की टूटी हुई कड़ी रह-रहकर उभरती है--'सोआरथ को संसार

रे मन-भजले सीताराम !'

गाड़ी रतनपुर स्टेशन पर पहुँच गई।

रतनपुर स्टेशन का बाहरी-हिस्सा !

दूर दिखाई पड़ती हैं--सुगर मिल की चिमनियाँ !

एक बैलगाड़ी पर संजय का सामान लादा जा रहा है। पास ही खड़ा है--संजय का सहयात्री--वही अधेड़ व्यक्ति। वह हँस कर कहता है--

--"जी, यह आपके कलकत्ते का ट्रामगाड़ी नहीं--गोरुगाड़ी है ?"

वह व्यक्ति गाड़ीवान से कहता है--"मिल के कैसियर बाबू हैं। सीधे मिल के अंदर, सेठजी की कोठी पर ले जाना।"

संजय बैलगाड़ी में बैठता है।

वह व्यक्ति हाथ जोड़कर कहता है--"अच्छा तो... राम-राम बाबू।"

गाड़ी आगे बढ़ती है।

चारों ओर ऊख के खेत !

ऊख के सफेद फूलों के गुच्छे। असंख्य सफेद पताकाओं की तरह दूर-दूर तक दिखाई पड़ते हैं। हवा के हल्के झोंके भी इन खेतों में तरंग पैदा करते हैं।

गाँव की कच्ची सड़क !

सड़क पर, ऊख से लदी गाड़ियाँ जा रही हैं।...आ रही हैं।

संजय जीवन में पहली बार यह सब देख रहा है--उत्तर बिहार के गाँव, खेत, पेड़-पौधे। वह नहीं जानता था कि ऊख के फूल होते हैं--कास के फूल गुच्छे की तरह--चँवर की तरह !

गाड़ीवान अपने बैलों को हाँकता हुआ कहता है--"चल भैयन ! सीधे मिल के अंदर--सेठ जी की कोठी पर।"

एक सियार को बायें से दाहिने की ओर जाते देखकर गाड़ीवान अचानक प्रफुल्लित होकर कहता है--"हुजूर बाबू साहेब !" जातरा बड़ा ठीक है। वह देखिए सियार पंडित को--बायें से दाहिने जा रहा है।"

संजय मुस्कराकर पूछता है--"और, अगर दाहिने से बायें जाये तो ?"

"बहुत खराब... ।"

गाड़ी सड़क के एक खड्ड में हिचकोले खाती है--गाड़ीवान अपने बैलों से कहता

है--"जरा सड़क देख कर चल !"

संजय को मुस्कराते देखकर गाड़ीवान को साहस होता है। वह पूछता है--"हजूर का घर कलकत्ता शहर में पड़ता है ?"

"हाँ !... क्यों ? क्या बात है ?"

"अब ठीक से चलेगा मिल का कारबार । 'कल-कांटा' का मामला बिना कलकत्ता वाले के ठीक से चले भला ?... हमारे मामा के साला का बेटा कलकत्ता भाग कर कमाने गया और दो साल के बाद लौटा तो दाढ़ी बनाने का एक ऐसा 'मिसिन' ले आया कि दाढ़ी में लगाते ही तुरत-सफाचट-हजामत... ।"

संजय हँसकर कहता है--"तुम भी भाग कर कलकत्ता क्यों नहीं चले जाते ?"

गाड़ीवान अप्रतिभ होकर कहता है--"धत ! भाग कर कलकत्ता क्यों जायेंगे ? कहा है कि... घर की आधी रोटी भली-नहीं बाहर की चार।"

गाड़ी एक मोड़ पार कर, एक बड़े तालाब के बगल से गुजरने लगी । पोखर के किनारे बड़े-बड़े पेड़ों के नीचे अलाव के पास कुछ लोग आग ताप रहे हैं--बूढ़े, बच्चे, औरतें... ।

गाड़ीवान कहता है--संथाल लोग हैं। धनकटनियाँ मजदूर ।

एक जवान संथालिन हँसती हुई पूछती है--"कहाँ जैते गाडी--हो गाडीवान भाय !"

गाड़ीवान गर्व से कहता है--"रतनपुर मिल के अंदर--सीधे सेठजी की कोठी पर !"

संजय संथाल धनकटनियाँ मजदूरों के दल को देखता है। हर व्यक्ति के--बूढ़े-बच्चे-जवान के चेहरे पर एक अपूर्व मुस्कराहट खिली हुई है--तालाब में फूले हुए कुमुदनी (कोका) फूलों की तरह !

रतनपुर बाजार का बाहरी हिस्सा !

संजय देखता है--एक छोटा-सा बाजार। आस-पास कुलियों के क्वार्टर ! कर्मचारियों के बंगले।

बाजार के चारों ओर साग-सब्जी के खेत। खेतों में तरह-तरह के पुतले खड़े हैं--लोगों की बुरी नजर से फसल की रक्षा के लिए, कौओं और जानवरों को डराने के लिए।

इन्हीं पुतलों पर उभरती हैं--मनुष्य की आकृतियाँ। कुछ लोगों की भीड़ ! उत्सुक मुखड़े।

गाड़ी मिल के फाटक पर पहुँचती है। दरबान टोकता है। गाड़ीवान दुहरा देता

है--"सीधे सेठजी की कोठी पर।"

सेठ रतनलाल की कोठी।

बैलगाड़ी बंगले के फाटक पर रुकी हुई है।

सेठ रतनलाल, संजय का हार्दिक स्वागत करते हैं। वे बहुत प्रसन्न दिखलाई पड़ रहे हैं। अपने नौकर से कहते हैं--"बाबू का सामान दो नम्बर बंगला में पहुँचा दो । और, मेरी कोठी से स्प्रिंगवाला पलंग दो नम्बर बंगले में भेज दो।"

सेठजी संजय की ओर मुखातिब होकर पूछते हैं--"क्या नाम बतलाया ?"

--"जी । संजय !"

--"वाह ! कितना पवित्र नाम है। गीता में यह नाम बार-बार आता है। है न ? ...जै हो ! जै हो !!"

संजय के होंठों पर पहली बार मुस्कराहट खिली। सेठजी कहते हैं--"अच्छा तो संजै बाबू, आप चल कर नहाइए-धोइए। थोड़ा जलपान करके आराम कीजिये...अरे हाँ, बिना 'चहा' के किसी बंगाली बाबू की थकावट भला दूर हो। यहाँ तो 'चहा' की कोई दुकान नहीं...[नौकर से] मंगल ! कैशियर बाबू के लिए 'इसपिसिल, चहा भी तैयार करा के भेज देना।

बंगला नम्बर दो !

संजय जलपान करने के बाद, सेठ रतनलाल की कोठी से आई हुई स्पेशल-चाय में चुस्की लेता है। चुस्की लेकर वह चाय के स्वाद को पहचानने की चेष्टा करता है--मसाले की गंध !

सेठजी प्रकट होते हैं। हँसकर कहते हैं--"इसपिसिल चहा ! इसमें तुलसी, गोलमिर्च, तेजपात, इलायची और मिश्री डाली जाती है । [सेठ जी हँसते हैं] एकदम कविराजी-चहा। मलेरिया कभी नहीं होगा।"

सेठजी की नजर अचानक दीवार पर टँगी अपनी बड़ी तस्वीर पर पड़ती है। उनके तैलचित्र पर मकड़ी ने जाली लगा दी है। और तस्वीर के पीछे गौरैया-पक्षियों ने बड़ा-सा घोंसला लगा दिया है।

सेठजी नौकर से कहते हैं--"कमरे की सफाई कौन करता है ? [नाराज होकर] उसका एक दिन का तलब कटेगा ! समझे ?"

नौकर गिड़गिड़ाकर कहता है--"हुजूर ! ससुरी गौरैया अंडा दे देले बा ! हुकुम हो तो... ।"

सेठजी क्रुद्ध दृष्टि से नौकर की ओर देखते हैं। नौकर दूसरे कमरे में चला जाता

है।

सेठजी पूछते हैं--"क्यों संजै बाबू ! बंगला पसन्द आया ? इसमें कभी अंग्रेज कैमिस्ट मोबर्ली साहेब रहते थे। खास लन्डन शहर का अंग्रेज। हे-हे-हे-हे !"

नौकर सीढ़ी लगाकर--सेठजी की तस्वीर के पीछे से चिड़ियों का घोंसला उजाड़ रहा है। एक गौरैया उड़कर इस खिड़की से उस खिड़की पर जाती है।

संजय की विकृत-मुद्रा को देखकर सेठ रतनलाल को अचानक पंछी पर दया आ जाती है। वह नौकर को डाँटता है--"अरे घोंसला क्यों उजाड़ता है ? मकड़ी के जाले को साफ कर दो।" ...नौकर गमछी सेम तैलचित्र को झाड़ता है।

सेठजी कुर्सी से उठते हुए कहते हैं--"अभी दो-चार दिन तो जी नहीं लगेगा। [मुस्कराते हुए] हाँ, मैं जानता हूँ। हर बंगाली बाबू अपने 'देश' से लौट कर, दो चार दिनों तक उदास रहता है। जिसको बंगला में 'मन मरा' कहते हैं । है न ? फिर, एक दिन 'देश' पर किसी के नाम एक लम्बी चिट्ठी लिखकर जी हल्का कर लेता है और काम में जुट जाता है ! मुझे सब मालूम है। हे-हे-हे-हे !!"

संजय : आपने दुनिया देखी है, सेठजी !

सेठजी : बस, समझ लो कि यह कारखाना तुम्हारा ही है । इसकी तरक्की में ही तुम्हारी तरक्की है। काम दिखाओ फिर देखना कि यहाँ कितना प्रॉस्पेक्ट है। बस, अभी और मैं कुछ भी नहीं कहूँगा। मैं बातें ज्यादा नहीं करता !

सेठजी चले जाते हैं ।

संजय उठकर सेठजी के तैलचित्र के सामने जाकर खड़ा हो जाता है और मद्धिम-स्वर में बुदबुदाता है--"मुझे भी सब मालूम है । आप धनकुबेरों की रीति-नीति की सारी खबर मुझे है । आपकी मीठी जुबान में कितना जहर घुला हुआ है--यह मैं जानता हूँ।...हिस्स-तरक्की...प्रॉस्पेक्ट...भविष्य...जैत-सैब !

मिल का भोंपा बजता है।

क्रशिंग-मैशीन की धड़धड़ाहट क्रमशः तेज होती जाती है । एक ओर पेरे गये ऊखों की 'सिट्ठियों' की ढेरी लग रही है । दूसरी ओर रस के हौज में सफेद झाग । तैयार माल--चीनी की बोरियों के अम्बार !

संजय अपने कैशबुक, लेजर, चालान-रसीद, बही आदि के साथ काम में डूबा हुआ है।

काम में डूबे हुए संजय को दो जोड़ी आँखें--अपलक निगाहों से घूरती हैं।... एक जोड़ी आँख--रायबहादुर सेठ रतनलाल की !

दूसरी जोड़ी आँख--नेमियार की !!

बंगला नम्बर दो--यानी संजय का बंगला !

संजय पत्र लिख रहा है।

बाहर, नेमियार की बोली सुनाई पड़ती है। वह संजय के नौकर सतकौड़ी से कुछ कह रहा है--अधिकार भरे स्वर में ।

संजय, लिखना बंद कर खिड़की से बाहर की ओर देखता है। नेमियार हाथ उठाकर सलाम करता है--"सलाम बाबूजी।" संजय की मुद्रा हठात् बदल जाती है। झुँझलाहट की रेखायें उसके चेहरे पर स्पष्ट हो जाती हैं।

नेमियार मुस्कराता हुआ खड़ा है। कहता है--"बाबूजी। एक नम्बर कुएँ को छोड़कर और किसी कुएँ का पानी हरगिज मत पीना। मलेरिया पकड़ लेगा। मैंने सतकौड़ी से कह दिया है।"

संजय की तनी हुई भौंहें तनिक झुक जाती हैं।

'अच्छा तो सलाम बाबूजी।'--खाँसता हुआ नेमियार चला जाता है।

संजय दूसरी खिड़की से कुएँ के जगत पर पानी भरते हुए लोगों को देखता है। कई औरतें, जवान लड़कियाँ, बच्चे, अधेड़ मर्द--हाथ में लोटा, बाल्टी, घड़े आदि लेकर पानी भर रहे हैं, कपड़ा धो रहे हैं।

कई औरतें घुँघट काढ़े खड़ी हैं।

एक साँवली-सलोनी युवती पानी भर रही है और आँखें नचा- ाचा कर बतिया रही है-- "हुँ, एक लम्बर ! एक लम्बर कुएँ के पानी में दवा की ऐसी गंध रहती है कि कुछ मत पूछो। मैं तो इसी कुएँ का पानी पीती हूँ चाहे मलेरिया हो या कलेरिया।"

दूसरी युवती पूछती है--"यह कलेरिया कौन बीमारी है रुकनी ?"

रुकनी नामक युवती आँखें मटकाकर कहती है--"कलेरिया नहीं जानती ? [संजय के बंगले की ओर इशारा करके] कलकतिया-बाबू से जाकर पूछ ना।"

युवती लजाकर कहती है--"मैं क्यों जाऊँ पूछने। तू जा के पूछ।" रुकनी घड़े में पानी भरती हुई एक गीत की कड़ी गुनगुना देती है--'सइयाँ गइले कलकतिया-से हमरा छाड़िना !'

सभी औरतें एक साथ खिलखिला कर हँस पड़ती है।

संजय भी हँसता है ! उसके पीछे, सतकौड़ी आकर खड़ा है, सिर खुजलाते हुए अचानक संजय का ध्यान भंग हुआ।

"बाबू !"

संजय उलटकर उसको जिज्ञासा भरी दृष्टि से देखता है।

सतकौड़ी इधर-उधर देखता है। फिर, संजय के और भी करीब आकर मद्धिम आवाज में कहता है--"बाबू ! ये नेमियार और उसकी बहन रुकनी है न--दोनों से जरा होशियार रहिएगा, बाबू !"

संजय : क्यों ? क्या बात है ?

सतकौड़ी : जी... बड़ी लटपटिया है।

संजय : लटपटिया माने ?

सतकौड़ी : जी, लटपटिया माने... माने... लटपट काम करता है।

संजय : लटपट काम ?

सतकौड़ी लटपट का कोई सही अर्थ नहीं बता सका तो संजय हँस पड़ा। बोला--"ठीक है। समझ गया।"

सतकौड़ी चला जाता है। संजय आधी लिखी हुई चिट्ठी को फाड़कर फेंकते हुए बुदबुदाता है--"जॅत सॅब--लटपट !"

संजय का दफ्तर !

संजय अपने रजिस्टर पर झुका हुआ लिख रहा है।

हाथ में एक झोली लेकर नेमियार प्रकट होता है--"सलाम खजांची बाबू !"

झोली से कई शीशी-बोतल और पैकेट निकालकर टेबिल पर रखते हुए कहता है--"आपके लिए सदर-अस्पताल से ले आया। टिंचर आयडिन है, कैस्टर आयल है और ये हैं कुनैन की गोलियाँ ।"

नेमियार पास के स्टूल पर बैठ जाता है और भेद की बात बतलाने के अंदाज में कहता है--"बात यह है खंजाची बाबू कि आप अभी नये आये हैं। नया आदमी यहाँ अगर होशियारी से नहीं रहे तो समझ लीजिए कि... ।"

संजय झुंझलाकर कहता है--"लटपट का मतलब मुझे मालूम है।"

नेमियार तनिक भी अप्रतिभ नहीं होता। हँस कर,उठते हुए कहता है--"तब ठीक है।... अच्छा तो सलाम !"

संजय अपने काम में लग जाता है।

पास के कमरे में काम करता हुआ एक अधेड़ कर्मचारी संजय के पास आकर कहता है--"बाबू। यह नेमियरवा कहाँ आया था ? आपने ठीक किया। इस आदमी को दफ्तर में घुसने मत दीजिए।"

संजय की गंभीरता देख कर वह रुक जाता है। फिर, टेबिल पर रखी हुई दवाओं

की ओर इशारा करके कहता है--"भला आपको इन सब वाहियात चीजों की क्या जरूरत होगी ?" संजय कुछ नहीं कहता। वह कर्मचारी दवाओं को अपने पॉकिट में डालते हुए कहता है--"यह नेमियरवा सभी को एक ही बटखरे से तौलता है। हँ... ।"

लोडिंग-शेड!

एक विशाल वेईंग-मशीन पर ऊख से लदी हुई गाड़ी चढ़ा दी जाती है। हर गाड़ी को वजन करने के बाद नेमियार चिल्लाता है--चालीस मन।...पैंतीस मन... । आदि। किसान, गाड़ीवान, कुलियों और ऊख की झाड़ियों के बीच नेमियार का व्यक्तित्व ! सभी उसकी खुशामद करते नजर आ रहे हैं । यदि नेमियार खुश रहे तो चालीस मन पैंतीस सेर को एकतालीस मन मान लेगा --नहीं तो पूरे एकतालीस मन को भी पैंतीस मन कह सकता है।

वह अपने विभाग का 'सर्वेसर्वा' है। सभी उसे 'ओजन बाबू' कहते हैं। ओजन बाबू अर्थात् वजन करने वाला बाबू !

एक किसान नेमियार से कुछ कहता है, धीमे स्वर में। नेमियार हँसकर कहता है--"नया खंजांची बाबू 'लटपट' का मतलब समझता है। समझे ?"

एक किसान : अभी सिर्फ मतलब ही समझता है। बेचारे को कुछ ही दिनों में पता चल जायगा कि यहाँ बिना लटपट में फँसे गुजारा नहीं।"

दूसरा किसान : रस का कारबार ही ऐसा है कि बिना लटपटाये... ।

नेमियार हठात् कर्कश स्वर में चिल्ला पड़ता है--"चलो। चलो !! बड़ा आया है रस की बात बघारने !"

एक क़िसान : ओजन बाबू। मैं सूरज उगने के पहले से ही आकर बैठा हूँ। तीन ही गाड़ी माल है मेहरबानी करके... ।

दूसरा : ओजन बाबू। पहले मेरी गाड़ी... ।

कई किसान नेमियार को घेर लेते हैं। नेमियार दोनों हाथों से भीड़ को दो ओर हटाते हुए कहता है--"मेहरबानी करके आप लोग अपनी-अपनी गाडी के पास चले जाइये। जिसका नाम पुकारा जायेगा--वही यहाँ आयेगा।...हटो यहाँ से।...लेना ना देना-मुफ्त में मेहरबानी।"

मिल का भोंपा बजता है !

आज सप्ताह की मजदूरी लेने का दिन है। मजदूरी जिसे यहाँ की भाषा में 'हफ्ता' कहते हैं।

संजय के दफ्तर के सामने मजदूरों, कामगारों, कुलियों की भीड़ लगी हुई। सभी के हाथ में उसका कार्ड है।

रेलमपेल !

खिड़की के उस पार से संजय कहता है--"इस तरह भीड़ लगाने से किसी को कुछ नहीं मिलेगा। मैं खिड़की बंद कर दूँगा।...एक-एक कर आइये !"

किन्तु, शोरगुल में उसकी आवाज खो जाती है ! भीड़ पर इसका कोई असर नहीं पड़ता।

संजय ने सुना--सभी ने सुना--बाहर नेमियार की कर्कश-कंठध्वनि ! वह कह रहा है--"इस तरह भेड़ियाधसान में किसी को 'हफ्ता' नहीं मिलेगा।...लाइन लगाओ। एक-एक कर ! एक एक कर... इधर... ।'

नेमियार लोगों को अधिकारपूर्वक लाइन में खड़ा कर रहा है। तुरंत तीन पंक्तियों में लोग खड़े हो जाते हैं ।

संजय अचरज से देखता है। आज पहली बार उसने नेमियार को गौर से देखा है। उसके चेहरे का तनाव तनिक ढीला हुआ। नेमियार मुस्कराता हुआ चला जाता है।

मजदूर एक-एक कर खिड़की के पास आते हैं। संजय नाम पूछता है। एक चपरासी अँगूठे की टीप लेता है । संजय कागज पर कुछ नोट करके--रुपये, नोट, रेजकारी गिनकर देता जाता है। संजय के व्यवहार से मजदूर प्रसन्न हैं।

एक मजदूर : नये खजांची बाबू सभी को 'आप' कहते हैं ।

दूसरा : भला आदमी है।

तीसरा : मगर यहाँ के लोग भला रहने देंगे ?

सेठ रतनलाल की कोठी। सुबह।

सेठ रतनलाल अपने बाग में घूम-घूमकर चीटियों की बांबियों के पास चीनी बिखेर देते हैं। चीटियों को चीनी खिलाकर पुण्य बटोर रहे हैं। रोज नहाने के पहले सेठजी यह पुण्य कर्म करते हैं। एक नौकर एक थाली में चीनी लेकर उनके पीछे-पीछे चलता है और सेठजी मुट्ठी भर चीनी लेकर चीटिंयों की बांबियों के पास बिखेर देते हैं।

संजय आता है।

सेठजी उसको देख कर आह्लादित होते हैं--"आओ-आओ-कैसियर बाबू ! तुमसे

एक जरूरी बात करनी है।"

सेठजी बगीचे के एक बेंच पर बैठ जाते हैं और संजय को भी अपने पास इशारे से बैठने को कहते हैं।

नौकर सेठजी का हाथ धुला जाता है।

तौलिये से हाथ को पोंछते हुए सेठजी कहते हैं--"माफ करना बाबू ! मैंने आपको सुबह-सुबह तकलीफ दी। आज रविवार है न ?...आज छुट्टी का दिन है । मगर मैंने देखा है कि आप रविवार को भी काम करते हो। यह ठीक नहीं। काम करने के लिए आराम भी जरूरी है। है न ?

संजय : जी, सो तो ठीक है। मगर... ।

सेठ : हाँ-हाँ। बोलो। घबराने की क्या बात है बाबू।

संजय : काम में लगे रहने से... मतलब...काम न करूँ तो जी परेशान-सा रहता है।

सेठ : यह कैसी बात ? [कुछ सोच कर] घर की याद आती होगी।

संजय : जी, घर की याद नहीं...

सेठ जी जिज्ञासा भरी आँखों से देखते हैं। संजय कुछ नहीं कह पाता है, मानो। यह सेठजी को कहकर नहीं समझा सकता। सेठजी हँसकर कहते हैं--"संजै बाबू। हामी बीस साल बंगाला मुलुक में काटियाछी--हामी बंगाली बाबू लोग के खूब भालो कोरे चीनी।"

...किसी उदास-बंगाली से उसकी उदासी का कारण पूछो तो वे कहेंगे--"की जानी मोन केमन केमन कोरे। हा-हा-हा-हा। ठीक ना ? [फिर उपदेश देने के लहजे में कहते हैं] सुनो संजै बाबू ! मन को यहाँ की माटी के रस में नहीं डुबाओगे तो यह हमेशा इसी तरह 'केमन केमन' करेगा। समझे ?"

संजय मुस्कराने की चेष्टा करता है।

संजय का बंगला। दिन।

संजय अपनी खिड़की से देख रहा है। मजदूर कॉलानी के मजदूर सदल-बल कहीं जाने की तैयारी कर रहे हैं। चारों ओर किसी त्योहार का आयोजन ! औरतें सिर पर छोटी-छोटी गठरी लेकर, बच्चों को गोद में लेकर उत्साहपूर्वक कहीं जा रही हैं।

संजय की दृष्टि एक गिरोह पर--उस गिरोह को साँवली-सलोनी रुकनी पर पड़ती है। कई युवतियों के बीच, धुली हुई साड़ी पहने, सिर पर गठरी--रुकनी अपनी सहेलियों से चुहल कर रही है।...वे किसी की प्रतीक्षा कर रही हैं। एक औरत रह-रहकर किसी का नाम लेकर पुकारती है।...रुकनी फिर कुछ कहती है और सभी खिलखिला कर हँस

पड़ती हैं !

चिड़ियों का एक झुंड कलरव करता हुआ उड़ गया।

संजय सब कुछ अपलक, चुपचाप देख रहा है।

"बाबूजी ! इसीलिए कह रहा था कि एक बन्दूक का लाइसेंस करवा लीजिए !"

संजय ने उलट कर देखा। उसे ऐसा लगता है, नेमियार ने उसकी कोई चोरी पकड़ ली हो। भेद भरी मुस्कराहट होंठों पर अंकित किये नेमियार खड़ा है--"बंदूक हो जाय तो दोनों जन साथ शिकार पर निकलेंगे। एक से एक चिड़िया, एक से एक खरगोश, हिरण... ।"

संजय को लगा नेमियार व्यंग्य कर रहा है। वह तनिक अप्रतिभ हुआ । फिर संभल कर बोला--"मैं चिड़ियों, खरगोशों और हिरण का शिकार नहीं करता।"

"मत कीजिए। गोली मारो उन्हें। चाहें तो बाघ या बनैला भैंसा... ।"

संजय अचानक गंभीर हो जाता है।

बाहर, पेड़ के पास रुकी रुकनी की टोली किसी बात पर खिलखिला कर हँस पड़ती हैं।

इस हँसी की प्रतिक्रिया संजय पर हुई। नेमियार ने परख लिया। वह बाहर आकर रुकनी को पुकारकर कहता है--"अरी ओ रुकनी। दीया-बाती की बेला से पहले ही लौट अइयो।...देरी होगी तो मार के ढंढा कर देंगे। हाँ !"

संजय पूछता है--आज सुबह-सुबह ही लोग कहाँ जा रहे हैं ?

नेमियार--आज काशी-नहान को दिन है। पौष-पूर्णिमा के दिन कोशी में नहाने से गंगास्नान का पुण्य होता है।...कोशी के कछार पर-बालुचर पर मेला लगता है। चलिएगा ?

संजय सहमत होता है। नेमियार कहता है--"रहिए। मैं किसी सवारी का इंतजाम करूँ... ।"

संजय कहता है--"कितना दूर है ?"

नेमियार : बस, दो कोस।

संजय : तब पैदल ही ठीक है।

कोशी-मेला !

सफेद बालू पर हजारों औरत-मर्द-बच्चों की भीड़ !

औरतें कोशी-महात्म्य के गीत गाती हैं--

रुकनी की टोली-आईना-कंघी-सिंदूर वगैरह की दुकान पर खरीदारी कर रही है।

मेले में कई बार संजय और नेमियार--रुकनी की टोली के आमने-सामने हुए। कई बार रुकनी की आँखें, संजय की आँखों से टकराईं। नेमियार सब समझता है।

संजय एक बार सारे मेले की भीड़ की ओर देख कर कहता है---'नेमियार ! ये इतने गरीब हैं, मगर इतने खुश कैसे हैं ?'

दीयाबाती के पहले ही पौष पूर्णिमा की साँझ की सर्दी में ठिठुरती हुई टोलियाँ घर की ओर वापस हो रही हैं।

रुकनी की टोली में गीत चल रहा है--

'कौने जइते हाजीपुर
कौने जइते पटना
कौन जइते कलकतवा शहरवा हे ननदी !

'भइया आनते मोतीहार
बापा आनते टिकुली
कि सैयों आनते सिंथी के सिंदुरआ हे ननदी !!

शाम ! नेमियार का क्वार्टर !!

लालटेन की मद्धिम-रोशनी में नेमियार की सूरत डरावनी-सी लगती है। वह चुक्कड़ में मुँह लगा कर महुआ का दारू पी रहा है। पी लेने के बाद कुछ क्षणों तक उसका चेहरा विकृत हो जाता है। वह पुकारता है--"अरी ओ रुकनी ! चखना, में और कितनी देर ?"

रुकनी छोटी-सी थाली में कुछ ले आती है।

नेमियार का चेहरा मानो खिल पड़ता है--"वाह ! फिश-फ्राय ! [चखकर] क्या बात ! तुम्हारा जवाब नहीं [चटखारी लेकर] जीओ !" रुकनी मुस्कराती-खड़ी है।

नेमियार चुक्कड़ में दारु डालकर पीना चाहता है किन्तु रुकनी की आँखों में कुछ पढ़ कर रुक जाता है : "कुछ कहना चाहती है ?"

रुकनी : कल से मोदी उधार नहीं देगा । पिछला बकाया...

नेमियार नाराज होकर कहता है--कितनी बार मना किया कि कल की बात आज मत किया करो... ।

रुकनी जाने लगती है। नेमियार उसे रोक कर कहता है--इधर सुन। यह नया कैसियर बाबू आया है न, कहता है कि मुझे लटपट का मतलब मालूम है... ।"

[दरवाजे पर दस्तक ! नेमियार इशारे से रुकनी को कुछ कहता है। रुकनी दरवाजे के छेद से देखती है। लौटकर कहती है--'फोरमैन रघ्घू है।']

--नेमियार इशारे से ही रुकनी को जाने का आदेश देकर मद्धिम आवाज में कहता है--"तू इधर मत आना। साला भारी लटपटिया है। इसको टरकाना होगा...!"

रुकनी अचरज से नेमियार की ओर देखकर अंदर चली जाती है।

नेमियार दरवाजा खोलता है।

फोरमैन रघ्घू आता है। उसके आने के ढंग से ही मालूम हो जाता है कि वह बराबर यहाँ आता है।

"सुना कैसियर बाबू को ले के मेले गये थे?"--फोरमैन ने पूछा।

नेमियार दूसरे चुक्कड़ में दारू डालते हुए कहता है--"गया था।"

फोरमैन प्यासे की तरह चुक्कड़ एक बार में ही शेष कर देता है। नेमियार को गुमसुम देखकर वह पूछता है--"क्यों उस्ताद? बात क्या है? मिजाज कुछ...।"

नेमियार बीच में ही काट कर कहता है--"मुफ्त का पीने आया है। माल पी--घर जा। मिजाज की बात मत पूछ!"

फोरमैन हँसता हुआ--चुक्कड़ पीने लगता है। पीकर मुँह पोंछते हुए इधर-उधर देखता है। फिर पूछ देता है--"आज रुकनी नहीं नजर आ रही...।"

हठात् नेमियार उसकी कमीज का कॉलर पकड़कर आक्रामक मुद्रा में कहता है--"साले! रुकनी तेरी बीवी है? तेरी रखैल है [एक घुस्सा!] ये रंडीपाड़ा है साले! बोल--तू लोगों से क्या कहता फिरता है--रुकनी तुम पर जान देती है? [एक घुस्सा!] फिर, रुकनी का नाम लेगा...?'

फोरमैन अपनी गर्दन छुड़ाकर भागना चाहता है। नेमियार उसे पकड़कर पुनः उसकी जगह पर बैठा देता है--"भागा कहाँ जा रहा है। यह तेरा जूठी दारू कौन पीयेगा। और, पीकर अपना जूठा चुक्कड़ भी साथ लेता जा...।"

फोरमैन चुक्कड़ को मुँह लगाकर पीता है और हाथ में खाली चुक्कड़ लेकर चला जाता है।

नेमियार अपने आप बड़बड़ाता है--"कमीना!..." रुकनी को देखकर नेमियार चुप हो जाता है। फिर हँसकर कहता है--"तू नाराज है रुकनी? मारो गोली इस फोरमेनवाँ को।...नया कैसियर बाबू दिलदार आदमी मालूम होता है!..."

संजय का ऑफिस! दिन।

संजय सिर उठाकर देखता है--सामने खड़ा नेमियार मुस्करा रहा है।

"क्यों खजांचीबाबू। कैसा रहा कल का मेला? आपको ज्यादा थकावट तो नहीं...?"

संजय ने अनमना-सा कोई जवाब दिया जिसका मतलब था कि वह नेमियार की उपस्थिति से प्रसन्न नहीं। काम के क्षण में इस व्यक्ति को बेमतलब की बातें अच्छी नहीं लगती ।

नेमियार, संजय की इस उदासी का सही मतलब समझता है। किन्तु वह अप्रतिभ नहीं होता। वह पूर्ववत् मुस्कराता हुआ कहता है--"खजांची बाबू ! पाँच रुपये... लोन... माने कर्जा देंगे ? अगले महीने में छह रुपये आठ आने चुका दूँगा। बहुत जरूरी... ।"

संजय सिर हिलाकर कहता है--"माफ करना भाई। लेन-देन का कारोबार मैं नहीं करता।"

नेमियार, संजय के इस व्यवहार से दुखित नहीं होता है। वह उसी तरह मुस्कराता हुआ चला जाता है।

नेमियार के जाने के बाद संजय कुछ क्षण तक उधर देखता ही रहता है--उसके चेहरे पर जो भाव है उसका भावार्थ स्पष्ट है : मैं तुमको पहचानता हूँ।... मैं आदमी को पहचानता हूँ।

रात ! वर्षा हो रही है।

स्थान : संजय का बंगला।

संजय कुर्सी पर चुपचाप लेटा हुआ है। सामने टेबल पर संजय का भोजन ढँका हुआ है। नौकर ढँककर चला गया है। हवा के झोंके के साथ पानी के छींटें, खिड़की से आ रहे हैं।

संजय उठकर खिड़की बंद कर देता है। लालटेन की काँपती लौ फिर से सहज हो जाती है।

दरवाजे पर हल्का दस्तक !

संजय सतर्क होता है। किन्तु, हवा के झोंके में हुई आवाज समझ कर पुनः पढ़ने लगता है।

दरवाजे पर फिर दस्तक। इस बार स्पष्ट !

संजय उठकर पूछता है--'कौन ?'

दरवाजा खोल देता है संजय !

हवा के झोंके के साथ पानी के फुहार और पानी में भीगती रुकनी कमरे में प्रवेश करती है। रुकनी थाली में कुछ ढक कर ले आई है। संजय बहुत अचरज में पड़ गया है।... वह चुपचाप मुँह बाये खड़ा देखता है। रुकनी थाली को टेबल पर रखकर दरवाजा

बंद कर देती है। और, अपने भीगे हुए बालों को निचोड़ती हुई कहती है--"नेमियार भैया आज मछली के शिकार पर गये थे। बड़ी-सी रेहू मछली मिली। बोले--इतना कौन खायेगा ? खजांचीबाबू को दे आ !"

रुकनी थाली के ढक्कन को खोलती है।

भात और मछली ?

रुकनी कहती है--मैनें कहा कि मछली ही देनी है तो पका कर दूँ। खजांची बाबू का सतकौड़ी तो आलू का भर्ता ही बनाना जानता है सिर्फ !"

रुकनी हँसती है। संजय अवाक् उसको देख रहा है। उसके बोलने-बतियाने के ढंग, उसकी कजरारी आँखें--मोतिया फूल की माला की तरह उसकी दंतपंक्तियाँ !

संजय लक्ष्य करता है--मेले में जो साड़ी पहनकर गई थी उससे भी अच्छी साड़ी पहनकर आज आई है रुकनी ! संजय मंत्रमुग्ध-सा बना रहा। अपलक रुकनी के रूप को निहारता रहा। रुकनी कहती है--'आप खाइए बाबू। मैं बैठती हूँ।

संजय भोजन करने लगता है--मंत्रमुग्ध अवस्था में ही।

रुकनी पूछती है--मछली कैसी बनी है ?

संजय मुँह से सी-सी आवाज निकालता है--किन्तु कहता है--"बहुत अच्छी !"

रुकनी कहती है--"अच्छी न सिर। देख तो रही हूँ कि बाबू लाल मिर्च से परेशान हैं... ।"

संजय कहता है--"नहीं, लाल मिर्च ज्यादा नहीं तो ? ठीक है।"

रुकनी ठुड्ढी पर हाथ रख कर हँसती है।

फिर कहती है--"यहाँ का पानी नरम है बाबूजी। बात और भात में थोड़ा मिर्च न डालो तो यहाँ सब दिन नरम ही रहोगे।"

संजय हँसकर पूछता है--बात और भात में झाल ? मतलब समझकर और भी हँसता है।

रुकनी देखने में ही सलौनी नहीं--बातें भी करना जानती है। बुद्धिमती है रुकनी--संजय प्रसन्नचिन्त भोजन करते हुए समझता है। परखता है--रुकनी सचमुच धूल में पड़ी कीमती मणि है।

संजय के भोजन के बाद रुकनी उठकर जूठे बर्तनों को एकत्र करती है और संजय की ओर देखकर कहती है--"अच्छा तो बाबू--मैं चली... ।"

संजय तौलिये से हाथ पोंछता हुआ कहता है--"अकेली कैसे जाओगी ?"

"जैसे आई थी"--कहकर रुकनी हँसती है।

उसकी दंतपंक्तियाँ--मोतियाफूल की माला की तरह--झिलमिला जाती हैं और संजय बेसुध-सा हो जाता है !

रुकनी हाथ में बर्तन लेकर पैर आगे बढ़ाती है।

संजय उसकी बाँह थाम लेता है।

रुकनी उसकी आँखों में आँखें डाल देती है।

संजय की आँखों में--'प्रणय निवेदन'--वह पढ़ती है।

कहती है--मद्धिम स्वर में--"आः! बर्तन तो रख लेने दो!"

संजय बाँह थामे रहता है।

रुकनी दूसरे हाथ का बर्तन जमीन पर झुककर रखती है।

संजय, झुकी हुई रुकनी को अपने बाहुओं में कस लेता है।

संजय का दफ्तर!

डाकिया आकर डाक दे जाता है। संजय अपनी चिट्ठियों को लेकर टेबल के एक ओर रख देता है।

वह लिखावटों को देखकर समझ लेता है किसकी चिट्ठी है--बाबा की, भैया की, माँ की...!

सभी चिट्ठियों में एक ही बात--बराबर दुहराई जाती है--केमन आछो? उन्नतिर कत दूर... संसारे बड़ टानाटानी... किछ पाठाओ...।'

नेमियार आता है--"राम-राम खजांची बाबू।"

संजय हँसकर--'राम-राम' दुहराता है।

नेमियार इधर-उधर देखता है। फिर, पूछ बैठता है--"आपको रोज इतनी चिट्ठियाँ आती हैं?... सब निजी चिट्ठियाँ हैं? [वह कई लिफाफे को उलटाता है]

नेमियार देखता है--चिट्ठियाँ खोली नहीं गई हैं।

नेमियार फिर इधर-उधर देखता है।

फिर, संजय से सटकर, स्वर को मद्धिम करके पूछता है नेमियार--"खजांची बाबू! तुम रुकनी को प्यार करते हो? है न?"

संजय इस प्रश्न के लिए मानो तैयार नहीं था।

उसे अप्रस्तुत देख कर नेमियार कहता है---"तो, इसमें लजाने की क्या बात है। यह तो खुशी की बात है।"

संजय की आँखें झुक जाती हैं।

नेमियार हठात् कहता है--"अच्छा तो मैं चला! निकालो··[इशारे से बताता है--रुपये।]

संजय अचकचा कर पूछता है--"क्या?"

नेमियार हँसकर कहता है--"अरे वाह बाबूजी! उस दिन कहा था न कि पाँच रुपये...।"

संजय अपने मनीबैग से एक पाँच रुपये का नोट निकालकर नेमियार को देता है।

नेमियार उसे पॉकेट में रखता हुआ कहता है--"थैंक्यू !...अब से जब जिस बात की जरुरत हो--कहना !"

संजय का बंगला। साँझ !

रुकनी स्टोव पर कुछ तल रही है। कड़ाही उतारती हुई कहती है--"अब से जो भला-बुरा खाने का मन हो--कहना। मैं जैसा जानती हूँ--बना कर खिलाया करुँगी।"

संजय उसको काम में मग्नावस्था में निहारता है। रुकनी का रूप दिन-ब-दिन खुलता जा रहा है। खिलता जा रहा है। चेहरे पर परिवर्तन की रेखाएँ स्पष्ट अंकित हो रही हैं।

हठात् रुकनी पूछती है--इस तरह क्या देखते हो बाबू !

संजय : तुमने आज बंगला-ढंग से साड़ी पहनी है ?

रुकनी [मुस्कराती है] "क्यों ? ठीक नहीं हुआ ?"

संजय : ठीक ही है। मगर...।

रुकनी की आँखें इस मगर का मतलब पूछती-सी लगती है।

संजय कहता है---"ठीक ही है बंगला साड़ी। मगर मुझे पसन्द नहीं...।"

रुकनी स्टोव की हवा खोल कर स्टोव बुझाती है और घबराई सी पूछती है--"क्या पसन्द नहीं ?...इस तरह साड़ी पहनकर मैं बंगालिन जैसी नहीं लगती ?"

संजय, रुकनी के करीब आकर कहता है--"ठीक बंगालिन जैसी लगती हो। लेकिन, तुम तो तुम ही हो। तुम वही अच्छी लगती हो जो तुम हो !"

रुकनी पूछती है--'सच ?'

संजय--हाँ ! तुम्हारे कड़े-छड़े, बाजूबन्द-पायल... साड़ी-चोली बिंदी-साजसिंगार सभी चीजों में तुम्हारी अपनी झलक मिलती है।

रुकनी, स्थानीय पहनावे में सजी हुई खड़ी लजाई सी हँसी हँस रही है।

संजय उसके ललाट पर 'टिकुली' लगा देता है।

रुकनी का चेहरा दपदपा उठता है--एक अपूर्व आभा से ! वह अस्फुट शब्दों में कहती है--"खजांची बाबू !"

संजय कहता है--'खंजाची बाबू नहीं।'

रुकनी की आँखें पूछती हैं--तब ?

संजय उसको दुलारता हुआ कहता है--"संजय। सिर्फ संजय। बाबू भी नहीं।" संजय के बाहुओं में बंधी हुई रुकनी कहती है--"मुझे कलकत्ता नहीं ले जाओगे ?"

संजय का कलेजा धड़क उठता है।

रुकनी ने मानों उस धड़कन को सुन लिया है। पूछती है--"क्यों ? क्या हुआ ?"

संजय अपने को संभालकर कहता है--"क्यों नहीं। जरूर ले जाऊँगा।"

रुकनी--"तुम झूठ कहते हो ! तुम मुझे कलकत्ता नहीं ले जाना चाहते।"

संजय कबूल करता है--"हाँ। रुकनी। मैं तुमको कलकत्ता नही ले जाना चाहता। ...मैं खुद कलकत्ता नहीं जाना चाहता।"

रुकनी--संजय के कथन की सचाई को समझती है। वह कहती है--"चलो। जी छोटा मत करो।...मैं कहीं नहीं जाऊंगी।"

संजय प्रसन्न होकर कहता है--"मैं कहीं नहीं जाने दूँगा। मैं कहीं नहीं जाऊँगा--तुमको छोड़कर।"

दरवाजे पर दस्तक !

इस दस्तक को रुकनी पहचानती है--नेमियार भैया !

रुकनी उठ कर कपड़े सहेजती--दरवाजा खोल देती है।

नेमियार हाथ में एक बड़ी बोतल लेकर प्रवेश करता है और आँखों से ही पूछता है मानो--"बाबू का मिजाज ठीक है तो ?"

नेमियार रुकनी के हाथ में एक झोला थमाते हुए कहता है--"चिंगड़ी मछली है। जल्दी से घी में भून दे।"

नेमियार, संजय के कमरे में प्रवेश करता है।

संजय उसके हाथ में बोतल देख कर आश्चर्यचकित होता है।

"नम्बरवन माल है। संतरे का शराब...।" नेमियार इधर-उधर कुछ ढूँढ़ता है। फिर पॉकिट से चाकू निकालकर बोतल का काग निकालने लगता है--"खास नेपाली माल है बाबू। इसके सामने देसी-विलायती सब समझो कि पानी...।"

बोतल खोलकर नेमियार सूँघता है,... "आ-हा-हा ! क्या खुशबू है !"

संजय चुपचाप देख रहा है। नेमियार अब अपने दूसरे पॉकिट से-हरे बाँस की 'फोंफी' के दो 'पात्र' निकालता है--"अंग्रेजी दारू-काँच के गिलास में--देसी--अलुमिनयम के कटोरे में; महुआ--मिट्टी के चुक्कड़ में और नेपाली बाँस की फोंफी में ही जमता है।"

संजय हकलाकर कहता है--"मैं यह सब... मैंने जीवन में कभी... मैं शराब नहीं पीता।"

"इसीलिए तो !"--कहकर नेमियार रसोईघर की ओर मुँह करके पुकारता है--"ओ-ओ-रुकनी देवी ! चिंगड़ी कटलेट में क्या देर है ! [फिर, संजय की ओर मुखातिब होकर कहता है] इसीलिए सोचा कि अच्छा सा...माने...शुभदिन देखकर कोई

काम शुरू करना चाहिए।"

रुकनी आती है--दो कटोरे में मछलियाँ लेकर। नेमियार उलाहना देने के स्वर में कहता है--"खजांची बाबू अब तक कोरे ही हैं ?"...

संजय कहता है--"मैंने जिन्दगी में कभी... ।"

"आपकी उम्र ही कितनी होगी, बाबू ? ऐसा बहुत-सा काम है जो जिन्दगी में कभी नहीं किया। मगर करना पड़ेगा।"--नेमियार मुँह में मछली डाल कर चखता है--"खूब भालो !"

रुकनी चली जाती है--मुस्कराती हुई।

नेमियार, संजय से पूछता है--मद्धिम आवाज में--"जिन्दगी में कभी औरत का स्वाद मिला था ?"

नेमियार ठठाकर हँस पड़ता है--"भला शराब के बिना औरत का क्या स्वाद मिलेगा बाबू...!"

नेमियार बाँस की फोंफी में शराब डालता है। संजय मना करता है--"बस, एक ही में...मैं... ।"

नेमियार का चेहरा कठोर हो जाता है--"क्या नामर्दों की तरह मेंमिया रहे हो बाबू ! यहाँ रहना चाहते हो और ठाठ के साथ रहना चाहते हो तो...इन सब चीजों से इनकार मत करना।...रुकनी ?'

रुकनी आती है। नेमियार कहता है--"तू ही समझा अपने बाबू को।"

संजय कहता है--"रुकनी कहती है कि यहाँ 'बात' और 'भात' के साथ जरा 'झाल' नहीं मिलाने से आदमी हमेशा 'नरम' रहता है।"

"ठीक ही कहती है। सोलह आने सच कहती है।"--नेमियार कहता है।

संजय रुकनी की ओर देखता है। रुकनी इशारे से कहती है--"पीयो न। क्या हर्ज है।"

नेमियार, संजय का पात्र रुकनी की ओर बढ़ा देता है।

रुकनी, संजय के हाथ में थमाती हुई कहती है--"दिनरात न जाने क्यों चेहरा लटकाये रहते हो। पीकर देखो न--सब फिक्र दूर... ।"

संजय, रुकनी की दंतपंक्तियों की झिलमिलाहट को देखकर सब कुछ भूल जाता है मानो। वह, रुकनी के हाथ से 'पात्र' लेकर एक घूँट पीता है और कंठनली पकड़ कर--सिर हिलाने लगता है...। नेमियार के मुँह से शाबाशी के शब्द निकल पड़ते हैं--'शाबाश !' पात्र में बची हुई शराब रुकनी पी लेती है।

संजय मछली चखकर 'सीं-सीं' करता हुआ कहता है--"रुकनी के हाथ में जादू है।"

नेमियार कहता है--"अभी जादू कहाँ देखा है, बाबू। जब सिर पर चढ़कर बोले--तब जादू।"

नेमियार फिर बोतल से पात्र में शराब डालता है।

संजय, इस बार बिना एतराज किये रुकनी के हाथ से पात्र लेकर पी लेता है और पुनः कंठनली पकड़कर-मुँह विकृत करता है।

नेमियार खाली पात्र में रुकनी के लिए शराब डालता है--"रुकनी ! तू बड़ी भाग्यवती है रे।..."

"मुझे और मत दो। रसोई बनाने जा रही हूँ।"

संजय के मुखमण्डल पर अपूर्व चमक दौड़ गई है।

वह रुकनी को रोककर कहता है--"कहाँ जाती है ?

'आई'--कहकर रुकनी चली गई।

संजय, नेमियार की ओर देख कर कहता है--"नेमियार !"

नेमियार पात्र में शराब डालता हुआ--संजय की ओर जिज्ञासु भाव से देखता है। "नेमियार !"--संजय कहता है--"क्या बताऊँ ! तुम लोगों ने मुझे एक नये बंधन में बाँध लिया है।"

"पुराना बंधन भी है कोई ?"--नेमियार भेदभरी दृष्टि से देखकर कहता है--"तोड़ डालो पुराने बंधनों को। बाबू, इधर देखो [अपनी कमीज को छाती से हटाकर कहता है] इसके अंदर चीर कर देखोगे तो अंदर दिल--नहीं छलनी है छलनी। नेमियार ने अकेला सब कुछ बर्दाश्त किया है। अपने-पराये, हित-मित्र कुटुम्ब--सबके लिए अकेला यह नेमियार चिंता करता रहा। आधी जिन्दगी दुख में ही गुजर गई [पॉकेट से अखबार का एक टुकड़ा निकाल कर] लो, पढ़ कर देखो। एक औरत अपने दो बच्चों के साथ कुएँ में गिरकर खुदकुशी कर लेती है। मगर, नेमियार का इसमें क्या कसूर...? [कहते-कहते उसका गला भर आता है।]

संजय अखबार की कटिंग को पढ़कर पूछता है--"कौन थी यह स्त्री ?"

नेमियार तब तक एक पेग पी लेता है और सहज स्वस्थ होकर कहता है--"मेरी स्त्री !"

संजय अचरज से नेमियार का मुँह ताकता रहता है। नेमियार उसके हाथ में पात्र देकर कहता है--"बस, यही समझ लो कि सारी दुनिया में दुख ही दुख है। धरती का दुख जिस दिन दूर होगा--नेमियार का दुख भी दूर होगा और संजय बाबू का भी।"

संजय पीकर कहता है--"तुमने पते की बात कही है।"

संजय पुनः पीता है--"हाँ नेमियार ! तुम ठीक कहते हो।...मैने दुनिया को जितना-सा देखा समझा है...मां-बाप, भाई-बहन--सभी को अपने मतलब से मतलब है।...मैं भूल जाना चाहता हूँ, सब कुछ। मैं किसी के लिए क्यों चिंता करूँ...?"

नेमियार पात्र भर देता है।

संजय पर नशा सवार हो गया है। वह अनवरत बोल रहा है--"नेमियार !" कलकत्ते की याद--घर की याद आते ही मुझे लगता है कि...अब क्या बताऊँ...[हाथ के इशारे से !] बस, 'टाका' ही सब कुछ है। रुपया न हो तो...तुम्हारा कोई नहीं...मैं सच

कहता हूँ... यहाँ आकर मुझे नई जिन्दगी मिली है।

नेमियार टोकता है---"नई जिन्दगी को नये सिरे से शुरु करो बाबू !"

संजय, रुकनी को पुकारता है।

रुकनी आती है। खड़ी हो जाती है।

संजय कहता है---"और यह रुकनी !... मैं क्या बताऊँ कि इस तरह... निरवार्थ भाव से आज तक किसी ने मुझे नहीं प्यार किया... रुकनी को देखकर मैं सब कुछ भूल जाता हूँ... मैं कभी कलकत्ता लौट कर नहीं जाऊँगा। मैं... मैं... हमेशा... !"

नेमियार पात्र में डालना चाहता है। रुकनी रोक देती है--"आज पहला दिन है। आज, बस इतना ही..."

नेमियार का हाथ रुक जाता है। वह उठकर लड़खड़ाता हुआ विदा होता है--"दरवाजा बंद कर ले।... और हाँ--ज्यादा चढ़ जाय तो नीबू खिलाना...।

नेमियार चला जाता है।

संजय, रुकनी को बाँहों में जकड़ कर कहता है--"नहीं, नहीं। मैं नशे में नहीं।...लगता है, आज पहली बार होश में आया हूँ।... रुकनी ! बोल--तू मुझे छोड़कर कहीं चली तो नहीं जायेगी ? मेरी रानी... मेरी जान...।"

रुकनी कहती--"कहाँ जाऊँगी मैं ? तुम्हारे सिवा अब मेरा कौन है ?"

संजय दौड़ कर टेबल पर पड़ी हुई चिट्ठियों को उठा लाता है और रसोईघर में घुस कर--एक-एक पत्र को आग में डालता जाता है।

आग की लपट के बीच--माँ, बाप, भाई, और भाभी के चेहरे प्रकट होते हैं और क्रमशः विलीन हो जाते हैं।

सब पत्रों को जला डालने के बाद संजय रुकनी का सहारा लेकर लड़खड़ाती आवाज में कहता है--"बहुत जोरों की नींद आ रही है।"

सेठ जी का बंगला। दिन।

सेठ अपने मुनीम से कोई गुप्त बातें कर रहा है।

मुनीम : "सिर्फ नेमियार ही नहीं--उसकी बहन से भी बंगाली बाबू की गहरी दोस्ती हो गई है।...अब तो वह बंगले में रात भी काटती है।"

सेठ जी कहते हैं--"तब ठीक है !"

मुनीम मुँह बा कर देखता है। वह समझ नहीं पाता कि सेठजी ने 'तब ठीक है'--क्यों कहा।

सेठजी : समझे मुनीम जी ! नेमियार से दोस्ती की बात सुनकर मेरा माथा भी

ठनका था। इसलिए, मैंने तुमको उस पर नजर रखने के लिए कहा था।...लेकिन, जब रुकनी के फेर में पड़ गया है तो ठीक है। अब कोई डर नहीं।

मुनीम कहता है--"मगर, बदचलन औरत के साथ रहनेवाला आदमी खजांची का काम करे...।"

सेठ जी : तुम नहीं समझते मुनीम जी। बेकार और कुँआरा बंगाली यानी जो नौजवान बंगाली, औरत से दूर रहे तो उसका डर मानना चाहिए।...सरकार भी ऐसे नौजवानों से डरती है।...जब औरत के फेर में पड़ गया है तो डरने की कोई बात नहीं। हेहे-हेहे !!...सब जहर उतार देती है औरत।

संजय का दफ्तर !

संजय लेजर पर झुका लिख रहा है।

सेठ रतनलाल का चपरासी आकर सलाम करता है--"हुजूर ! सेठजी ने सलाम भेजा है।"

संजय आँखें उठाकर देखता है। चपरासी कहता है--"कोठी पर !"

संजय अपने सहकर्मी को कोई हिदायत देकर--कुर्सी छोड़कर खड़ा होता है।

बाहर निकलकर संजय ने देखा--सैकड़ों गाड़ियों की कतार--ऊख से लदी हुई गाड़ियाँ !

क्रशिंग-मशीन की गड़गड़ाहट के साथ दोपहर का भोंपा बजता है!

लोडिंग-शेड से नेमियार के गले की आवाज आती है--"एक एक कर ! भीड़ मत लगाओ।...तैंतीस मन !...चलो, आगे बढ़ो !"

गोदाम का फाटक खुला हुआ है। अंदर, चीनी की बोरियों की छल्लियाँ लगी हैं...।

राह चलते कर्मचारी सम्मानपूर्वक नमस्कार करते हैं--संजय को।

मुनीमजी, सेठ के बंगले से निकलता है।

संजय सेठ के बंगले में प्रवेश करता है।

सेठजी--'आओ संजै बाबू !... बैठो !'

सेठजी संजय की ओर गौर से देखकर कहते हैं--"अब ठीक है ! चेहरा देखकर ही पता लग गया कि अब बंगाली बाबू का 'मोन' 'केमोन-केमोन' नहीं करता है। हाहा-हाहा...।"

संजय भी हँसता है।

सेठ जी कहते हैं--"कैसियर बाबू ! आपको एक खास काम के लिए बुलाया है।...बात यह है कि हमारा केन इन्स्पेक्टर छुट्टी पर गया है तो अब तक वापस ही नहीं

लौटा। और, इधर सारा-का-सारा काम उसके बिना पड़ा हुआ है।'

संजय चुपचाप सुनता है--जिज्ञासु भाव से।

सेठजी, फाइल उलट-पलटकर कहते हैं--"आगामी 'सीजन' के लिए फसल का 'सर्वे' अब तक हुआ नही।...मैं चाहता हूँ कि आप आसपास के गाँवों में एक सप्ताह घूमकर आंकड़ा लीजिए। कितने एकड़ में, किस जाति का ऊख लगा है और गाँव में खुद ऊख पेर कर शक्कर और गुड़ बनानेवाले किसानों की संख्या--इन सारी बातों का पता आपको करना होगा।"

संजय कहता है--"मगर मैं यहाँ के गाँवों से वाकिफ नहीं। असल मे, मैं कभी गाँव में गया ही नहीं।"

सेठजी हँसते हैं--"वाकिफ नहीं हैं इसीलिए तो आपको भेज रहा हूँ।...साथ में किसी जानकार आदमी को...[अचानक याद आती है!] अरे हाँ! वह नेमियार है न! वह यहाँ के गाँवों का चप्पा-चप्पा जानता है। उसे साथ कर दूँ ?"

संजय कोई जवाब नहीं देता--उसकी हिचकिचाहट देखकर सेठजी कहते हैं--"देखिये संजै बाबू! यह नेमियार आदमी थोड़ा 'उज्जड़' है बदमाश भी है मगर है बड़ा काम का।...अपने को काम से काम है।...और, आपके साथ रह कर--मुझे उम्मीद है--वह बदल जायेगा।...पारस तो लोहे को भी सोना बना देता है। हेहे-हेहे!"

संजय का बंगला।

बाहर दो साइकिल लगी हुई हैं।

संजय तैयार हो रहा है। नेमियार कह रहा है--"बाबू यह बात मेरे समझ में नहीं आ रही है कि सेठजी ने मुझे काम का आदमी कब से और क्यों कर समझना शुरू कर दिया ?"

संजय : [हँसकर कहता है] ऐसा मत कहो। सेठजी को तुम पर बहुत विश्वास है।

नेमियार हँसता है--"विश्वास ? आप भी क्या बात करते हैं, बाबूजी। सेठ को इस सारी दुनिया में किसी पर विश्वास नहीं--उस एक मुनीम के सिवा। आप इस मुगालते में मत रहिए कि वह आप, यानी--कैसियर बाबू पर भी विश्वास करता है।...और, सेठजी का मुझ पर विश्वास हो--यह मेरे लिए लाज की बात है ?"

संजय अचरज से पूछता है--"लाज की बात ?"

रुकनी अंदर से हाथ में बैग लेकर आती है--संजय के कपडे। कहती है--"मच्छरदानी भी डाल दिया है।"

नेमियार बैग लेकर बाहर चला जाता है।

रुकनी दूसरे कमरे में संजय को बुलाती है। वह संजय के बटन को ठीक करती हुई पूछती है--'कब तक लौटेंगे।'

संजय : पाँच-सात दिन लग ही जायेंगे।...क्यों ?

रुकनी उदास है। कहती है--सात दिन ? सात दिन मेरे लिए सात वर्ष...संजय ...लगता है...लगता है तुम मुझसे हमेशा के लिए...।

रुकनी का गला भर आता है। वह कुछ नहीं बोल सकती। उसकी आँखें डबडबा आई हैं। संजय उसको खींचकर अपने बाहुओं में समेट कर कहता है--"पगली ! कैसी बातें करती हैं।"

"गाँव में तुमको मुझसे भी अच्छी लड़कियाँ मिलेंगी।"

"तो क्या होगा ?"

"तुम मुझे भूल जाओगे...।"

"तुमको भूलना इतना सहज नहीं रुकनी।"

नदी का किनारा।

एक पेड़ के नीचे संजय और नेमियार बैठा है।

नेमियार, दूर एक काले जंगल की ओर दिखलाकर कहता है--"वह जो देख रहे हैं न--काले जंगल में खंडहर... यहीं नीलहा-साहेब बार्कर की कोठी थी । एक जमाना था जब बार्कस साहब का नाम सुनते ही इलाके के लोगों के कलेजे की धुकधुकी तेज हो जाती थी। साला नम्बर एक जुल्मी था और भारी खच्चर।"

पृष्ठभूमि में एक ग्राम्य-गीत की कड़ी उभरती है।

दोनों उलटकर देखते हैं। एक पागल किस्म का आदमी, खिचड़ी-दाढ़ी--हाथ में एक बाँस की पतली कमानी में एक अखबार झंडे की तरह। वह इन्ही लोगों की ओर आ रहा है।

नेमियार कहता है--"पगला माधो गुसाई हैं। पढ़ा-लिखा है। सुराजी काम में एक बार जेल भी हो आया है। गीत गाता है खंजड़ी बजा कर। जेल में ही दिमाग खराब हुआ सो अब तक खराब है...।'

पगला माधो गा रहा है--

गंगा रे जमुनवाँ की धार नयनवाँ से नीर बही।
फूटल भारतीया के भाग, भारत माता रोई रही।।
तीन ओर सिंधु रखवरवा अधीर होई गरज रहे।
हिमालय कोतवाल देखि दुख बिलख रहे।।

देशवा के सब धन धान विदेशवा में जाय रहे।
महँगी पड़त हर साल कृषक अकुलाय रहे।।
कहाँ गइल अरजुन, भीम, नकुल सहदेव नहीं।
कहाँ कृप, द्रोण, हरिश्चन्द्र, युधिष्ठिर धीर नहीं।।
देखि जाहु आजु दुर्योधन भारतीया के भाग यही।
जहाँ तु रचौले महाभारत--सो भारत नहीं।।
पढ़ि पढ़ि लोग अंगरेजिया विदेशिया के ठाठ गहे।
हैट कोट बूट पतलून गुलमियाँ के साज सजे।।
का करें गांधी जी अकेले तिलक परलोक बसे।
कवने सरोजनी के आस अवहिं परदेस रही।।
सुनू सुनू गांधीजी के बतिया... ।

पगला माधो का गीत दोनों मंत्रमुग्ध सुन होकर रहे हैं।

पगला माधो गीत बंद कर--इनकी ओर देखता है। उसकी गोल-गोल घुड़कीली आँखें देखकर संजय को तनिक भय होता है। नेमियार हँसकर कहता है--"अरे माधो बाबा ! कहाँ से आ रहे हो ?"

"सीधे लंदन से। पंचम जारज ने बुलाया था। बोला--देखो माधो गुसांई, तुम लंदन में रह जाओ। हम बोला--तुम्हारा लंदन का लंद-फंद हमको मालूम है। हम अपना मुलुक में रहेगा। भूख से मरेगा--धूप में जरेगा; कूप में गिरेगा, टूट के रहेगा चाहे फूट के रहेगा--रहेगा तो अपने मुलुक में रहेगा।

नेमियार--[संजय से धीमे स्वर में] अभी दिमाग बुलन्दी पर है।

संजय--हमला तो नहीं करेगा ?

पगला माधो हँसता है, ठठाकर। मानो, उसने इनकी बातें समझ ली हैं।

वह कहता है--

'की कोरैछो गिटिर-पिटिर
की कोरैछो कँथा
देश तुम्हारा बंगाला में
मच्छड़ होइछौ मँशा--मँशाय खूब बले रे... ।'

वह गाता हुआ नाचने लगता है।

संजय हँसता है। माधो उसके पास आकर कहता है--घर बंगाला ? है न ?

संजय कहता है--जी हाँ। कलकत्ता ?

"कलकत्ता ? [अचानक प्रफुल्लित होकर] कलकत्ता ? पहन के लत्ता चल कलकत्ता;--ले ले छत्ता, पैर में जूत्ता, पान का पत्ता, दिल अलबत्ता, चल

कलकत्ता...!"

पगला माधो चल देता है--'चल कलकत्ता' रटता हुआ !

संजय कहता है--बात किन्तु पते की करता है।

नेमियार--बहुत से लोगों का अनुमान है कि माधो गुसाईं सी. आई. डी. का आदमी है।

गाँव !

एक किसान का घर !

किसान संजय और नेमियार से तरह-तरह के सवाल पूछता है।

किसान--क्या नाम ?

संजय--संजय कुमार ?

किसान--कौन बेरादर... माने... कौन जाति ?

संजय--आदमी।

किसान, संदेह से उसकी ओर देखता है--'आदमी ?'

नेमियार बीच में टोकता है--"इतना जिरह क्यों करते हैं। हम लोग सुगर मिल रतनपुर के आदमी हैं। चीनी मिल के !"

किसान अचानक घबराकर--हाथ उठाकर--सलाम करता है--"सलाम साहेब ! ...बात यह है कि आजकल किसे 'भेख' में कौन रहता है पता नहीं। शिलानाथ बाबू के घर पर उस दिन एक आदमी आया और बोला कि हम डाक्टर हैं--बाद में एक किताब शिलानाथ बाबू के घर में 'जप्त' कर लिया और मुकदमा चला दिया कि गैरकानूनी किताब घर में रखता है। इसीलिए...।"

दूसरे किसान का चौपाल !

संजय पूछता है--आपने कितनी खेती की है ऊख की ?

किसान--जी, दस एकड़ पुराना और तीन एकड़ नया--तेरह एकड़ मोट।

संजय--अपने से भी पेरियेगा !

किसान--तीन एकड़ में गुड़ बनाने के लिए देसी ऊख लगाया। दस एकड़ दस नम्बर का है--वह मिल में देने के लिए।

संजय--आपका नाम।

किसान--जी, शिलानाथ।

संजय--[कुछ याद करके] ओ ! आप ही हैं जिनके घर से पुलिस कोई किताब उठा ले गई है ?

शिलानाथ [गर्व से] जी ! 'भारत में अंग्रेजी राज' नाम की किताब। [वह, अपने घर की दीवार से लटकी हुई गांधीजी की तस्वीर की ओर देख कर कहता है] सो, क्यों ?

संजय--यों ही पूछ रहा था।

शिलानाथ--मुकदमा चलावे या जेल ले जाय--हम नहीं डरते। गांधीजी के 'प्रताप' से अब लोगों के दिल से डर दूर हो रहा है। नहीं तो नीलहा-साहबों के जुल्म के चलते--गोरी चमड़ी को देखते ही आदमी थर-थर काँपने लगता था।···सब गांधीजी की महिमा है! [वह तस्वीर की ओर हाथ उठा, नमस्कार करता है]

संजय--नील-युग की बातें आपको याद हैं ?

शिलानाथ--क्यों नहीं ?...आपका रतनपुर मिल जिस जमीन में बना है, उसी जमीन पर इस इलाके के मशहूर बहादुर--कुलदीप दास को चाबुक से मार-मार कर बार्कस साहब ने सुला दिया मगर कुलदीप दास मरते दम तक कहता रहा--'दादन नहीं लेंगे--नील की खेती नहीं करेंगे !,...कुलदीप वहीं ढेर हो गया।

संजय--चलिए--नील युग खत्म हुआ...।

शिलानाथ--नीलयुग खत्म हुआ अब ऊख-युग आया है। क्यों ? मगर--आपके सेठजी, बार्कर से भी ज्यादा जुल्मी हैं।

संजय--मगर सेठ जी तो किसी को चाबुक से नहीं मारते।

शिला : चाबुक से नहीं--वह आदमी को चूस-चूसकर मारता है।

गाँव का दूसरा हिस्सा। साँझ !

एक बाबाजी के अखाड़े पर दोनों पहुँचते हैं। बाबाजी भी बड़े किसान हैं-खेती करते हैं। तीस एकड़ में ऊख लगाया है।

नेमियार मठ के दरवाजे पर हाँक लगाता है--'कोई है ?'

एक युवती सुफेद साड़ी में, गले में कंठी-माला और कपाल पर तिलक लगाये प्रकट होती है--'महंथ साहेब नहीं हैं।'

नेमियार--महंथ के कोई कारपरदाज नहीं ?

युवती--सभी 'मूर्ति' कचहरी गये हैं।

एक पुरुष-बाबाजी-नाटा, काला-कलूटा हाथ में कुल्हाड़ा लेकर आता है। आते ही कहता है--"आप लोग जनाना फाटक पर काहे हैं। चलिए, उधर 'मर्दाना' फाटक पर... ।"

संजय चुप है। नेमियार जरा नाराज होकर कहता है--मठ में भी जनाना फाटक होता है ? यह मठ है या रेलगाड़ी का डिब्बा ? ...इधर सुनिये बाबाजी ! महंथ साहब ने पिछले साल तीस एकड़ में ऊख की खेती की थी। इस बार कितनी... ।"

बाबाजी कहता है--"ऊ सब हमको कुछ नहीं मालूम।"

"तो, तुमको क्या मालूम है ?"

"हम तो भंडारी हैं। 'प्रसाद' पकाना हमारा काम है।"

"ठीक है, आज रात हभ लोग मठ पर ही प्रसाद पायेंगे...हम लोग रतनपुर सुगर मिल के आदमी हैं... ।"

"आप लोग वैष्णव हैं या 'साकठ'...?"

"साकठ क्या ?"

"जो माँस-मछली खाता है।"

"हाँ, हम लोग दोनों खाता है।"

"तब तो यहाँ प्रसाद नहीं पा सकियेगा।"

"अरे बाबा, बिना माँस-मछली के भी हमारा काम चल जायेगा।"

"नहीं।" कह कर बाबाजी मठ का दरवाजा बंद कर देता है।

दोनों साईकिल लेकर, अंधकार में खड़े हैं। गाँव की गँवई सड़कों के खड्डों और अँधेरे में कारण साईकिल पर चढ़ नहीं सकते। वे इधर-उधर भटक रहे हैं !

अँधेरे में औरतों की एक टोली हँसती-बतियाती आ रही है।

अचानक, संजय और नेमियार पर नजर पड़ते ही सबसे अगली डर के मारे चीख पड़ती है--"अरे बप्पा रे !..."

सभी डर कर एक दूसरे को पकड़ लेती हैं और चिल्लाने लगती हैं। संजय जल्दी से बैग से टार्च निकालता है। नेमियार खाँसने लगता है।

तब तक एक-दो पुरुष दौड़कर पहुँचते हैं--हाथ में लाठी भाला लेकर--"के है रे ? ...कौन है रे ? घेर-घेर... ।'

सबसे अगले व्यक्ति को नेमियार डाँट देता है--"तुम लोग इस तरह हल्ला क्यों मचा रहा है। एँ ? आदमी देख कर भी डरता है ?"

एक व्यक्ति नेमियार को पहचान लेता है--"अरे। ई तो ओजन बाबू हैं। चीनी मिल के ओजन बाबू... । धेत्...सलाम ओजन बाबू !"

नेमियार कहता है--"गाँववाले क्या किसी परदेसी को रात में रहने की जगह नहीं देते ?...रात हो गई, हम कहाँ जायें।'

वह व्यक्ति उत्साहपूर्वक कहता है--"तब चलिए जमुनाबाबू के यहाँ। उनके यहाँ आज पूजा है। अभी नाच होगा--'ननदी-भउजिया' का। देखिए न, गाँव के सभी लोग वहीं जा रहे हैं।"

जमुनाबाबू का चौपाल।

दो-तीन पेट्रोमेक्स जल रहे हैं। शामियाना तना हुआ है और एक आदमी ग्रामोफोन बजा रहा है--अँधेरिया है रात सजन रहियो कि जइयो... ।

दस पंद्रह व्यक्ति बैठे हुए हैं। उत्सव का आयोजन... ।

नेमियार अपने आप बड़बड़ाता है--'रहिहौं ना तो अभी कहाँ जइहौं।

झुंड की औरतें खिलखिलाकर हँस पड़ती हैं।

जमुनाबाबू नामक व्यक्ति हाथ जोड़कर स्वागत करता हुआ कहता है--"धन्य भाग्य ! धन्य भाग्य !!...आप लोग...कैसे इस गरीब की कुटिया पर...?"

नाच की ढोलक बजती है।

हारमोनियम मास्टर गत छेड़ता है। भीड़ शमियाने में समा नहीं पा रही है।

संजय, नेमियार कई भद्र व्यक्तियों के साथ कुर्सियों पर बैठे हैं। नाच का विदूषक मुँह में कालिख-चूना पोत कर--हैट पतलून पहनकर--ताल पर नाचता हुआ आता है और ढोलक के ताल पर मुँह से बोल निकालता है--

धड़िग धड़िंगा गनपत गंगा
धिन तक धिन्ना-धिन्ना-तिन्ना
हाथ गोड़ लम्बा, जै जगदम्बा
बाँस खंभा-धिन तक धिन्ना... ।

भीड़ में हँसी की पहली लहर खेल जाती है !

विदूषक ताल कटते ही नाच के समाजियों से पूछता है--"अरे भाई ! यह ढोलक और ललमुनियाँ बाजा यहाँ क्यों बज रहा है ?"

"अभी नाच होगा-नाच।"

"ओ नाच होगा ?"

विदूषक और समाजी के वार्तालाप में होनेवाले नाच का नाम--समाजियों के नाम-धाम का परिचय दिया जाता है। फिर, नाचनेवाले नटुए--घांघरी पहनकर-गाते हुए आते हैं--

कि आहे मैया सरोसती है

प्रथमे बन्दना तोहार...

कि आहे मैया-भूलल आखर जोड़ि के... अमद !

संजय देखता है, एक नटुआ की वेशभूषा-ठीक रुकनी की तरह है। वैसी ही साड़ी, उसी रंग की चोली--बाजूबन्द, हँसली, हार, कड़े-छड़े सब--वैसे ही।

वह नटुआ ननद बना है। जो अपनी 'भउजी' को रो-रोकर कहती--

'करि के गवना सैयां

गइले पटनवाँ

लिखियो ना भेजे कोनो पाँति रे भउजिया !'

भीड़ रह-रहकर विदूषक की बातों पर हँसती है--नटुआ के दर्द भरे गीत पर 'आहे' भरती है।

संजय अपलक नाच देख रहा है। नेमियार ऊँघ रहा है।

एक किसान--"बड़े किसानों को क्या है ? मारे जाते हैं दो चार बीघेवाले छोटे किसान !"

संजय एक नोटबुक पर लिखता जा रहा है।

दूसरा किसान--"मिलवालों ने एलान किया था कि बीज के लिए कर्ज देंगे। मगर, महीना भर दौड़ने के बाद भी कोई सुनवाई नहीं हुई।"

संजय लिख रहा है।

तीसरा किसान--हम मिल के लिए नहीं--अपने से पेरकर गुड़ बनाने के लिए ऊख लगाया।...कौन अपना माल देकर 'बाबू-बाबू' रिरियाता फिरे !'

नदी का किनारा !

पेड़ के पास आकर नेमियार कहता है--"यहाँ सुस्ताइयेगा नहीं।"

संजय कहता है--"नहीं। अब सीधे रतनपुर चलकर ही सुस्तायेंगे।"

नेमियार कहता है--"खजांची बाबू। रुकिये... ।"

नेमियार साईकिल से उतर पड़ता है। संजय भी उतरकर पूछता है--"क्या हुआ ?"

"मैं तो बिना थोड़ी देर यहाँ बैठे आगे नहीं बढ़ सकता।"--नेमियार जेब से बीड़ी निकालकर सुलगाता है।

दोनों बैठ जाते हैं। नेमियार कहता है--"देखा ? यहाँ के गाँवों को ?"

संजय--नेमियार। मैं अपने यहाँ के गाँवों में भी कभी नहीं गया। पहली बार गाँव में एक सप्ताह काटा है, मैंने। कभी नहीं भूल सकूँगा।...अच्छा,ये सचमुच इतने भोलेभाले होते हैं ?"

नेमियार--भोले भाले ? बाबू, जिस आदमी को आप सबसे भोंदू समझेंगे--वही आपको दिन में तीन बार ठग लेगा। हाँ !...इनको शहर और कस्बे के किसी भी आदमी पर भरोसा नहीं।...स्टेशन पर टिकट कटायेगा तो दूसरे से पढ़वाना नहीं भूलेगा कि देखिये तो बाबूसाहब, कहाँ का टिकस दिया है और कितना पैसा लिया है।'

संजय--इसका मतलब है कि शहरवालों ने--बाबुओं ने इन्हें काफी ठगा है।

नेमियार--आपका अनुमान ठीक है, बाबू।

संजय--नेमियार ! मुझे लगता है, मेरा घर इन्हीं गाँवों में कही है। पता नहीं क्यों--गाँव छोड़ने का जी नहीं कर रहा था।

नेमियार--[मुस्कुरा कर] कहीं दिल अटक गया क्या ? हें हें। वह सब अब नहीं चलेगा, कैसियर बाबू। रुकनी इसी नदी में डूब मरेगी...

संजय--अरे, नहीं नहीं !

दूर--रतनपुर मिल का भोंपा बजता है !

संजय का बंगला।

रुकनी कहती है--मैं आज किसी को साथ लेकर तुम्हें खोजने जाने की बात सोच रही थी।

संजय-- खोजने ? क्या मैं कहीं गया था !

रुकनी--तुम क्या जानो--किस तरह ये सात दिन कटे हैं मेरे...! लगता था, अगर पंख हो तो तुम्हारे पास उड़कर पहुँच जाऊँ--जहाँ भी तुम रहो।

संजय--जानती है। ननदी-भउनिया नाच में ननदी ठीक तुम्हारी तरह थी--हू-बू-हू··· ।

रुकनी--धत् ! नाचनेवाला नटुआ ! [हँसती है] मैं नचनियाँ-लड़के जैसी हूँ क्या ?

बाहर नेमियार खांसता है।

रुकनी और संजय सतर्क हो जाते हैं। रुकनी दरवाजा खोल देती है।

संजय लेटा हुआ है। नेमियार हाथ में बोतल लेकर प्रकट होता है--"आज सौंफ का माल है--सौंफि। एक ही घूँट में थकावट छू मंतर... ।'

संजय--इसको किस चीज में पीते हैं ?

नेमियार--मैं ले आया हूँ। [झोली से हरा तालपत्र निकालता है और रुकनी से कहता है] रुकनी बना दे दो दोने !...ताड़ के दोने में-सौफ का माल !

रुकनी ताड़ के पत्ते लेकर--दोना बनाने लगती है और नेमियार पॉकिट से तीन चार अंडे निकालता है--"और जंगली बत्तख के इन अंडो का 'आमलेट' बना दो... ।"

आज संजय जरा भी एतराज नहीं करता है। रुकनी दोना बनाकर ले आती है। नेमियार-बोतल से शराब निकालकर ढालता है। रुकनी अंडे लेकर अंदर जा रही है। नेमियार रोककर कहता है--"जानती है ? बाबू का दिल गाँव में अटक गया था। मैं छुड़ा कर ले आया हूँ।"

रुकनी हँसती--अंदर चली जाती है।

संजय कहता है--"सच, मैंने फैसला कर लिया है। इन्हीं गाँवों में कहीं अपना घर बनाऊँगा।"

"सुनती है रुकनी ?"

दोनो हँसते-बतियाते बहुत देर तक पीते रहते हैं। अचानक नेमियार उत्तेजित-सा हो जाता है--"खजांची बाबू। तुम्हारे साथ में रहकर मैं भला आदमी होता जा रहा हूँ। ...भला आदमी बनने से मेरा काम नहीं चल सकता। तुम नहीं जानते खजांची बाबू--मेरे सीने के अंदर कैसी आग सुलग रही है।...ईमानदार से काम करने का नतीजा मैं भोग चुका है। भला आदमी बनकर मैंने चुपचाप अपनी बीवी-बच्चों को मौत की मरजी पर छोड़ दिया।...मैं कुछ करना चाहता हूँ। कुछ ऐसा..कि इस सेठ को छठी का दूध याद आ जाये।'

नेमियार उत्तेजित होकर खड़ा हो जाता है--"मैं चला खजांची बाबू। आप अफसर आदमी ठहरे। मैं ठहरा अदना मजदूर। आपसे मेरी दोस्ती नहीं निभ सकेगी।"...

नेमियार लड़खड़ाता हुआ चला जाता है।

संजय रुकनी से पूछता है--"आज नेमियार ऐसी उखड़ी-उखड़ी बातें क्यों कर रहा है ?"

रुकनी चुपचाप संजय को देखती रहती है। फिर कहती है--"भैया, शायद ठीक ही कहते हैं। हम ठहरे गरीब मजदूर और तुम...आप... ।"

"तुम भी यही कहती हो ?"--संजय दुखी होकर कहता है--"मुझ पर किसी को विश्वास नहीं।"

रुकनी भोजन परोसती है।

संजय चुपचाप बैठा रहता है। उसकी आँखें डबडबा आई हैं।

रुकनी करीब आकर कहती है--"तुम अपने मन की बात मुझसे क्यों छिपाते हो ?"

संजय चुप रहता है।

"बोलो न--तुम इस तरह बीच-बीच में रोते क्यों हो ? किसकी याद आती

है।... तुम्हें मेरी कसम जो छिपाओ !"

संजय चुपचाप खिड़की की ओर देखता है।

रुकनी उसके गले से लिपट जाती है--"संजय !"

सेठ जी की कोठी ! दिन।

सेठजी व्यस्त और नाराज नजर आ रहे हैं। क्लर्क से कह रहे हैं--"किरानी बाबू कितनी बार कहा कि मजदूरों या कर्मचारियों का कोई ज्वायंट पिटिसन (Joint petition) मत लिया करो--मगर तुम समझते नहीं... ।"

सेठजी दर्खास्तों को मरोड़कर फेंक देते हैं।

सेठजी मुनीम को पुकारते हैं--मुनीमजी !

मुनीम चुपचाप उठकर खड़ा हो जाता है। सेठजी पूछते है--"कैस बाबू आया है या नहीं ?"

मुनीम के कुछ कहने के पहले ही क्लर्क कहता है--"जी। आ गये है।... यह है उनकी रिपोर्ट।" [क्लर्क फाइल से कागज निकालता है !]

डाकिया आकर एक टेलिग्राम दे जाता है।

सेठजी रिपोर्ट पढ़ना छोड़कर 'तार' खोलकर पढ़ते हैं। उनके समझ में कोई बात नहीं आती। क्लर्क से कहते हैं--"पढ़ो। क्या लिखा है... ।"

क्लर्क पढ़ता है--तार अंग्रेजी में है। भावार्थ : जावा चीनी की खुले बाजार में आमदनी के कारण देसी चीनी का भाव गिर गया है... ।"

अचानक मिल का भोंपा अस्वाभाविक ढंग से बजने लगता है--खतरा ! खतरा !!

शोरगुल, कोलाहल और भागदौड़ !

एक आदमी दौड़ा हुआ आता है--"सेठजी। एक्सीडेंट... एक्सिडेंट... चार मजदूर मर गये--दो घायल हो गये हैं। एक का हाथ कट गया है।"

सेठ जी आतंकित है।

मिल के अन्दर !

नेमियार एक घायल को कंधे पर ढोकर बाहर निकालता है। वह जोर-जोर से बोल रहा है--"दुनिया भर का 'कंडम' मशीन और पुर्जे इसी मिल में लगाये गये हैं !"

आह--चीख-कराह से वातावरण और भी वीभत्स हो गया है।

संजय कहता है--"डाक्टर कहाँ है ? डाक्टर को बुलाओ !"

सेठजी आते हैं। कोलाहल करते हुए मजदूर चुप हो जाते हैं। सेठजी आते ही नेमियार पर बरसने लगते हैं--"इतना हल्ला क्यों मचा रहा है ?"

"आदमी मर गये और हल्ला नहीं करूँ ?"

संजय कहता है--डाक्टर !

सेठजी संजय से कहते हैं--"इस तरह 'कैस' छोड़कर कोई कैसियर बाहर नहीं दौड़ता।"

सांझ ! नेमियार का क्वार्टर !

नेमियार कई मजदूरों के बीच खड़ा होकर कह रहा है--"क्या कहता है सेठ ? मरनेवाले या घायल लोग इस मिल के कर्मचारी नहीं ? तब कौन हैं ये लोग ?...हत्यारा !

नेमियार, संजय के बंगले की ओर हड़बड़ाता हुआ भागता है।

संजय सुनकर कहता है--"क्या ? वे इस मिल के कर्मचारी नहीं तो कौन हैं ? कहाँ से आये...?"

संजय कुछ याद करके कहता है--'नेमियार !...सेठ जी ने अभी कुछ देर पहले मजदूरों की हाजरी और 'पे-रजिस्टर' अपनी कोठी पर मँगाया है !

नेमियार--"बस, मैं समझ गया। हाजिरी बही और पे-रजिस्टर ही बदल दिया जायेगा !"

सेठ का चपरासी आता है--"हजूर। सेठजी ने अपनी कोठी पर अभी बुलाया है।"

नेमियार, संजय की ओर अर्थ भरी निगाह से देखता है।

संजय, सेठजी के तैलचित्र की ओर देख कर कहता है--"अब आपका असली रूप सामने आ रहा है, सेठ जी !"

सेठजी कहते हैं--"संजैबाबू ! हम तो डूब गये।"

संजय कहता है--"कानून के मुताबिक मजदूरों के परिवार को वाजिब हरजाना देकर... ।"

सेठ झल्लाकर कहता है--"तुम किसके हरजाने की बात कर रहे हो बाबू !...तुम

यहाँ के लोगों को नहीं जानते। दारू पीकर औरत के लिए झगड़ेंगे, छुरेबाजी करेंगे--और मरे हुए लोगों को मिल के अन्दर पहुँचाकर हल्ला मचायेंगे कि मजदूर मारा गया।...खोज लो हमारे रजिस्टर में--मँहगू मंडल नाम का कोई मजदूर है ? जनक पासवान नाम का भी कोई नहीं...फालतू बातें।"

सेठ जी संजय की ओर कलकत्ता से आया हुआ टेलिग्राम फेंक देते हैं और दोनों हाथों से सिर थाम लेते हैं।

संजय तार पढ़कर अचरज से कहता है--"यह क्या हुआ ?"

"जुल्म हो गया !...हम तो डूब गये।" ...सेठ सिर पकड़ कर कहता है।

मिल का भोंपा करुण-सुर में बोल रहा है।

चारों ओर उदासी छाई हुई है--छा रही है।

"चीनी का भाव गिर गया ?"-- एक मजदूर दूसरे से पूछता है।

"अब ऊख का भी भाव गिरेगा"--दूसरा।

"हमरा क्या होगा ?"--तीसरा !

मिल का भोंपा रह-रहकर बज उठता है!

क्रशिंग-मशीन की घड़घड़ाहट डरावनी प्रतीत होती है।

दूर-दूर तक ऊख के खेत--उदासी के आलम में डूबे हुए से लगते हैं।

रेलगाड़ी की इंजन की सीटी सुनाई पड़ती है।

स्टेशन पर-प्लेटफार्म पर 'जावा चीनी' की बोरियाँ उतर रही है।

बाजारों में 'जावा-चीनी' भर गया है।

एक दुकानदार हाँक लगा रहा है--"ले जाओ ! आ गया-आ गया, जावा का माल आ गया।"

'देसी चीनी' का रंग तनिक भूरा है और 'जावा चीनी' दूध की तरह सफेद !

मिल-एरिया में यह उदासी और घनी मालूम पड़ती है।

सेठजी की कोठी।

सेठजी मुनीम को कोई हिदायत दे रहे हैं।

मुनीम जी हाथ में एक कागज लेकर निकलता है।

वह सबसे पहले दफ्तर में जाता है और मिल के डायरेक्टर सेठ रायबहादुर रतनलाल का आदेश पढ़कर सुनाता है--

मुनीम--"..." इसलिए, मासिक वेतन और दैनिक मजदूरी में सैकड़े चालीस के दर से कटौती की जाती है।'

एक साथ दर्जनों टाइपराइटरों की खटपटाहट बंद हो जाती है।

फैक्टरी का भीतरी हिस्सा !

मुनीम जी पहुँचते हैं। एलान सुनाते हैं--"...मजदूरी में सैकड़े चालीस की कटौती !"

क्रशिंग-मशीन का कोई'पार्ट' अचानक बेसुरे ताल में बजने लगता है !

कर्मचारियों के चेहरे अचानक बुझ जाते हैं।

मिल का फाटक !

किसानों की भीड़ लग गई है। गोरखा दरबान--फाटक बंद करके कंधे पर बंदूक लिये खड़ा है।

मुनीमजी हाथ में एक भोंपा लेकर प्रकट होते हैं। एलान करते हैं--"...इसलिए, यह फैसला किया गया है कि ऊख का दर ग्यारह पैसे फी मन के हिसाब से खरीदा जाय। जो किसान इस दर में बेचना चाहते हैं--कल से फसल मिल में पहुँचावें...।'

भोंपा में मुनीमजी की आवाज विचित्र और डरावनी सुनाई पड़ती है।

एलान सुनकर किसानों के मुँह से एक हल्की चीख निकल पड़ती है--"हाय बाप ! ग्यारह पैसे मन ?...हम मर जायेंगे।...इससे तो खेती की लागत और मजदूरी भी नहीं...हे भगवान ! यह क्या हो गया ?

पगला माधो गुसाईं की बड़बड़ाहट सुनाई पड़ती है--'बज्रपात--पेट पर लात--अजब बात--बासी भात--ऊख रे ऊख ! भूख रे भूख !!'

साँझ हो आई। किन्तु फाटक पर भीड़ लगी हुई है।

सेठजी हाथ जोड़कर प्रकट होते हैं--"भाई लोग ! बेकार की भीड़ और बेमतलब का झमेला क्या...[ऊपर की ओर दिखलाकर] सब उनकी मर्जी है। उन्हीं से प्रार्थना करो कि अच्छे दिन लौट आवें...।"

भीड़ को हटाकर--मुनीराम नामक किसान आगे आता है और कहता है--"मगर सरकारी-रेट तो पौने पाँच आना है ?"

रायबहादुर सूखी हँसी हँसकर कहते हैं--"सरकारी रेट ? हूँ--सपने की बात है। भाइयों, अब वह रामराज नहीं।···जावा के माल ने बाजार में डाका डाल दिया है। चारों ओर आग लग गई है।...मिल बंद कर देना पड़े--हमें इस बात का खौफ है।"

मुनीराम--"कल सुबह घर के सभी बालबच्चों को भेज दूँगा। मेहरबानी करके उन्हें--एक-एककर गोली के घाट उतार दें--इससे वही अच्छा !" सेठजी मुनीराम को मानो स्नेहपूर्वक डाँटते हैं--"क्या बेवकूफी की बात करते हो। जाओ घर--माथा ठंढा करो।....ए, शंका पहलवान फाटक बंद करो !"

फाटक झनझना कर बंद हो जाता है।

शाम को अंधकार !

एक बड़े बट पेड़ के नीचे कई लोग खड़े हैं। बट पेंड़ का चबूतरा पक्का है। यहाँ अवकास के क्षण में मजदूर लोग बैठते हैं। गाते-बजाते और पूजा करते हैं ?

हल्की रोशनी में कई लोगों के चेहरे स्पष्ट होते हैं।

मुनीराम, सुखलाल, छेदी और भी कई किसान।

नेमियार कहता है--"सेठ माथा ठंढा करने को कहता है। सुना आपने खजांजी बाबू ?"

संजय--"इसका बदला लेना होगा। इस अन्याय के खिलाफ लड़ना होगा।"

मुनीराम आर्तनाद के स्वर में : "दुहाई बंगाली बाबू। कोई रास्ता निकालिए।"

दो-तीन कितान एक साथ-'हर-हर महादेव-की जयध्वनि करते हैं।

नेमियार उन्हें डाँटता है--"ए ! ए !...कोई आवज नहीं। खबरदार। सिस।"

कुछ क्षण तक चुपचाप रहने के बाद संजय कहता--"कोई किसान फसल मत बेचे।"

सभी प्रायः एक ही साथ : ठीक बात।...वाजिब बात !!'

संजय : तुम लोग किसी भी हालत में दर नहीं कमाना।...मिलवालों को मजबूर होकर फसल खरीदना पड़ेगा। नया क्रशिंग-मशीन आया है। उन्हें माल की सख्त जरूरत है।'

सुखलाल : यदि नहीं खरीदे ?

संजय दृढ़ स्वर में कहता है--"उन्हें झख मारकर खरीदना पड़ेगा। लड़ाई शुरू कर दो।...इस बट बाबा के नीचे, बेदी को छूकर करसम खाओ--कम दर पर फसल नहीं बेचेंगे।"

सभी के चेहरे पर दृढ़ता और प्रसन्नता की झलक।

और नेमियार अंधकार में चुपचाप चल रहे हैं।

अचानक संजय रुककर कहता है--"नेमियार। अब तुम जाओ। आज से--अभी से लग जाओ। ठीक से 'आर्गेनाइज' करो... ।"

नेमियार--"बहुत अच्छा बाबूजी।"

नेमियार चला जाता है। संजय कुछ देर तक खड़ा रहता है। उसकी आँखों के सामने--विगत दिनों की स्मृतियों के चित्र नाचने लगते हैं--'बी. ए. की डिग्री लेने का दिन।...ऊंची आशाओ के दिन।...फिर, बेकारी के दिन। और, एक ग्रेजुएट का साधारण कैस-मुंशी का पद स्वीकार करना।...सेठजी की बात--काम दिखलाओ। यह मिल तुम्हारा ही है। इसकी उन्नति में ही तुम्हारी उन्नति है।...'

रतनलाल सुगर मिल्स की चिमनी अधंकार में भय की सृष्टि करती है--मिल की चिमनी धुआँ उगलती हुई--सारे इलाके के खेतों के ऊपर काले-काले धुएँ का गुब्बारा छा रहा है।

सजंय धीरे-धीरे रुकनी के क्वार्टर के अन्दर कदम रखता है।

रुकनी, संजय को देखकर अचरज में पड़ कर कहती है--"मैंने सतकौड़ी से कह दिया था कि आज नहीं आ सकूंगी... ।"

"क्यों ?...मुझे सताने में तुमको सुख मिलता है क्या ?"--संजय बैठते हुए कहता है।

"वाह रे ! एक दिन नहीं आई तो क्या हुआ ?"

"एक दिन ? मैं आधा दिन भी तुम्हारे बिना नहीं रह सकता। रुकनी रानी।"--संजय रुकनी को अपनी ओर खींचता है।

"हुँ। बड़ा सस्ता माल मिल गया है। क्यों ?"--रुकनी मान भरी बोली बोलती है।

संजय हठात् रुकनी का हाथ छोड़ देता है--"सस्ता ? मेरे पास देने को अब क्या रह गया है, रुकनी। सब कुछ देकर तुमको पाया है और तू ही ऐसा कहती है... ।'

रुकनी अपनी गलती मानकर संजय को मनाती है--"अच्छा, अच्छा माफ करो। अब नहीं कहूँगी।...लेकिन, तुम्हीं ने तो नशे में उस दिन कहा था--रुकनी तुम शरबत का गिलास हो, शरबत नहीं।'

संजय कोई जवाब दे, इसके पहले ही रुकनी, संजय के पास बैठ जाती है और उसके बालों में हाथ फेरने लगती है--"सुनो। मुझे कुछ थोक रुपये की जरूरत है।...जरा मेरी ओर गौर से देखो तो।"

रुकनी लाज भरी हँसी हँसती है।

रुकनी अपने आँचल को सरकाकर खड़ी हो जाती है। पूछती है--"कुछ समझ में आई बात।"

संजय गंभीर होकर कहता है--"ओ !...हाँ ! समझ गया।"

सेठ रतनलाल पागलों की तरह चिल्लाकर कहता है--"मत बेचो ! कोई जरूरत नहीं। इसीलिए हमने पचास एकड़ में ऊख लगा कर रखा है। अभी एक महीना हम अपने ही फसल से मिल चलायेंगे। मुनीमजी--किसानों से कह दो--किसी भी दर पर हम फसल नहीं खरीदेंगे। हमें जरुरत नहीं... ।",

'हमें जरूरत नहीं। हाहा हाहा !!'--अट्टहास सारे इलाके के ऊख के खेतों में प्रतिध्वनित होती है--'जरूरत नहीं। जरूरत नहीं !!'

सेठ रतनलाल आवाज को मद्धिम करके मुनीमजी से कहता है--"अपने विश्वासी एजेन्टों को रुपये लेकर गाँव-गाँव में भेजो। लोगों से कहे कि माल बेचना हो तो जल्दी बेचो। अगर फसल का पत्ता लाल हुआ तो मुफ्त में भी नहीं लिया जायेगा। समझे ? होशियारी से।"

रतनलाल मिल का भोंपा आर्तनाद करता है।

क्रशिंग-मशीन की घड़घड़ाहट धीरे-धीरे मंद होती जा रही है। मशीन की चाल (Speed) क्रमशः कम होती जाती है। और अंततः मशीन एक विकट स्वर के साथ बंद हो जाती है। सेठजी मानो बुरा सपना देखकर चौंक जाते हैं।...

गाँव। ऊख के खेतों में कटाई बंद है।

किसानों के एक गिरोह को मिल का एजेन्ट समझा रहा है--फुसला रहा है--"खेत पर ही नकद पैसा ले लो। कोई झंझट नहीं।...फसल का पत्ता लाल हुआ कि समझो सब बेकार।"

किसानों की भीड सिर हिलाकर अस्वीकार करती है--"कम दर पर हर्गिज फसल नहीं देंगे।"

एजेन्ट चला जाता है।

नेमियार प्रकट होता है--"खबरदार ! एजेन्टों के बहकावे में मत पड़ना। मिल की चिमनी ठंडी हो रही है।... मशीन में जंग लग जायेगा। होशियार !"

आसमान में गिद्ध और चील उड़ रहे हैं।

एक करुण और उदास सुर हवा में तैर रहा है। किसी औरत का बच्चा मर गया है, शायद !

अकाल और महँगी फैल रही है। किसानों के पास पैसे नहीं। लोग दल बाँध कर सूदखोर महाजनों की ड्योढ़ी पर जाते हैं--गाँव के बड़े-बड़े किसान भी महाजनी करते हैं। आदर्श की बातें करनेवाला किसान शिलानाथ भी कर्ज देता है और महंथ भी। काबुलीवाले

की बन आई--कड़े दर सूद पर रुपया देता है।

सादा कागज पर अंगूठा का निशान लगाकर लोग रुपये कर्ज ले रहे हैं।

गाँव के नौजवानों का एकदल--आसाम की ओर काम की तलाश में गाँव छोड़कर जा रहा है। जिसमें वह गाड़ीवान भी है जो संजय को स्टेशन से बैलगाड़ी पर लाया था--'घर की आधी रोटी भली' कहने वाला नौजवान।

हर घर के भंडार खाली हैं। अनाज के बर्तन लुढ़क रहे हैं। चूल्हे ठंडे हैं--कई शाम से भूखे बच्चे माँ को परेशान करते हैं। माँ कहती है--"मुझे ही खा लो ! छुट्टी मिल जाय।"

मिट्टी के मोल बिक रहे हैं पशुधन। पाँच रुपये में दुधार भैंस।

दुधार गाय--आठ रुपये।

बर्तन-बासन, गहने जेवर--सभी मिट्टी के मोल बिक रहे हैं।

हाहाकार मचा हुआ है।

संथालिनें गाछ के पत्ते तोड़कर उबालती हैं--अपने बच्चों को खिलाती हैं।

रायबहादुर रतनलाल अपने एजेन्टों को गालियाँ दे रहे हैं--"सभी कामचोर हैं। मुफ्तखोर है, सब।...जिस तरह से भी हो, माल लाओ--माल। माल के बिना न इज्जत बचेगी और न मशीन...जंग लग जायेगी पुर्जों में। एक कर्मचारी सेठजी को सूचना देता है--"हुजूर। एस.डी.ओ. साहब आ रहे हैं।"

मोटर गाड़ी की आवाज सुनाई पड़ती है। सेठजी दौड़कर एस.डी.ओ. की अगवानी करने जाते हैं।

एस.डी.ओ. मिल एरिया में घूम-घूमकर देख रहा है। सेठजी कहते हैं--"हुजुर ! मैं डूब जाऊँगा !"

सेठजी के पीछे मुनीमजी सलामी की 'डाली' लेकर आये हैं--'फल, मेवा, अंग्रेजी शराब की बोतल आदि।'

सेठजी हाथ जोड़े खड़े हैं। एस.डी.ओ. कहते हैं--"अच्छी बात ! हम सरकारी फार्म का माल कल से भेजेगा--एक सौ एकड़ का माल कितना दिन चलेगा ?...भागलपुर और पूर्णियाँ से भी माल मँगाने का इंतजाम हम कर देगा।"

"हुजूर--दो सप्ताह।...हुजूर माय-बाप... ।"

"ठीक है। सरकारी फार्म का माल आयेगा...कोई गड़बडी हो तो सदर में खबर भेज देना--आर्म्ड फोर्स भेज देगा।"

एस.डी.ओ. साहब की गाड़ी धूल का बवंडर पीछे छोड़ती हुई, चली जाती है।

सेठजी के एजेन्ट फिर गाँव-गाँव में घूम रहे हैं। लोगों को धमकियाँ दे रहे हैं। "सुन लो भाइयो। आखिरी मौका है।"

"सरकारी फार्म से माल आ रहा है। पूर्णियाँ और भागलपुर से स्पेशल मालगाड़ी में माल भर कर आ रहे हैं। अगर, तुम लोग अब भी नहीं चेते तो फसल खेत में ही खड़ी

सूख जायेगी।"

मुनीलाल--हम फसल में आग लगा देंगे मगर कम दर पर नहीं बेचेंगे।

दूर--रतनपुर मिल की चिमनी से घने काले धुएँ के गुब्बारे निकल रहे हैं।

बटतला। अंधकार !

सुखलाल, मुनीलाल, छेदी वगैरह किसानों के साथ संजय बैठा हुआ है। वे किसी की प्रतीक्षा कर रहे हैं।

नेमियार आता है। उसकी सूरत भयावनी हो गई है। उसकी आँखें लाल-लाल हैं। आते ही वह मद्धिम आवाज में कहता है--"बाबू ! इन मजदूरों को समझाना आपका काम है। वे मेरी बात नहीं मानते !"

सुखलाल के मुँह से अस्फुट स्वर में निकलता है--"बाबू ! अब क्या होगा ?"

नेमियार कहता है--"जैसे भी हो। मिल को फिर से चालू नहीं होने देना है। अगर, मिल चालू हुआ तो किसानों को सँभालना मुश्किल होगा। वे ग्यारह पैसे के बदले दो आना मन पर ही माल बेचना शुरु कर देंगे।...मैंने रघ्घू फोरमैन, रुस्तम अली मेंट और कई मजदूर-सरदारों को अभी बुलाया है। आप उन्हें समझाइए।"

रघ्घू फोरमैन, रुस्तम मेंट, भुटैली सरदार वगैरह आये ।

संजय उन्हें समझा रहा है--"यह गरीबों की लड़ाई है। चाहे वह किसान हो या मजदूर... ।"

रघ्घू फोरमैन बात काटकर कहता है--"मजदूरों को इस लड़ाई से क्या वास्ता ? यह तो किसानों का मामला है। वे जानें और उनका काम जाने।"

संजय कहता है--"कैसी बात करते हो रघ्घू ! क्या तुम लोगों की मजदूरी में कटौती नहीं हुई है।...सेठ कहता है कि चीनी का दर गिर गया है। मगर गिरे हुए दर पर भी सेठ को सैकड़े पचास मुनाफा होगा। सेठ कभी घाटे में नहीं रहेगा।"

रघ्घू : मगर, हड़ताल करने से हमारा अभी क्या फायदा होगा ? काम पर नहीं जायेंगे तो खायेंगे क्या ? हमारे पास न बैल है न भैंस। न थाली है न लोटा। हम क्या बेच कर खायेंगे ?

नेमियार : फोरमैन।...सेठ गरीबों के पेट पर लात मार रहा है, यह बात तो समझ में आती है। मगर, गरीब ही गरीब का गला काटने की तैयारी करे--यह अचरज की बात ही नहीं--डूब मरने की बात है।

एक सरदार : मगर मजदूर खायेंगे क्या ?

नेमियार : हम गाँव-गाँव घूमकर मुठिया वसूलेंगे--चंदा बटोरेंगे। भीख माँगेंगे।···

संजय : मजदूरों ने हड़ताल की कि सेठ खुद घुटने टेक देगा।

रघ्घू : अगर सेठ मिल में ताला लगा दे, तब ?

संजय : कौन कहता है ताला लगायेगा ? अगर हम संगठित रहें तो सेठ को झुकना ही पड़ेगा ।

एक सरदार : ठीक है। हम तैयार हैं। लेकिन, बाद में जो कुछ होगा--उसकी जिम्मेदारी आप लोगों पर है।

रघ्घू : अच्छी बात। हम हड़ताल करेंगे।

दूसरा सरदार : रात के शिफ्ट से ही काम बंद करना होगा।

नेमियार कहता है : हम डट कर लोहा लेंगे।

सेठ जी की कोठी।

संजय से सेठजी, व्यंग्य और क्रोध भरे अंदाज में कहते हैं--"मैने गलत समझा था कि पारस लोहे को भी सोना बना देता है। लोहा, पारस को भी लोहा बना देता है... ।"

संजय कहता है--"सेठजी। आप कहें तो मैं इन किसानों को समझाऊँ... ।"

सेठ--कोई जरूरत नहीं। मैंने तुमको सिर्फ इसलिए बुलाया है कि मैंने कैसियर के रहने के लिए बंगला दिया है।...बदचलन औरतों का चकला बनाने के लिए नहीं।

संजय कुछ कहना चाहता है। किन्तु, सेठजी कहते हैं--"जाओ, संजै बाबू। किसानों को समझाने की जरूरत नहीं। वे खुद समझ जायेंगे।..."

मिल का भोंपा बजता है। सेठजी घड़ी की ओर देख कर चौंकते हैं।

क्रशिंग-मशीन की घड़घड़ाहट क्रमशः मंद पड़ रही है। धीरे-धीरे मशीन बंद हो जाती है।

सेठ जी चिल्लाते हैं--मुनीम जी !···

दिन !

मिल की चिमनी से धुआँ नहीं निकलता।

क्रशिंग-मशीन की आवाज नहीं होती।

सब कुछ बंद है। एक भी मजदूर काम पर नहीं आया है।

सेठ पागलों की तरह चिल्ला रहा है--"हाहाहाहा ! कोई परवाह नहीं ! हम मिल

बंद कर देगा--मगर झुकेगा नहीं।...मुनीम जी--मजदूरों के क्वार्टरों में ताला लटका दो। नहीं चाहिए... ।"

दूर--ऊख के खेत में आग की लपट दिखलाई पड़ती है।

किसी किसान ने अपने खेत में आग लगा दी है।

आग की लपट और धुएँ से सारा वातावरण एक खौफनाक रूप धारण कर लेता है !

माधो गुसाईं की तुकबन्दी सुनाई पड़ती है--"नील का साहब, मिल का सेठ--दोनों का एक ही है पेट--कमती रेट, साली पेट, बंद है गेट...आग लगी है खेत में-आग लगी है पेट में... ।'

संजय का बंगला। शाम !

संजय अपने कमरे में अकेला बैठा कुछ सोच रहा है।

लालटेन की मद्धिम रोशनी में नेमियार आकर सामने खड़ा होता है।

गंदा खाकी पैंट, फटा हुई कमीज, बिखरे अस्त-व्यस्त बाल। लोहे की मूर्ति की तरह खड़ा है नेमियार।

संजय सिर उठाकर देखता है--प्रश्न भरी दृष्टि से।

नेमियार दरवाजा बंद कर देता है और धीरे से संजय के करीब आकर खड़ा हो जाता है--"खजांची बाबू !...कैस घर की चाबी कहाँ है ?"

संजय : कैस घर की चाबी ? क्यों ?

नेमियार : [हाथ बढ़ाकर] निकालो चाबी ?

संजय अचरज और भय से नेमियार को देखता रहता है।

नेमियार फिसफिसाकर कहता है--"चाबी दो बाबू ! झाड़ पोंछ कर अभी ले आता हूँ--जितना 'कैस' है। घर में आग लगा दूँगा। फाइल-रजिस्टर, सब जलाकर खाक कर दूँगा। ...अरे तुमको कैसे पकड़ेंगे। कौन बतायेगा कि कितना 'बैलेन्स' था।...दो, निकालो चाबी।"

संजय गरदन उठाकर बाहर की ओर देखता है--घोर अंधकार !

उसके रोम-रोम सिहर उठे और उसके जाँघ थर-थर काँपने लगते हैं।

नेमियार की मद्धिम आवाज क्रमशः गुर्राहट जैसी प्रतीत होती है। उसकी आँखें मानो भेड़िये की आँखें हों।

वह कह रहा है--"किसानों के घर में अन्न नहीं, मजदूरों के बच्चे भूख से तड़फ रहे हैं--फिर भी वे अपनी आन पर डटे हैं। उन्हें भोजन चाहिए...तुम्हारे किसान-मजदूर

की फौज को रसद चाहिए। फिर देख लूँगा कि कौन मर्द का बेटा पूर्णियाँ और भागलपुर से माल ले आता है। हुँ ! समस्तीपुर और चम्पारण से मजदूर मंगायेंगे-सेठजी।...सेठ को इस बार मालूम हो जायेगा कि किसान और मजदूर--चाहे वह कहीं के हों--एक हैं। ...फसल कोई नहीं बचेंगे--वे अपनी लगाई हुई खेती में आग लगा देंगे--खाक कर देंगे, मगर झुकेंगे नहीं।...वे अपनी जान देंगे और लेंगे... । दो, निकालो चाबी संजय बाबू।..."

संजय किंकर्तव्यविमूढ़ ही नहीं--संज्ञाहीन-सा हो गया है। उसे लगता है, वह बुरे सपने देख रहा है। वह रह-रहकर अपनी आँखों को मूँदता और खोलता हैं।

नेमियार उसकी अवस्था देखकर--उसके करीब आ जाता है। संजय की पीठ पर हाथ फेरते हुए कहता है--"इतना सोच-फिकर किस बात का दोस्त !...तुमने भी कसम खाई थी न ?...देरी मत करो, निकालो चाबी।"

पागल की तरह बहुत देर तक कमरे में बेकार चक्कर लगाने के बाद संजय बाहर बरामदे पर चला जाता है--तनिक ठंडी हवा पाने के लिए। उसे लगता है उसका दम घुट रहा है। नेमियार की आँखों से चिनगारी-सी निकल रही है। वह चाबी निकाल कर--थर-थर काँपता हुआ--बढ़ा देता है।

"शाबाश !"--नेमियार झपटकर उसके हाथ से चाबी ले लेता है और प्रसन्न होकर कहता है--"अब इस सेठ के बच्चे को देख लूँगा...[वह रुककर संजय से कहता है]...खजांची बाबू ! तुम एक बार रुकनी को देख आओ...उसकी तबियत...आज उसे बच्चा होने वाला है...!!'

नेमियार अंधकार में विलीन हो जाता है।

संजय का सपना टूटता है, मानो !

अब वह क्या करे ! एक बार झपट कर बरामदे के नीचे दौड़ जाता है। पुकारता है--नेमियार ! किन्तु, उसे लगता है, उसके गले से आवाज नहीं निकल रही है।

वह भागता हुआ अपने कमरे में आता है।

सेठजी की तस्वीर मानो ठठाकर हँस पड़ती है--"हामि जानी। बंगाली बाबू लोग का हामि खूब चीनी...हेहेहेहे।"

वह दौड़कर अपने बंगले के अहाते से बाहर चला जाता है !

रुकनी के क्वार्टर का बाहरी हिस्सा ! अंधकार।

संजय खिड़की के पास चोर की तरह आकर खड़ा होता है।

अंदर से नवजात शिशु के रोने की पतली आवाज आ रही है।...वह खिड़की में आँख सटाकर--छेद से अंदर का दृश्य देखता है।

रुकनी फर्श पर पड़ी हुई है।

साड़ी अस्त व्यस्त--कमर में लिपटी हुई।

बाल बिखरे धरती के धूल पर छितराये हुए।

इधर-उधर बिखरी हुई हैं टूटी हुई चूड़ियाँ ! चूड़ियों के टुकड़े !

घायल नागिन की तरह रुकनी ऐंठी हुई पड़ी है। रह-रहकर करवटें लेती और कराहती है !

शिशु के रोने की आवाज स्पष्ट हो गई।

संजय चौंककर पीछे हट जाता है।

वह नेमियार के क्वार्टर की ओर कदम बढ़ाता है।

संजय नेमियार के दरवाजे के 'फांक' से अंदर का दृश्य देखता है। मटमैले अंधकार में--काला पैंट पहने, कमर में चौड़ी पट्टीवाला बेल्ट कसा हुआ... नेमियार बैठा है और रोटी चबा रहा है !

सामने रखी हुई चमकती हुई खुली भुजाली और महुआ के शराब की बोतल ! ... नेमियार भुजाली पर शान चढ़ाता है।

नवजात शिशु के रोने की आवाज, रुकनी की कराह--और हथियार पर 'शान' चढ़ाने की आवाज--तीनों आवाजें मिल कर संजय के कान के पास एक खौफनाक गीत के सुर की सृष्टि करती हैं। वह भागता है !

सड़क छोड़कर--मैदान के ढलान पर दौड़ता है। गड्ढों को छलाँग मारकर पार करता हुआ भागा जा रहा है।

मिल के फाटक पर जलती हुई रोशनी--कुहरे में अजीब-सी दिखाई पड़ती है। संजय को लगता है--दोनों रोशनी दो आँखें हैं जो उसको अंधकार में देख रही हैं--उसका पीछा कर रही हैं... ।

भागते हुए वह वट वृक्ष के नीचे-बेदी के पास खड़ा हो जाता है। उसकी आँखों के आगे--अपने घर के दृश्य, अपनी माँ की सूरत उभरकर आती है--माँ पुकारती है 'फिरे ऐसो खोका !'

संजय भागता है।

सेठजी का बंगला !

संजय चोर की तरह अहाते में घुसता है।

दस्तक दे रहा है, संजय--सेठजी के दरवाजे पर !

दरवाजा खुलता है और वह हाँफता हुआ कमरे के अंदर चला जाता है।

संजय फर्श पर अधलेटा पड़ा हुआ है।

सेठजी घबराये-से उसके पास बैठे हैं। मुनीमजी हाथ में पानी का गिलास लेकर खड़े हैं।

संजय हाँफता हुआ, रुक-रुककर कह रहा है--'...आज ही रात दो बजे...मुझे उन लोगों ने बाँध दिया था।...चाबी छीनकर ले गये !...नेमियार...वे मुझे मार डालना चाहते थे...मगर... ।

सेठजी कहते हैं--'समझ गया !...मुनीमजी, बाबू के लिए 'अंदरहवेली' से गरम दूध ले आओ।...शंकर पहलवान ! बंदूकधारी गोरखों सिपाही को लेकर चुपचाप 'कैसघर' के पिछवाड़े में तैयार रहो।...नेमियार कैसबाबू को छुरा दिखाकर चाबी छीन ले गया है। आज ही रात दो बजे चोरी करने आवेगा।...चोट्टा साले की बोटी-बोटी नुचवा लूँगा।'

मुनीम दूध ले आता है।

सेठजी अपने हाथ से संजय को दूध पिलाते हैं।

सेठजी मुनीम से कहते हैं--"मुनीमजी। बाबू जी स्टेशन जायेंगे। तुरंत सबसे तेज घोड़े पर 'जीन' कसवाओ।...और सुनो...मेरे 'दान-खैरात' वाली संदूकची ले आओ।...बाबू को 'बकसीस' देना होगा। बहुत ईमानदार आदमी है...

संजय सेठजी को नमस्कार करके खड़ा हो जाता है।

रायबहादुर सेठ रतनलाल कह रहे हैं--"चुपचाप, होशियारी से निकल जाओ। उनकी निगाह नहीं पड़े नहीं तो वे तुम्हें मार डालेंगे।...और हाँ ! अभी कुछ दिन घर जाकर आराम करो। कुछ दिनों के बाद मेरे गोरखपुर वाले मिल में आना--सौ रुपये महीना तनख्वाह... ।'

संजय घोड़े पर सवार होकर--ऐड़ लगाता है।

अंधकार में--तीर की तरह घोड़ा भागा जा रहा है।

किसानों ने अपने-अपने खेत में आग लगा दी है--ऊख के खेत जल रहे हैं--धू-धू कर।

आग की लपट से आसमान लाल हो रहा है।

आकाश में एक तारा टूटकर गिरता है !

एक टीले के पास जाकर--संजय घोड़े को रोकता है। दियासलाई जलाकर कलाई की घड़ी में समय देखता है।

दो बजकर पाँच मिनट !

संजय सुनता है--दूर धाँय-धाँय की आवाज होती है। बंदूक की आवाज।

संजय को लगता है--उसे भ्रम हो गया है।

धाँय-धाँय ! फिर आवाज होती है।

हठात् संजय के कान के पास--करुण कराह, आह और चीखने रोने की सम्मिलित आवाज गूँजने लगती है।

इन सारी आवाजों को चीरती हुई--एक पतली-सी आवाज नवजात-शिशु की... ।

नवजात-शिशु की आवाज क्रमशः विकृत होती जा रही है।

लगता है--नवजात शिशु के कंठ को कोई दबोच रहा है। घिघियाती हुई आवाज...!!

संजय इसे सहन नहीं कर सकता है। वह फिर घोड़े को भगाता है। तेजी से--और तेज...!

इस आवाज से छुटकारा पाने के लिए--वह घोड़े को और भी तेज भगाता है।

सूरज की पहली किरण !

दूर दिखलाई पड़ता है--स्टेशन का डिस्टेंट सिगनल।

एक दुबली-पतली नदी की धारा !

संजय घोड़े से उतरकर--पानी के किनारे जाता है।

वह अपने चेहरे को पानी के छींटे डालकर धोता है।

फिर, चुल्लू से पानी पीता है--एक घूँट, दो घूँट...!

1970